柳田国男・主題としての「日本」

柳田国男研究会◉編

柳田国男研究⑥

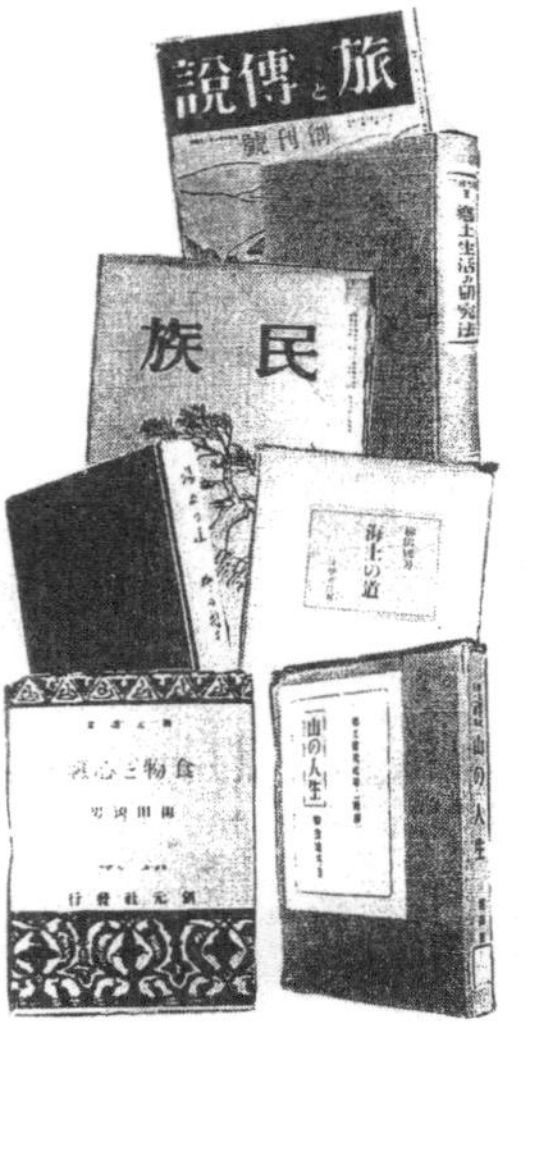

梟《ふくろう》社

目次

■柳田国男・主題としての「日本」

■書評

柳田国男・主題としての「日本」

〈日本〉という命題
――柳田国男・「一国民俗学」の射程

永池　健二

はじめに――失われた命題

民俗学にとって「日本」という命題は、もはや過去のものか。昨今の日本の民俗学の状況をその外側から見ていると、至ってその感を強くする。若い民俗学研究者たちの構想し追究する「民俗学」から、「日本」は、意識的にか無意識のうちにか、排除され、棄てられ、あるいは忘れ去られているかのように見える。これは何を意味するのか。

かつて、柳田国男が「民俗学」という新しい学問をはじめて構想した時、彼が抱えていた最も重い課題が「日本とは何か」という命題であった。いまや、まさにその事のために、彼の学問も思想も、彼が後年に構想した「一国民俗学」も、罪深きもの、時代遅れの主張として断罪され続けている。しかし、本当にそれでよいのか。日本の民俗学は、「日本」という命題を捨てることによって、同時に、その生命ともいうべき最も大切な使命をもまた、棄ててしまおうとしているのではないか。

よく知られているように、柳田国男がはじめて「一国民俗学」の呼称を自覚的に用いたのは、昭和七年一月に発表された「食物と心臓」の冒頭部である。いま、この一節を偏見なく味読すると、そこに見てとれるのは、これまで鍛え上げてきた自己の学問の新しい方法と成果の豊かな可能性を世に問わんとする自信に満ちた積極的、肯定的態度であろう。そこには、民俗学を「日本」という一国に限定して、枠にはめようとするような狭量な画地主義や排他的思考などは見てとることができない。むしろ、逆に柳田は、事実の集積に根差した自らの学問の「普遍」へと至る大きな可能性をこそ奨揚し、そこに「一国民俗学」の名をあえて与えたのである。

これまでの一国民俗学批判の多くは、柳田が自らの学問を世に広めるために急ぎ構想し弟子の手を借りてまとめた『民間伝承論』(昭和九年)やそれ以後の戦中、戦後の柳田国男の主張を根拠として、その閉鎖的性格を糾弾してきた。しかし、柳田国男の構想した一国民俗学の意義と限界とを正確に測るためには、むしろ、一国民俗学へと至るまでの彼の民俗学確立期の学問の歩みをこそ、丁寧に跡付けてみる必要があるのではないか。

日本の国家形成期に卓越した国家官僚として過ごし、個人的に皇室の厚い崇敬者であり、同時に宮廷官僚でもあった[1]という柳田の、時代と歴史に刻印された「日本」像のすべてを、無批判に肯定するつもりはない。彼にとって、「日本」が、その存在を疑うことのできない所与の前提であったことも否定しない。しかし、そうした事実をもって、彼の学問的試みのすべてを断罪しようとすれば、私たちは、同時に学ぶべき多くのことを失うことになるだろう。

民俗学にとって、「日本」という命題は可能か。民俗学という学問の内側から日本という命題を追い求め、それを超克する方法を模索するために、悪名高き柳田の「一国民俗学」の持つ意義を、彼の学問の形成期、確立期に焦点を当て、内在的に再検討してみたい。

一 「一国民俗学」という言葉

まず、基礎的な事実の確認から始めよう。「一国民俗学」をめぐる言説は、この語の企図するところを柳田の文脈の中で正確に読み取りそれを彼の学問の展開の中に正当に位置付けるという基本的作業を欠落させたまま、無知による誤読や誤謬に満ち、往々にしてまた、無意識の偏見や意図的な曲解によって左右されてきたからである。柳田が、はじめてこの「一国民俗学」の呼称を自らの企図した学問に与えた時、そこには、どのような意図や構想が込められていたか。その背後には、柳田の学問の展開の歴史や当時の事情がどのように映し出されていたのか。

私たちは、柳田がはじめて「一国民俗学」の呼称を言挙げした時、すでにそれ以前に、「日本民俗学」という学問が今日と同じように存在したことを無意識のうちに前提とし、柳田がその「日本民俗学」にあえて「一国」という枠をはめたかのように理解しがちである。しかし、当時において「日本民俗学」は、その実体も、呼称もいまだ、確固としては存在していなかった。少なくとも、新しい学問を世に問おうとする柳田にとっては、そのようなものは存在していなかった。それどころか、柳田は、「民俗学」の語すら、今日とはまったく別の意義でつかっていたのである。たとえば、「食物と心臓」にわずかに先立つ昭和六年九月に公表した「郷土研究の将来」の中で、柳田は「民俗学」の語を「フォークロア」に対比して次のようにつかっている。

我々はいつも翻訳の為に悩まされて居る。一度気まぐれにきめてしまつた用語が、却つて後々の理解を妨げて居る例は、土俗学でも考古学でも皆さうのやうである。フオクロアといふ語なども、当初英国の二三子に由つて採用せられた時の意味と、現在の心持とは余程変つて居るのみならず、其中間にも亦何度かの推移があつた故に、下手に通弁すればどれかを取落す懸念があるので、どこの国でも今に原の語を使つて居る。私は是がエスノロジーの民俗学と合体して、一つの学問となる時まで、それも格別遠い未来でも無いらしいから、先づ此儘にして置く方が便利だらうと思つて居るが、人によつては之を俚伝学と謂つたり、又は実質に基づいて民間伝承学とも言つたりする。実際まだ独立した一派の学では無いのである。[2]（傍点引用者。以下同じ。）

おわかりだろうか。柳田は、フォークロアと対比するエスノロジーの訳語として「民俗学」の語を用いているのである。対するにフォークロアの方は、「俚伝学」とか「民間伝承学」の名称を掲げながらも躊躇して訳語を定められずにいる。

右の「エスノロジーの民俗学」の用例が、けっして誤植などではないことは、同じ一文の中の次のような用語例からも明らかであろう。

民俗学とフオクロアとこの二つの学問は日本でならば簡単に提携し得るが、それも双方の長処と弱点が、今までの経験によつて大よそ明白になつてからの後のことである。

こゝで一つの譬へを引くことが許されると、幾分か私の話はし易くなる。民俗学とフオクロアの二つの学問の対立は、金鉱と砂金との関係によく似て居る。双方尋ね求めて居る目的には異なる所無いのだが、国によつて其存在の状態が別である故に、是まではちがつた採集法を試みなければならなかつたのである。

「民俗学」と「フォークロア」とを二種の異なる学問としてその対立や提携を論じる。この言葉遣いの奇妙さは、この時期の柳田が、「民俗学」の語をエスノロジーの訳語として用いているところからきている。当時の民俗学・民族学界の潮流の中心近くにいた柳田をして、このような特異な言葉遣いを可能にしたのは、当時の学界がいまだエスノロジーやフォークロアの訳語も確定せず、民俗学と民族学あるいは土俗学といった言葉の遣い分けも定まっていないという混沌の中にあったからである。ところが、わずか数年にして柳田を取り巻く学界の事情は一変する。後年、この「郷土研究の将来」を『国史と民俗学』（昭和十九年三月）に収めて公刊する際、柳田は、そこに用いた「民俗学」の語のほとんどすべてを、次のように書き改めることを余儀なくされるのである。

〔（昭和六年九月）『郷土科学講座』版〕		〔（昭和十九年三月）『国史と民俗学』版〕
○民俗学の起りは	↓	○民族学の起りは
○エスノロジーの民俗学と合体して	↓	○エスノロジーの土俗学と合体して
○このフオクロアと民俗誌との提携に	↓	○このフオクロアと土俗誌との提携に
○一方を比較民俗誌学 Voelkerkunde 他の一方のフオクロアを一国民俗誌学 Volkskunde と命名して	↓	○一方を比較民族誌学 Völkerkunde 他の一方のフオクロアを一国民族誌学 Volkskunde と命名して
○民俗学とフオクロアの二つの学問の対立は	↓	○民族学とフオクロアの二つの学問の対立は

一旦「民俗学」と表記した用語を、後にそのまますべて「民族学」や「土俗学」と書き改めても、全体の論旨に何ら破綻をきたさない。そんな今日の私たちにとっては、ちょっと理解できないような言葉遣いを、柳田自身がしていたのである。こうした奇妙な変改に至る当時の事情を、柳田自身は、『国史と民俗学』の第一版の序の中で次のように告白している。

但しそのうちにたゞ一箇所、予め言ひわけをして置きたいのは、十四五年以前、「郷土研究の将来」を公表した頃には、私は民俗学と民族学と、この二つの学問の接続をもつと容易なことの様に楽観して居た。ところが実際は寧ろ距離が遠くなり、一方は一つの民族の内部の生活に、次から次へと興味ある問題が発見せられるのに釣込まれて、外へ出て働く余裕を欠き、他の一方は又日本以外の諸民族に、学ばねばならぬことが余りに多くなつたので、それを確実にする必要から、今はまだ内外彼此の比較綜合を後まはしにして居る。完全なる分業はなほ続いて居る。しかも両者は耳で聞けば同じ言葉、印刷所は当然のやうに誤植をするのである。斯ういふ状態が来ようとは私は思はなかつたので、二つを文字まで同じ語にして、一方を一国民俗学、他方を比較民俗学と、呼べばよからう位にきめ込んで居たのである。新しい学問の名称などは、もと〳〵符号だからどうきめてもよく又話し合ひで変へられるのであつた。然るに一方には官立の研究所、公認の学会も出来た上は、羽翼すでに成る、もう動かすことは不可能であらうし、こちらは又別なのだから別の名をもたねばならぬが、是もさう簡単には適当な名称が見つからない上に、我々はまだ将来の希望を棄てずに居るのである。(3)

ここで柳田は、奇妙な変改に至った事情を、かなり腹蔵なく述べている。しかし、柳田の真意を正確に汲み取るためには、柳田のいう「民俗学」がエスノロジーの訳語であり、今日でいう「民族学」とフォークロア＝民俗学の双方を含むものであったことをきちんと理解していないと、難しい。だから、柳田は続けて次のようにいうのである。

それで臨機の処置としては、仮に最初の文章に民俗学と書いたのを、民族学と改めることにしたのである。是のみは決して誤植では無いのだが、ただ其中には今日謂ふ所の日本民俗学、即ち世界の諸民族を連ねて、文化の展開を推究する場合に、その学者の属する一国の経歴を中心として、それから出発しようといふ私たちの事業が、包容せられるものと解して貰はぬとや、解りにくいかも知れない。

「郷土研究の将来」執筆当時（それは「食物と心臓」の執筆当時でもある）同じ一つの「民俗学」のうち、諸民族の探究を事とする今日の「民族学」的側面を「比較民俗学」と呼ぶのに対して、もう一方の「その学者の属する一国の経歴を中心として、それから出発しよう」という事業即ち「今日謂ふ所の日本民俗学」に、「一国民俗学」の名を与えたというのである。「日本民俗学」と「一国民俗学」、この二つの「民俗学」の中身が微妙に異なっていたことがわかろう。「一国民俗学」の「民俗学」も「比較民俗学」と同様に、エスノロジーの訳語、今日でいえば「民族学」の意であった。だから対比する意味で「一国」という冠辞が必要だったのである。

「一国民俗学」の語は、柳田自身が暗示しているように、ドイツにおけるVölkerkundeの訳語「比較民俗誌学」に対するVolkskundeの訳語「一国民俗誌学」から発想されたものであろう。同じ訳語を柳田は、昭和十年の『郷土生活の研究法』でも用いている。先に見たように、昭和十九年の『国史と民俗学』への所収にあたって、「比較民俗誌学」、「一国民俗誌学」の語は、そのまま「比較民族誌学」、「一国民族誌学」に改められていた。「食物と心臓」の中の「一国民俗学」の語も、当時の言葉の遣い方に従えば、後に「一国民族学」と改められても、少しも不思議はなかったのである。

「一国民俗学」の成立の背景をさらに具体的に知るために、「民俗学」という語の用例にもう少しこだわってみよう。「一国民俗学」前後の柳田の著作をこの語に着目して読み返してみると、次のような記述に遭遇する。

新旧両端の対立と混乱とは、却つて田舎に於て甚だしく、従つて実際問題の殊に複雑なるものが、相次いで村に現はれて居るのである。農業青年の配偶者難と称するものなどは其重大なる一つであつた。今後の史学は果たして周到なるフォクロアの援助無しに、是が解釈を引受けられるであらうか。又果して今日の不用意なる民俗学なるものが、之に対して一票の発言権を持つと言ひ得るであらうか。是が自分などの抱いて居る正直なる疑惑である。(「聟入考」昭和四年十月)

今日の民俗学も民俗を説く学問であらうが、兎に角に当初我々が予期して居た方法は採用せられて居ない。確実なる事実の比較によつて、自然に到達する推論を待たうといふだけの、雅量ある人は見られなくなつた。(「食物と心臓」昭和七年一月)

一読してわかるように、ここで柳田のいう「今日の民俗学」や「今日の不用意なる民俗学」の中に、柳田自身の立場は含まれていない。柳田は、自らの試みを「周到なるフォクロア」と呼びながら、一方で自己とは相容れない立場に対して「民俗学」の名を用いているのである。先に「民俗学」の語を、自己の学問を含む広義のエスノロジーの義として使った柳田は、ここでは、一転して対立者に同じその名を与えている。「民俗学」の語をめぐって、柳田は、明らかに揺れているのである。(4)

この間の事情を正確に理解するためには、少なくとも背景として次のような事実を知っておかねばなるまい。周知のように、柳田は、ジュネーブからの帰国後、岡正雄をはじめとして有賀喜左衛門、石田幹之助、田辺寿利らと協力して、雑誌『民族』（四巻三号、大正十四年十一月〜昭和四年三月）を発刊した。『郷土研究』につぐ柳田の主宰する二番目の雑誌である。『民族』は、『郷土研究』時代から柳田の下にあった草創期の民俗学徒だけでなく、人類学、民族学、社会学、文化史学、歴史学などジャンルを越えた多彩な人文学徒が広く結集し、開かれた学際的な場を作りあげていたが、やがて、折口信夫の寄稿「常世及びまれびと」の掲載をめぐる柳田と編集担当の岡正雄とのトラブルなどから、廃刊のやむなきに至る。この『民族』の廃刊に至る過程の中で、その同人たちの手によって、柳田を排除する形で新たに「民俗学会」が設立され、機関誌『民俗学』が発刊される。この時、柳田は、折口信夫や金田一京助を旗頭に担いで「民俗学」の名の下に結集した人文学徒らと訣別し、孤立して独自の道を歩むことを余議なくされるのである。(5)

この「民俗学会」と『民俗学』誌には、かつての『民族』誌に集っていたエスノロジーを広く含む若い人文学徒のほとんどすべてが結集していた。その「民俗学」の呼称は、やはり後の『民族学』をも含む広義の名であったのである。これが、柳田がこの時期「民俗学」の語を使うことをためらっていたもう一つの大きな理由であった。これがなければ、おそらく柳田の「一国民俗学」の言挙げはもっと早くなっていたはずである。

柳田国男と「民俗学会」との確執が、ようやく和解へと歩み出すのは、二年余を経た昭和六年も半ば近くのことである。この年、六月に開催された國學院大学国文学会大会において、柳田は「座頭文学について」と題して講演を行った。折口信夫の意を受けて講演実現に尽力したのは、当時柳田邸に出入りして指導を受けていた國學院大学生鈴木脩一（棠三）であった。これをきっかけに、柳田と民俗学会双方に歩みよりの機運が生まれ、翌七年七月に東京帝国大学文学部で開催された民俗学会公開講演大会において、柳田は、「民俗の採集と分類」（後に「実験の史学」と改題して『国史と民俗学』に収録）と題して講演する。ここにおいて民俗学会と柳田との不毛の対立はようやく終りを告げることになるのである。

一方、昭和十年になると、わが国におけるエスノロジー、社会人類学などの研究者が集合して、民族学協会が設立され、機関誌『民族学研究』が発刊された。これが後の「日本民族学会（現「日本文化人類学会」）の母胎である(6)。同じ年、再び柳田の下に結集した旧『民族』、『民俗学』の同人たちは、この年、柳田の還暦を機に、『日本民俗学講習会』を開催。これを機縁として、わが国はじめての民俗学の全国組織『民間伝承の会』（後の日本民俗学会）が結成される。こうして「民俗学」と「民族学」と、二つのよく似た名の学問が、はっきりと袂を分かって独自の歩みを進めていくことになるのである。『国史と民俗学』における「郷土研究の将来」の転載に際して「民俗学」の語をそのまま「民族学」に置換するという奇妙な改稿は、胎動期の民俗学・民族学界をめぐる右のごとき事情をそのまま映し出していたのである。

同様に、昭和七年一月の「食物と心臓」における「一国民俗学」の言挙げの意味も、柳田がそこに込めた企図も、昭和初年から十年にかけて、民俗学と民族学とがまだその境を明確にしないまま相連携して展開していた特殊な歴史的事情の中に位置付け、その意義が慎重に計測されねばなるまい。

これまで見てきた資料から明らかなように、「一国民俗学」の呼称は、当初、ドイツにおけるVölkerkunde の訳語「比較民俗誌学」に対するVolkskunde の訳語「一国民俗誌学」の延長上で構想されたものである。この場合、「民俗」

の語は、エスノロジーとフォークロア双方の範囲をも含むもので、今日の言葉遣いでいえば、「民族」の語に置き換えられるべきものであった。一方、当時の柳田の前には、「民俗学」という名を持ちながら柳田が志向する学問の方向とは相入れない潮流が存在していた。それと区別するためにも自らの学問の意義と方法とを特徴付ける「一国」の名を冠することが必要だったのである。

二　外から内へ――「眼差し」の転換

柳田にとって「一国民俗学」の呼称は、既成の「民俗学」の領野やその可能性を、「一国」という形で国境の中に封じ込めようとするようなものではけっしてなかった。そもそも柳田以前には、範型となるような「民俗学」そのものが、存在していなかったのである。では、柳田は、この「一国」という語にどのような意義や企図を込めてつかっていたのか。たとえば、次のような文脈の「国民的（National）」という言葉が、参考になろう。

> 此意味に於て私たちは、人種研究の学問の少なくとも半分、即ちEthnologyと呼ばるゝ方面だけは、行く〳〵次第にNational国民的になるべきものと思つて居る。（「Ethnologyとは何か」大正十五年）

柳田は、またこのすぐ後で同じことを「民俗学の国民化」という言葉をつかって述べている。「国民的」といい、「国民化」という。「国民国家論」の尻馬に乗って非生産的な柳田批判を繰り返す論者たちなら大喜びすべき言葉遣いにちがいないが、私たちにとって問題なのは、柳田がそれらの語にどのような意義を込めていたかである。この「民俗学」も、もちろん「エスノロジー」の訳語で、のちの「民族学」の謂である。その「国民化」とは、どういうことか。柳田自身の言葉を聞いてみよう。

フオクロアは其文字の示す如く、最初に単に珍しい民俗の蒐集と排列に過ぎなかつた。しかも比較の進むにつれて、それが暗々裡に重要なる前代事跡、殊に基督教化前の記録乏しい過去を解説することを実験して、人は之に対して粛然として容を改めたのである。乃ち文書に恵まれざる弘い民衆の為には在来歴史と名づけて居た方法を断念して、曾て蛮夷の国にのみ適用して居たものを、試みに此方面にも当てはめて見ようといふことになつたのである。さうすると言語と感情の共通といふことが、始めて非常に大きな要件であることがわかつて来た。日本人の自ら此点に心付くと否とに拘らず、此学問の本当の世界協力が、各国民をして自ら調査せしむるに在ることを、彼等が言ひ出すのも近いうちのことだらうと我々は信じる。（同前）

かって「蛮夷の国にのみ適用して居た」エスノロジーの観察と比較に拠る研究方法を、「言語と感情の共通」する一国の内部に適用し、「各国民をして自ら調査せしむる」こと。これが柳田のいう「民俗学の国民化」の内実であった。先進の欧米諸国による遅れた異国・異民族の研究としてあったエスノロジーの、「外からの眼差し」「上からの眼差し」を、自国民による自国の探求という「内からの眼差し」に組み換える。この、「外から内へ」という眼差しの転換にこそ、「一国民俗学」の眼目があったのである。この事実は、どのように強調してもし過ぎることはない。柳田の学問と思想の今日的意義と可能性の核心こそこの一点にあるはずだからである。

大正十二年にジュネーブから帰国した柳田は、周知のようにこの眼差しの転換の実際的な具現を、「郷土研究」という枠組みで進めて行く。「郷土研究」とは、柳田国男が大正二年に高木敏雄とともに創刊した雑誌の名前でもあるが、柳田がこれを自らの学問活動の呼称として戦略的な意図を込めて自覚的に使い始めたのは、欧州より帰国して後のことである。形成期にあった柳田の民俗学が、「郷土研究」という形で進められたことが、その民俗学に他に見られぬ独自の性格と風貌を与えたことは、すでに旧稿において指摘した。(7) 柳田国男にとって「郷土研究」とは、専門の研究者が仕事として取り組むようなものではなく、それぞれの土地に暮らす人びとが、自分たちの生活の現場で、即ち「郷土」において、自らの生活＝郷土の生活を考究する学問であった。だから柳田は、大学や学会のようなアカデミズムの場ではなく、地方に出かけてその土地の小学校の先生たちや師範学校の学生たちに話をする時、しばしば好んでこの言葉を遣った。

少し後になるが、柳田はその「郷土研究」の理念を次のように述べている。

> 所謂民間の伝承を探るがために、開けきつた外の国々のやうに、出で丶少数人の間をうろつき廻る必要などは少しもない。我個々の郷土には、坐ながらにして自ら我世の過去を明らかにする途があるのである。我々の学問は結局世の為人の為でなくてはならない。即ち人間生活の未来を幸福に導くための現在の知識であり、現代の不思議を疑つてみて、それを解決させるために過去の知識を必要とするのである。乃ち人生の鏡に照して我世の過去を明らかにせんとする、歴史の究極の目的は眼前にぶら下つて居るのである。そのための採集は、いはゞそれらの不可解な事実を精確に記録し表現することであるが、それが外表の事実ならとにかく、郷土人の心奥の機微は外から見たり聞いたりしたのでは到底分りやうもなく、結局彼等自身の自意識に俟つよりほかに仕方はないのである。つまりは我々の採集は兼て又、郷土人自身の自己内部の省察でもあつたのである。（「郷土研究と文書史

料」)

柳田国男の郷土研究とその展開としての「一国民俗学」が、どのような意味で「郷土人自身の自己内部の省察」であり得るかは、旧稿において詳述したので繰り返さない。(8) ここでは、「民俗学の国民化」の目途であった「外から内へ」という眼差しの転換が、柳田にあっては、まず個々の郷土における郷土人自身の郷土研究として構想されたことを確認しておこう。「郷土」とは、すべての人びとにとって、生まれ育ち、いまそこで暮らしている生活の現場にほかならないから、柳田にとって、郷土研究とは、すべての人びとが生きている「いま」と「ここ」から、自分の生の具体的な姿を時間的空間的な拡がりにおいて考究していく試みにほかならなかった。その意味で、郷土研究は、すべての人びとに対して開かれている。異国、異民族の探求としての旧来のエスノロジーが、対象の外に身を置くことによって外からの、あるいは上からの、とでもいうべき特権的、超越的な視座を前提としていたのに対して、郷土研究は、その視座を内へと転換することによって、主体の位置と視座とを開かれた普遍的なものへと組み換えようと試みるものであった。

柳田は、大正十四年十月に信州埴科郡教育部会で行った講演「郷土研究といふこと」の中で、「個々の郷土を以て研究の目的物とする」と述べている。この時点では、郷土研究の目途は、「郷土で郷土を」研究することにあったといってよいだろう。しかし、それからおよそ八年後の「郷土研究と郷土教育」では、一転して次のようにいうのである。

> 高木敏雄君は、十年ほど前に物故せられたから、もう其説を聞くことは出来ぬが、その書かれたものは色々と

残つて居る。大よそ私の今言ふ所と、違つて居ないやうである。我々の郷土研究の、他の多くの人のもつ解釈と異なるところは、少なくとも二つの可なり大切な点に存する。其一つは、我々は郷土を研究の対象として居たのでは無かつた。是に反して多くの諸君は郷土を研究すると言つて居られる。(中略)私たちはさういふ意味で郷土研究といふ語を使用したのではなかつた。郷土を研究しようとしたので無く、郷土で或るものを研究しようとして居たのであつた。その「或もの」とは何であるかと言へば、日本人の生活、殊にこの民族の一団としての過去の経歴であつた。それを各自の郷土に於て、もしくは郷土人の意識感覚を透して、新たに学び識らうとするのが我々どもの計画であつた。(傍点原著者)

ここでは、郷土が研究対象であることが明確に否定され、目的とする研究対象が「日本人の生活」「この民族の一団としての過去の経歴」にあることが声高に主張されている。右の主張には、当時、郷土で採集された断片的な知識を比較も総合もないまま教育の現場に役立てようと進める文部省主導の「郷土教育」に対する柳田一流の批判が込められていた。しかし、郷土研究におけるこの視座の転換＝拡がりが、一年前における「一国民俗学」の言挙げと連動したものであることも見逃してはなるまい。

「郷土で郷土を」から「郷土で日本を」という郷土研究の視座の転換＝拡がりの間に、『明治大正史世相篇』(昭和六年一月)が位置し、「食物と心臓」(昭和七年一月)冒頭の「一国民俗学」の言挙げも位置している。『明治大正史世相篇』は、郷土研究の方法と成果を踏まえ、あくまで個々の生活者の視点から、その「生活世界」の拡がりの中に、日本近代における社会構造の変容の過程を描き出そうとした実験的な試みであった。柳田自身は、その試みを「失敗」であったと位置付けているが、その試みが、一年後の「一国民俗学」の言挙げを用意し、郷土研究の視座の拡がりへと展開したものであったことは疑いない。

柳田にとって、郷土研究の発展的展開としての「一国民俗学」は、まず、個々の住民の一人ひとりが自らの生活の具体的な形を追求する学問であった。郷土人自身の「自己内部の省察」という本質的な契機は、「一国民俗学」の中にも生きている。私たちが、「日本」という生の現実の中で生きている以上、私たちの生の内省という郷土研究の目途も、日本という全体への拡がりをもたねばならなかった。私たちの生の「いま」と「ここ」に定位し、そこから感覚的体験によって捉えることのできる「生」の拡がりを、一つの「全体」として捉えようとするかぎり、そこには否応なく「日本」という命題が立ち現れてくる。『世相篇』の成果は、柳田にとってけっして満足のいくものではなかったが、その実験の生みの苦しみは、柳田をして、自らの学問が比較と総合とによって郷土の枠組みを超えて、私たちの「生」の現実の総体、即ち「日本」という全体に相渉ることができるという自信を深めさせたにちがいない。その自信と自負とが柳田をして「一国民俗学」の言挙げに踏み切らせたのである。

三　「我々」という主体

『明治大正史世相篇』は、大正末年以来の柳田が推し進めて来た郷土研究の方法と成果の必然的な展開であり、同時に、来たるべき「一国民俗学」の方法と可能性とを世に問う試みでもあった。そこには、人びとの生活の現場に定位し、内側からの眼差しによって生活世界の内側に入り込み、私たちの生の全体像を描き出すという柳田独自の視座と方法とが全編に貫かれている。たとえば柳田は、第一章「眼に映ずる世相」の冒頭部において、自らの方法と問題意識を次のようにいう。

> 次には我々の実験を、特に何れの方面に向つて進めようかゞ問題になつて来るが、それには必然的に、歴史は他人の家の事跡を説くものだ、といふ考を止めなければなるまい。人は問題によつて他人にもなれば、また仲間の一人にもなるので、しかも疑惑と好奇心とが我々に属する限り、純然たる彼等の事件といふものは、実際は非常に少ないのである。時代が現世に接近すると共に、この問題の共同は弘くなり又濃厚になつて来る。さうして其関係の最も密なる部分に、国民としての我々の生き方が、どう変化したのかの問題が在るのである。

「我々の実験」と柳田はいう。それは、すなわち私たち一人ひとりが自らの身体的感覚によって経験しうる体験的世界」の謂であろう。そうした個々人の実体験こそが本書の対象であり、拠るべき資料＝事実であると柳田はいっているのである。それは、個々人一人ひとりの個人的な体験にほかならないが、それは、同時に誰もが同様の体験を共有し得るという意味において、共同的なものである。柳田は、本書においてまず、衣・食・住のような「多数の者が、一様に且つ容易に実験し得るもの」を手掛かりにして民衆の個的な生の内部に入り込み、その共同的な生の有様とその変遷の過程を具体的に描き出そうとする。そうして捉えられた共同的な生の全体像を、柳田は、「国民としての我々の生き方」と呼んでいるのである。私たち一人ひとりの個的な体験の具体像をそのまま統合して、共同的な「生」の全体像に迫ろうとする柳田の方法の独自性が明確に示されていよう。

『世相篇』の第一章、第二章、第三章は、それぞれ、「眼に映ずる世相」、「食物の個人自由」、「家と住心地」と題され、色や香や住心地といった身体的な感覚体験を手掛かりとして、「生活の最も尋常平凡なもの」である衣・食・住に関わる生活の変遷が鮮やかに描き出されている。その叙述の特色は、たとえば、こんなところに端的に表れている。

家の内仏に日々の花を供へるやうになつたことは、近代の主婦の美徳の一つではあつたが、其為にたつた一輪の花を手に折つても、曾て彼等の抱き得た情熱は消えてしまつた。新たに開き始めた花の蕾に対して、我々の祖先が経験した昂奮の如きものは無くなり、其楽しみはいつとなく日常凡庸のものと化した。是が我民族と色彩との交渉の、やがて今日の如く変化すべき端緒だと、自分などは思つて居る。

「我民族と色彩との交渉」という言葉遣いに注目しよう。花や色という個人の感覚的体験を手掛かりに個人の生の内面に分け入り、その感覚の変化を通して私たちの「生」の共同的な有り様の変化を一つの全体像として描き出す。そうした柳田の視座と方法とを、この言葉はそのまま映し出している。

次の例でも事情は同じである。

竈が小さく別れてから後も、村の香はまだ久しく一つであつた。殊に大小の節の日は、土地によつては一年に五十度もあつて、其日にこしらへる食品は軒並みに同じであつた。三月節供の乾貝や蒜膾、秋は新米の香に酢を漬け、甘酒を仕込んで祭の客の来るを待つて居る。特に香気の高く揚がるものを選んで用意するといふことも無かつたらうが、ちやうど瓶を開け酢桶を是へといふ刻限までが、どの家も略一致して居た為に、すなはち祭礼の気分は村の内に漾ひ溢れたのであつた。此感覚は地方によつて、無論少しづゝの差異があつたらうと思ふが、それを比べて見る折は誠に少なかつた。しかも各人に取つては余りにも顕著であり、又普通であつた故に、単に何々の香と其物の名を指すばかりで特に五色の如き総称を設けずに居るうちに、時代は少しづゝ、其内容を更へ、且つ混乱を以て其印象を幽かならしめた。今でも味噌汁とか香の物とか、唯日本人のみが語り合ふことの出来る若干の嗅覚はあるが大体に於ては空漠たるたゞ一つの台所の香になつてしまつた。さうして、家々の空気は、互ひに相異なるものと化して、徒らに我々の好奇心だけを刺激する。是が鼻によつて実験せられたる日本の新たなる世相であつた。

ここでは、鼻によって覚知された香を通して私たちの生活世界の内面の変遷の過程が、やはり一つの「全体」として捉えられる。柳田はそれを「鼻によつて実験せられたる日本の新たなる世相」と記す。そうして捉えられた「全体」に対して柳田は「日本」という名を与えているのである。

周知のように『明治大正史世相篇』の各章は、その主語を、「我々」という集合的主語において叙述されている。たとえば、こんなふうである。

○つまり我々は色に貧しかつたといふよりも、強ひて富まうとしなかつた形跡があるのである。（第一章）
○つまり我々は共同の飲食といふことを、温かいといふことよりも尚重んじたのであつた。（第二章）
○何にもせよ我々は、外を住居の一部分の如く考へて、育つて来た国民であつた。（第三章）

こうした独自な主体の視座の置き方は、個人の感覚的体験から出発して個人の生の内側に入り込み、そこに共同的な生の有り様を把み出してくる柳田国男の方法と不可分のものである。

右の事実にはじめて着目し、そうした「主語のおき方＝研究における主体のあり方」の中に、柳田国男の民俗学の方法と思想の独自性を指摘したのは、見田宗介である。見田は、右のごとき主語の「我々」が、時として個としての柳田自身を含まない「祖先たち」や、柳田とは意見や生き方を異にする「対立者たちの感覚の消息」すらも含むことを鋭く指摘し、同時に、そうした主体のとり方に様々な批判を許す「柳田の限界」もあることを認めた上で、その意義を次のように述べている。

けだし柳田の方法の核は、「国民としての」主体＝対象の範囲の限定そのものにあるのではなく、民衆の類の自己史としての歴史の主体＝対象の設定の仕方自体にあるからであり、この方法の核そのものは、超越的に他在する主語＝主体としての「科学」の、物神化された知のシステムに収奪されることのない、抑圧された階級や民族の自己史に対してもまた道を切り拓くべきものだからだ(9)。

「我々」という主語をそのまま「日本」や「我民族」あるいは「国民」に連結させてしまう柳田の視座の置き方を、今日の私たちの眼から批判することはたやすい。しかし、見田の指摘は、そうした柳田の思想の脆弱とも見える部分の中に、個と個、自己と他者、主体と客体とが切り離されてあるところに成立する近代的な知のシステムを越える新たな思想の可能性を的確に把み出しているのである。

個々人一人ひとりの感覚的体験に依拠し、その「いま」と「ここ」という生活現場から出発し、ひとりの個人の「生」の拡がりを、他の誰もが共有できる共同的な有り様として描き出す。「我々」という主語の置き方は、そうした柳田の民俗学の独自な視座と方法の必然的な帰結である。そうした、あくまで個人に定位し、個人の感覚的体験によって構成され、了解された共同的な「生」の拡がりを、ここでは仮に「生活世界」という言葉で呼んでおこう。柳田が構想した「一国民俗学」の最大の目途は、この、個々人の感覚的体験に根差した「生活世界」の解明にあったといってよい。私たち一人ひとりにとって、その生活世界は、つねに一つの全きもの＝全体として現れる。それは、けっして他に置き換えることができず、他の何物によっても説明されたり根拠付けられたりする必要のない、それ自体として自己完結した世界だからである。そうした私たちの「生活世界」の全体像を希求する時、柳田はそこに「日本」という名義を与えたのである。

四 『明治大正史世相篇』から「一国民俗学」へ

『明治大正史世相篇』の第九章は「家永続の願ひ」と題され、次のような印象的な話で始まる。

珍らしい事実が新聞には時々伝へられる。門司では師走なかばの寒い雨の日に、九十五歳になるといふ老人が只一人傘一本も持たずにとぼ〳〵と町をあるいて居た。警察署に連れて来て保護を加へると、荷物とては背に負うた風呂敷包みの中に、たゞ四十五枚の位牌があるばかりだつたといふ記事が、ちやうど一年前の朝日にも出て居る。斯んな年寄の旅をさまよふ者にも、尚どうしても祭らなければならぬ祖霊があつたのである。

この章の「家永続の願ひ」という言葉は、かつて、柳田国男の固有信仰＝先祖崇拝への傾斜を示す象徴的な言葉として取り出され、そのまま『先祖の話』（昭和二十一年）と結び付けられて、あたかも家永続を願う柳田自身の内面をそのまま日本人の信仰の原型へと接続するものであるかのように理解されてきた。しかし、そうした理解が、本章の趣旨に添うものでないことは、この一節を読んだだけでも明らかであろう。ここで柳田が描き出しているのは、そうした観念の変遷の結果、否応なく私たちが直面している現実の生の、ある極限の姿にほかならない。

私は、このエピソードを読み返すたびに、これより少し前に、柳田が「民謡の末期」と題する一文に載せた別のエピソードを想起させられる。都府の只中に居て、郷里の歌四百篇余りを誤りもなく聞かせてくれたというこんな老女の話である。

殊に我々をびつくりさせたことは、話者としての大なる感興であつた。歌なども四百近いものを、別に順序も無く分類も無く、次から次へ歌つて行つたのに、一つの重複もなかつたさうである。さうして採集者が後日手帖を整理する為に、再び之を問ひたゞさうとすると、もうどうしても思ひ出せぬものが少なくなかつた。つまり文句として覚えて居たので無く、歌としてのみ記憶して居るのだから、今一ぺん順次に歌つて行かぬと、出て来ないのであらう。斯ういふ人々を早く老人にした時の力も恐ろしいが、狭隘な町屋の奥に入れてしまつて、もう又口ずさみの機会も無いやうに、我々の社会はしむけて居るのである。

ここでも柳田の眼差しは、同じものを凝視めている。祀られることのなくなった四十五枚もの先祖の位牌。場を失って二度と歌われることのなくなった四百篇もの歌声。二人の老人が背に負い、胸に抱え込んでいるものは違っても、柳田の凝視めているのは同じ一つの「日本」の現実、前代の日本人の生を支えていた強固な「家」の観念と、それを包んでいた共同的な生の紐帯の解体という現実にほかならない。描き出されているのは、いずれもひとりの老人を襲った個別の生の姿にすぎないが、それは同時にそのまま、現代日本の私たち自身の生の現実でもある。柳田が、第九章の冒頭にこの逸話を置いたのは、「家の解体」という本章のテーマの根深さをこの上なく端的に映し出しているからであろう。本章において、柳田の筆は、前代の「家」の姿を美しく描き出す方向へとはけっして向かわない。

> 農民の家永続には、夙くから可なりの犠牲を必要として居た。武士の家でも此為には子弟を勘当したり、主人に詰腹を切らせたりすることさへも無いでは無かつたが、それはよく〳〵の異常の変であつた。之に反して一方は常住に、多数の族員の無理な辛抱を要求して居たのであつた。一つの家門の旧勢力を保持するには、主人の努力苦心は勿論であるが、更に之を助くる者の完全なる従順、時としては自由の制限さへも必要であつた。多くの男女が嫁取嫁入の出来ない婚姻をしなければならぬことは、決して飛驒の白川村だけでは無かつた。彼等は僕婢では無いけれども衣食は之と同じく、しば〳〵質素以上の悪い生活に甘んじて居た。末には主となるべき聟嫁でも、斯うして共同の労に服さなければならなかつたのは一つだが、次男次女以下には其希望すらも無かつた。附近に余つた土地のまだ拓かれぬものが有る限りは、勿論機会を見て独立の計画も立てられ、又は嫁聟が縁を求めて出ることも次第に許されるやうにはなつたが、なほ残りの者は家に留まつて、下積みの生涯を送ることになつて居た。新時代の変化は即ち先づ、此団結の分解を以て始まらなければならなかつたのである。

「家永続の願ひ」という前代の日本人を深く捉えていた観念を育みそだててきた「家」のあり方が、けっして懐かしく懐古されるべきユートピアなどではなく、様々な問題を抱え込んだ厳しい現実であったことを柳田の筆は冷徹に捉えている。そして、さらにその「家」の解体＝「団結の分解」という不可逆的な歴史的過程こそが、私たちの眼前に生起する諸々の現実的課題の根本にあるというのである。

　本章の末尾で、柳田はさらに進んで次のように述べている。

> それが今日では自分が死にたい為に、先づ最愛の者を殺さねばならぬやうな、聴くも無惨なる必要を生じたと

いふのである。孤児を慰撫して其生活の道を講ずるの施設も急務であるが、一方には斯ういふ家庭の孤立を促成した始の原因、即ち移動と職業選択と家の分解、及び之に伴ふ婚姻方法の自由などの、今日当然と認めらるゝものゝ中に、まだ何ものかの条件の必要なるものが、欠けて居るので無いかといふことも考へて見なければならぬ。我々の生活方法には必ずしも深思熟慮して、採択したといふことが出来ぬものが多い。それに隠れたる疾があつても、些しでも不思議なことは無い。問題は如何にすれば夙く之に心付いて、少しでも早く健全の方に向ひ得るかである。是を人間の智術の外に見棄てることは、現在の程度ではまだ余りに性急である。

明治末年から大正にかけて頻発し始めた親子心中。親からの保護を受けることのできない孤児の急増。眼前に生起する諸々の厳しい現実の拠ってきたる深因をも、やはり柳田はこの「団結の分解」の中に見据えている。昭和初年以来、最も先鋭なる現実認識と方法意識をもって世に問うた諸論考において、柳田が繰り返し注視してきた問題もこの一点にあった。

此様に農村には、古来習慣的に巧妙な便利な労働組織が出来て居て、共同して生活を営んで来たものであるが、近世になつて色々の原因から、此の共同が破れることになつて来た。その最も大きな原因の一は、親方だけが先に進んで、他のものを後に取り残したことである。（「農村家族制度と慣習」昭和二年）

他にも幾つかの原因は算へ上げられるか知らぬが、自分はこの団体生活の弛緩と崩壊こそ、日本の婚姻制の外形を変化せしめた主要な力であつたらうと想像して居る。（「聟入考」昭和四年）

但し斯ういふ理屈はいふもの丶、私の知識はまだ些しでも精確なもので無い。現在の資料整理の程度で、ほゞ安心して仮定し得ることは、家が分裂する以前の我邦の農業力とも名づくべきものが、今よりも遥かに鞏固であつたことである。地方に分散する多数同族の小家庭が、曾て持つて居る或組織の微妙なる機能を利用し得なくなつたことが、彼等の衰微感を深からしめたらしきことである。（「オヤと労働」昭和四年）

諸国一様の一つの傾向とも認められますことは、以前あつた平民の結合力の解体と、もとの組織のやゝ乱暴な改造であります。一つの部落に住む人々を繋いで居たユヒとモヤヒ、講と組、もしくは是と対立して働いて居た門党制度、マキとアヒヂとか申すもの丶約束は、所謂新しい村ほど弛み又は変つて来て居ります。農民が此頃急に孤立の心細さを感じ出しましたことが、是と多少の関係のあることだけは推測してよいのであります。（「史学と世相解説」昭和十年）

「労働組織」の「共同が破れる」といい、「団体生活の弛緩と崩壊」といい、「平民の結合力の解体」という。表現は変わっても、柳田が捉えているのは同じ一つの現実、前代の日本人の「生」を支えてきた共同的紐帯の分裂と解体の過程にほかならない。

こうした共同性の解体の過程と、そのもたらした現実の諸問題を、あくまで私たち一人ひとりの感覚的体験の広がりにおいて、即ち、一人ひとりの「生活世界」の問題として描き出そうとしたのが、『明治大正史世相篇』の試みであった。個人一人ひとりの「生活世界」に定位した民俗学にとって、近代とは、そうした「生活世界」を支えてきた共同性の解体の過程であり、その結果、「生活世界」が分裂し、二重化、多層化し、統一性を失って行く過程であった。第九章の「家永続の願ひ」に続いて、第十章「生産と商業」、第十一章「労働の配賦」において、女性の労働や親方制度の崩壊を論じた柳田は、第十二章を「貧と病」と名付け、その末尾の第五節を「孤立貧と社会病」と題している。「貧困」と「病」という、あくまで個人的な生活事情としてあらわれる現象を、柳田は、社会における関係性のあり方として捉え、当代の社会的現実の抱える最も焦眉かつ深刻な問題を、「孤立貧」と「社会病」として描き出して見せたのである。本章の末尾を柳田は、次のような文章で結んでいる。

> 日本で毎年の自殺者は一万数千、此頃東京だけでも一日に五人づゝ死んで行く。一番多い理由は病苦であるが、他の生活難といふものゝ中にも、大抵は健康が勘定の中に入つて居る。強ひて妻子の其意思も無いものを同伴として、家を無くしてしまはうといふ考の中には、説くにも忍びざる孤立感が働いて居たのである。生活の興味はこの人たちにはもう切れて居た。仮に引留められて暫く生きたとしても、其力を集めて世の中は改良し得なかつた。やはり最初には其不幸が此世に普きものゝ一端であつて、一つの新しい知識と方法とが、総括して之を救ひ得るといふことを、覚らしめるの他は無かつたのである。

孤立が、貧苦も、病困をも際立たせる。いっそう耐えがたいものとする。柳田が昭和初年の現実として描き出した「孤立貧」と「社会病」とは、そのまま八十年を経た今日の私たちの現実でもある。柳田が「食物と心臓」の冒頭において「一国民俗学」の言挙げをしたのは、ちょうどこの一年後のことである。「総括して之を救ひ得る」という「一つの新しい知識と方法」なるものが、いままさに産声をあげようとする「一国民俗学」の謂であることは論を俟つまい。

本書の最終章、第十五章「生活改善の目標」の末尾の、あの印象的な言葉を想起してほしい。

我々の考へて見た幾つかの世相は、人を不幸にする原因の社会に在ることを教へた。乃ち我々は公民として病み且つ貧しいのであつた。

ここでも眼差しは、「我々」という主体に置かれている。病苦も、貧困も、増大する自殺も、親子心中も、孤独死も孤児の問題も、眼前に生起する現実のすべての諸問題は、私たち一人ひとりの「生」の現実としてある。ひとりの私的な個人でありながら同時に「公民」でもあらざるを得ない近代の私たちにとって、それら現実の諸問題のすべては、私たち自身の「生」のゆがみとしてある。あらゆる問題は、私たちの「生」の内側に、そのゆがみとして、その貧しさや病いとして内在する。「我々は公民として病み且つ貧しい」とは、そういうことであろう。私たち一人ひとりが、それを自分自身の「生」の現実として捉え、自分の「生」のあり方を自らよりよく変えていくという積み重ねの中にしかこの現実の変革はありえない。柳田国男の「一国民俗学」は、まさにこうした厳しい現実認識の上に立って、私たち一人ひとりが自らの「生」の現実に立ち向かうことのできる「新しい知識と方法」として構想されたのである。

五　日本近代の自省の学

晩年の柳田国男に薫陶を受けた最後の世代である千葉徳爾は、日本の民俗学の歴史を振り返って、昭和十年に組織された「民間伝承の会」が、昭和二十四年に「日本民俗学会」に発展的に改組されたことによって「民俗学界」が大きく変質したのだと述べている。[10] 端的にいうと、その改組によって、大学に所属するアカデミズムの研究者たち以外の、それまで地方にあって、その土地の郷土研究や民俗採集を支えてきた篤志の郷土史研究者や民俗採集者たちの多くが、参加できなくなったというのである。

さすがに千葉は、民俗学の変貌の過程をよく見ている。日本民俗学会の成立によって、日本の民俗学は、専門家によって領導されるアカデミズムの学としての道へと大きく踏み出して行く。それは在野の学として出発した民俗学が、アカデミズムの学として認知されていくためには避けることの出来ない筋道であったかもしれないが、それによって、柳田がその「郷土研究」や「一国民俗学」に託した理念や方法も捨てられ、忘れ去られることになった。「郷土研究」の時代から「民間伝承の会」を経て、「日本民俗学会」へと展開する過程の中で、すべての郷土人自身による自己生活の探求という郷土研究の第一義も、それを踏まえた「一国民俗学」の目途も忘れられ、日本の「民俗学」は、ごく一部の専門家によってのみ担われるアカデミズムの学へと変貌していくのである。これこそが、今日の民俗学を至って脆弱で狭小なものにしている根本の原因ではないか。そしてまた、今日の民俗学における「日本」という命題の欠落も、病根は同じところに起因するものと、私には思えてならない。

現代の民俗学の様々な潮流に共通して見てとれる「日本」の欠落には、日本という命題に最初から何の関心も興味もないという、忘却無関心の立場もあれば、「日本」という問題の立て方をそもそも必要としないという不要・無用論の立場もある。さらに進んで、「日本」という枠組みをもって構想すること自体を誤謬や悪として退ける否定、反発の立場、「反日本」とでも呼ぶべき立場もある。「日本」を一つの統一的存在と見なすことを忌避する「多元主義」や個人の内面的な自由を抑圧、規制するあらゆる外的な権威を認めない「多文化主義の主張」などは、そうした立場の最も尖鋭的なものであろう。[11] 無自覚、無意識なものから意図的、攻撃的な否定、反発までその立場は様々であるが、そこには、揃って大きな共通性を見てとることができるように思われる。その一つは、「日本」を見る主体の位置と眼差しの問題である。彼らの多くは、外部者の眼差しで「日本」を見る。あえて日本の外に身を置き、外から日本を見ようとする。今眼前に繰り広げられている「日本」の現実は、そこに生きる私たちすべてにとって、自らの問題であるはずだが、「日本」は、彼らの外にあるものに他ならない。そして、そうした自らの主体としての位置と眼差しについて、そろって無自覚であることも共通している。

その典型的な事例を子安宣邦の「一国民俗学の成立」に見ることができる。[12] 子安は、柳田国男の「一国民俗学」を「内から見ることの特権をいうものの学」と位置づけ、内からの眼差しの特権性を糾弾するが、それをいう自らの位置と眼差しの特権性には、まるで無自覚である。すでに見たように柳田国男の「一国民俗学」の主張は、欧米のフォークロアやエスノロジーが本質的に内在させてきた「外からの眼差し」を「内からの眼差し」に組み替えて行くことを企図したものであった。関与すべき対象の外部に身を置き、超越的、優越的視座から見下ろす眼差しこそ、異民族、異文化の研究としての初期のエスノロジーやフォークロアが本質的に内在させていたものである。柳田国男の「一国民俗学」は、そうした外部者の眼差しの持つ特権的性格を意図的に「内からの眼差し」に組み替え、眼前の日本の現実を、国民すべてが自らの問題として追究することができる可能性を切り開こうとするものであった。「内からの眼差しの特権性」を糾弾する主張の転倒した滑稽さに子安本人がけっして気付くことがないのは、「一国民俗学」成立の歴史的過程について無知で無理解であるだけでなく、そうした主体としての自らの位置と眼差しについてまったく無自覚だからである。そうした無自覚、無反省こそ、特権的優位者に共通した属性にほかなるまい。

ちなみに日本の近代を論じ、民俗学の近代を云々する若い民俗学研究者の仕事にも同様の無自覚を見てとることができる。日本の近代は、今私たちが生きている日本の現実そのものであり、近代はそのまま私たちの生の在り方に関わる問題であるが、彼等の多くは、近代の外に身を置き、あたかもそれが自分と無縁な過去の遺物であるかのように取り扱うのである。

もう一つ共通して見てとれるのは、全体性への志向の欠如とでもいうべき傾向であろう。私たちが自分が生きている世界の現実と正面から向き合おうとする時、それは常に一つの「全体」として現れる。私たちの存在のあり方、私たちの「生」そのものが、それ自体として他に置き換えることの出来ない完結した全的存在であるからである。私たちが、そうした自らの生の全体性と正面から向き合おうとした時、そこに自ずから「日本」という命題が立ち現れてくる。全体性への希求の欠如と「日本」の欠落とは、同じことの表裏なのではないか。科学的な厳密性を装って、他と切り離された個別の地域の民俗をそのまま自己完結した世界として捉える地域主義的な民俗学や、個別の事象を採りあげ、外部の視点から様々に解釈することを競い合う現代の民俗学の潮流の中に、深くそうした全体性への志向の欠落を見てとらずにはおれないのである。

この国に生きる私たち一人ひとりにとって、「日本」も「近代」も、まずは所与のものとしてある。それは、私たちの未生以前から、確固として存在して、私たちの死後もまたおそらくは同様にあり続けるものである。それは、観念にすぎないのに、厳然として私たちの生活を枠付け、拘束し、根拠付けている。私たちは、日常生活においてはそうした所与としての日本も近代もあたかも存在しないものであるかのように振る舞うことができるが、それが幻想でしかないことは、一歩でもこの国の外に出ようとすれば、たちどころにわかる。それどころか都立高校卒業式の「君が代」問題が端的に物語っているように、「日本」に仮託された権力の恣意的な意思によって「日本」は、私たちの主体的な行動や内面の自由すら拘束する。

しかし、一方ではまた、「日本」も「近代」も、いま私たち自身によって生きられているものである。その矛盾も様々な課題も希望も、すべて私たち自身の「生の現実」としてある。私たち一人ひとりが、様々な矛盾を抱えながら日々暮らし生きることによって、「日本」を再構成し、「近代」を再生産しているのである。その矛盾も課題もやはり私たちの生の営みが生み出したものである。その意味で「日本」も「近代」も、生活者としての私たちにとっては、外から与えられた所与のものではなく、私たち自身の存在に深く関わる内的な存在でもあるのである。だから、そうした私たちにとって、「日本」をあたかも存在しない幻想のごときものとして無視し、「近代」を過去の遺物として、一方的に批判する態度は、すなわち私たち自身の存在の在り方とその現実に目をつぶることにほかなるまい。「日本」を問い、「近代」を論ずることは、すなわち私たち自身の存在の根拠を問い、在るべき姿を希求することである。

多くの学問がそうであるように、「民俗学」もまた、「日本・近代」の所産である。明治の初めに生れ、熱烈な皇室崇敬者であり、同時に、解明派の農政官僚であった柳田国男が構想した民俗学も否応なく、近代の刻印を受けている。しかし、すでに見てきたようにその「民俗学」は、日本近代の現実が生み出す様々な矛盾や問題に対する批判を内在させていた。外部からの批判ではない。一人ひとりの生活者の「いま」と「ここ」に視座を置き、それによって捉えられた生活世界の現実の内に、私たち自身が超克すべき課題があることを示してみせたのである。

所与としての「日本」、前提としての「日本近代」に対して、私たち自身が生きてある現実の「生」の具体的拡がりを対置し、置き換えていくことによって、あるべき「日本」を希求していく。柳田国男の「郷土研究」とその理念の展開としての「一国民俗学」は、そうした意味において、日本近代の自省としての視点を深く内在させていた。そしていま、当代の民俗学は、私たち自身が生きる現代日本の自省の学たりえているのか。問われているのは、私たち自身なのである。

《注》

（1）柳田国男が、一時期宮内書記官を兼任して天皇に近侍した宮廷官僚でもあったという事実は、山下紘一郎『神樹と巫女と天皇　初期柳田国男を読み解く』（二〇〇九年三月、梟社）に詳しい。同書は、初期天皇制論を軸とした、民俗学草創期の柳田の学問と皇室崇敬者としての柳田とを統合的に捉えようと試みた労作である。

（2）「郷土研究の将来」『郷土科学講座』第一冊、一九三一年九月、四海書房。但し、引用は、『定本柳田国男集』二五、一九七〇年六月、筑摩書房による。なお、新版『柳田国男全集』では『国史と民俗学』版のみを収め、『郷土科学講座』版の「郷土研究の将来」は、収められていない。単行本所載のの論考を優先する編集方針に従ったものであろうが、『全集』版では日本民俗学史上の重要な事実を確認することができなくなった。

（3）『柳田国男全集』一四、一九九八年七月、筑摩書房。以下、特にことわらないかぎり、柳田国男の引用は、同全集版による。

（4）「民俗学」の用語をめぐる柳田国男のこうした揺れについては、千葉徳爾『民俗学のこころ』第一章「いわゆる柳田民俗学の成立」が委曲を尽くしている。「郷土研究の将来」などの「民俗学」が「Ｅｔｈｎｏｌｏｇｙにあてた訳語」であることもすでに指摘されている。参照されたい。

（5）雑誌『民族』の廃刊から『民俗学』の創刊へと至る当時の学界の状況については、柳田国男研究会編『柳田国男伝』（一九八八年十一月、三一書房）第十章「日本民俗学の成立」一～三節（永池執筆）に詳述した。

（6）日本民族学会編『日本民族学の回顧と展望』一九六六年、民族学振興会。清水昭俊「日本における近代人類学の形成と発展」篠原徹編『近代日本の他者像と自画像』（二〇〇一年五月、柏書房）。

（7）前掲　拙稿「日本民俗学の成立」

（8）拙稿「史心と平凡―柳田国男の歴史認識と民俗語彙―」柳田国男研究会編『柳田国男・ことばと郷土』一九九八年三月、岩田書院。
（9）見田宗介『新編　柳田国男集』第四巻「解説」、一九七八年七月、筑摩書房。
（10）前掲　千葉『民俗学のこころ』
（11）島村恭規「『日本民俗学』から多文化主義民俗学へ」篠原徹編『近代日本の他者像と自画像』二〇〇一年五月、柏書房。
（12）子安宣邦「一国民俗学の成立」『岩波講座　現代思想1　思想としての20世紀』一九九三年五月、岩波瞥店。子安の論を含めた各種の「一国民俗学」批判の意義と問題点については、赤坂憲雄「一国民俗学を越えて」（『創造の世界』一九九九年秋号、のち同『一国民俗学を超えて』二〇〇二年六月、五柳書院）が行き届いている。参照されたい。

柳田国男『先祖の話』を読む
——戦死者の魂をめぐる日本人の葛藤

岡部　隆志

一　固有信仰と日本人のアイデンティティ

柳田国男は東京大空襲のあった昭和二十年三月十日のことを『炭焼日記』に次のように記している。

三月九日
今夜夜半過ぎ空襲、全体で百三十機ばかりという、東京の空を覆いしもの五十機、窓をあけて見ると東の方大火、高射砲雷の如し。三時すぎまで起きてふるえて居る。いつ落ちるかしれぬという不安をもちつつ。
三月十日
焼け出され大変な数、幸いに三原は事なし。為正小石川大島へ見まいにゆく。ここも先《ま》ず無事。しかし焼夷弾落下の個所は中々多きようなり、東京へ出てみたら驚くことならん、夕七時首相放送あり、慰問の為。勿論きょうは一人も来ず、『先祖の話』を書いてくらす、ふみこ清彦後藤氏までゆく。

よく引用されるところだが、成城の家にあって空襲で焼けた東京の方を気にしながら、柳田は『先祖の話』を書いていた。前年の十一月十日の日記に「『先祖の話』を書き始む、筆進まず」とある。この日から書き始めたようだ。書き終えたのは、昭和二十年五月である。五月二十三日の日記に「『先祖の話』を草し終わる。三百四十枚ばかり」とある。

空襲の最中、柳田が『先祖の話』に没頭していたのは、「やはり決戦下での彼の懸命御奉公であり、硫黄島と沖縄でたおれていく若者たちへ捧げた鎮魂譜であった」（益田勝実『炭焼日記存疑』）というようなこと、つまり、異国で死んでいく若者達の魂を、日本人の固有信仰を明確にすることによって、仏教で言う施餓鬼にならぬように日本の故郷に導き、鎮めることとであった。

本論では、この『先祖の話』を、今どのように読んだらいいのか、という問いのもとに読むことを試みてみたい。むろん、すでに『先祖の話』についての読み方も、評価も出尽くされており、今さら、というところはあるだろう。が、そうであるにしても、『先祖の話』という書物が投げかけている問題に、明確な答えが出ているわけでは決してない。この本の評価とは、柳田が、戦争を引き起こした国家に批判的でないといったところからの否定的なものがほとんどである。が、そういう否定的な読み方は、この書物が描こうとしている日本人の固有信仰というテーマの可能性などには向き合わず、この書物が帯びてしまう政治性や戦争とどう向き合ったかという倫理的な課題の側に組伏してしまう。むろん、そういった批判が的を得ていないということではなく、やはり『先祖の話』が描こうとした問題についてもう少しきちんと受け止め、そこからどういう課題が照らし出されるのか、今一度読み返すのも悪くはないと思うのである。

この書物が投げかけた問題とは二つある。一つは、日本人の固有信仰すなわち祖霊信仰の問題をどう考えるのか、ということ。そして、戦死者をどう鎮魂するのかということである。柳田はこの二つを区別しなかった。区別しないというところに、この書物のこれらの問題に対する答えがあり、また柳田が批判されるところでもあるが、そのことは後で述べるとして、この二つの問題は、実は、そう簡単に答えが出るわけでもない。

『先祖の話』において展開された柳田の考える固有信仰は、日本人のアイデンティティという課題を負わされていたが、実はすでにこのような課題を背負わされていることそのものが、この書が孕む問題といってよい。柳田は祖霊信仰を日本人のアイデンティティになり得ると考えたが、果たして日本人のアイデンティティになり得るのか、という問いはどうしてもつきまとう。先祖を神として祀る村落の信仰は、日本人のアイデンティティといった普遍的な課題に果たして耐え得るのだろうか、という問いである。祖霊信仰は、確かに日本の村落の信仰ではあった。が、村落が崩壊し都市型社会に移行しつつある日本において、言わばそのようなローカルな祖霊信仰を日本人の固有信仰にまで拡大し、キリスト教や仏教といった世界的な宗教に対抗し得るのだろうか。が、柳田はどうもそのように考えようとしていた。

柳田の試みたことは、ある意味では、自然宗教がまだ色濃く残る日本という地域が、自らの精神性を西欧的な意味での普遍的な精神性に比しようとする時の試みでもあるが、それ故に、それは可能なのか、という問いはどうしてもつきまとう。この書についても同じである。

一方、戦死者をどう鎮魂するのか、という問題については少し事情が異なる。鎮魂はそれ自体世界中で行われている死者への呪術もしくは祈りの様式であるが、宗教的な意味での普遍性があるわけではない。ところが、近代以降の戦争による死者の鎮魂は、国家が管理するものとなり（例えば靖国神社のように）、国家が国民に対して、鎮魂は国民にとっての普遍性をもった公の営みであることを強調するものとなる。が、個別の死者を鎮魂するものにとっては、公であることなどとかかわりなく、原始的な古代からおそらくは繰り返されてきた死者に対する儀礼（例えばそれは異常死の死者を怖れる儀礼を含む）を行うだけである。つまり、戦死者の魂の扱いをめぐる儀礼の国家的な仕様（公的な仕様と言い換えてもよい）と個別的なものとのあいだに乖離がある。

死者を祀るというローカルな儀礼と、戦死者を祀るというときの儀礼の国家的仕様との乖離は、そこに国家があからさまに介在するという意味で極めてわかりやすい。『先祖の話』の問題点とは、これもよく指摘されることだが、結局、これほど明らかに国家が介在する戦死者の鎮魂について、その国家の問題を語らないことである。むろん、語らない理由は、戦死者の鎮魂は固有信仰の側、すなわち、柳田のいう固有信仰の普遍性の側で解決出来ると思ったからである。

その意味では、この戦死者の魂の問題について、柳田の鎮魂の考え方はあまり説得力がないようにも思えるが、それなら、わたしたちは、戦死者の鎮魂についてどう考えたらいいのか。ここではそこまで論じることは出来ないが、やはりここでも浮かび上がってくるのは、死者の魂をめぐるローカルな儀礼と、国家が介在するときのその儀礼の普遍的な意味づけとの乖離である。

本稿では、そういった乖離にこだわってみたい。つまりそういった乖離の柳田的な克服の仕方を『先祖の話』から読み取りたい、ということである。

二　『先祖の話』執筆の動機

『先祖の話』は、それまで柳田が個々に論じてきた祖霊信仰論の集大成というべきものである。先祖を神として祀る、という日本人の先祖への信仰について柳田は繰り返し論じてきたが、それをここで一挙にまとめる気になったのは、やはり日本が戦争下にあってしかも明らかに敗戦が予想されたからではないかと思われる。昭和十九年十月にレイテ沖海戦で日本は敗北。十一月頃から東京への空襲が本格的に始まった。『先祖の話』が書かれ始めたのはこの頃からである。昭和二十年二月には硫黄島に米軍が上陸、守備隊が玉砕する。折口信夫の養子である春洋も戦死する。二月二十日の日記に「硫黄島に昨日敵上陸三万という（一万余、戦車三百云々）。折口（藤井）春洋君のことばかり考えるも私か」とある。

戦争で死んでいく若者の魂（ミタマ）の行方を明らかにする、という『先祖の話』の動機は、日本が敗戦に直面しているということと切り離しては考えられない。つまり、戦死者の魂だけの問題ではすでになかった、ということである。日本人もしくは日本民族そのものが危機的状況にある、という認識が柳田には充分にあった。

八月十一日の日記に柳田は「早朝長岡氏を訪う、不在。後向こうから来て時局の迫れる話をきかせられる。夕方又電話あり、いよいよ働かねばならぬ世になりぬ」と記す。これもよく引用される箇所だが、すでに『先祖の話』を書き終えていた柳田にとって、日本という国家、というよりは日本という共同体をさあどう建て直すか、というところに柳田の心は向かっていた。関東大震災の時にヨーロッパにいた柳田は急遽帰国したが、惨状を目の当たりにして「こんなことはしておられないという気持ちになり、早速こちらから運動をおこして、本筋の学問のために起つという決心をした」（『故郷七十年』）と当時を振り返っている。関東大震災のときも、敗戦前夜でも、柳田は、彼自身が帰属する日本という共同体の危機を、自己の危機として受け入れ、なんとかしようと奮い立ったのである。

このように見ていくと、『先祖の話』は、その書かれた動機が、日本人の固有信仰を明らかにしたいという学問的な動機よりは、日本民族の危機に対処する有効な方法として、固有信仰を強く説くことにあったということがわかる。

つまり、『先祖の話』は、ローカルな村落の人々の魂の問題ではなく、日本人の魂の問題をどう考えるかという普遍的な広がりを最初から与えられていた書物だったわけである。むろん、柳田は常民論として日本人の問題としてそれまでも語っていたが、今回の語り方はそれまでとは違う。若者が戦争によって外地で命を落とし、そして日本そのものが危機的であるという切迫した状況のなかでの固有信仰論の語りなのである。例えばその語り方は次のような文章によく出ていよう。

霊魂の行くえということについてはほとんど民族ごとにそれぞれの考え方があって、これを人種区別の目標としてもよいかと思うくらいである。ただ進んだ国々では、新たにまた幾つかの考え方が付け加わり入り交り、互いに他のものを不透明にしようとしているのである。それを見分けるというのがすでに容易ならぬ仕事だ。ましてその中のどれが真実、どれが最も正しいかを見極めるなどは、何人の力にもかなうことではない。そういうできもせぬことを企てる者に限って、たいていはもうある一つに囚われているのである。私たちはこの大きな疑問を釈《と》くためにも、まず事実を精確にしなければならぬと思うのだが、今はそれよりもさらに大急ぎで、答えを見つけなければならぬ問題があって、それにもまたこの現実の知識が必要なのである。判りきった事だが信仰は理論ではない。そうしてまた過去はこうだったという物語でもなく、自分にはこうしか考えられぬという御披露とも別のものである。眼前我々とともに活きている人々が、最も多くかつ最も普通に、死後をいかに想像しまた感じつつあるかというのが、知っておらねばならぬ事実であり、それがまた実際に、この大きな国運の歩みを導いてもいるのである。

「黄泉思想なるもの」という章の冒頭の文章だが、「眼前我々とともに活きている人々が、最も多くかつ最も普通に、死後をいかに想像しまた感じつつあるか」を事実として知ることが日本にとってとても大事な問題なのだと、強調する。ただここで「知っておらねばならぬ事実」というときの知っておかねばならぬのは誰か。それは、「死後をいかに想像しまた感じつつあるか」と問われる日本人自身である。柳田の民俗学のポリシーは、日本人が自らを知る学問にあったが、まさに、日本人が自らの魂の行方を知ること、それがこの本に込められたメッセージである。特に「今はそれよりもさらに大急ぎで、答えを見つけなければならぬ問題が」あって、日本人の魂の行方を日本人が知らなくてはいけないのだと村長《むらおさ》が村人に諭すように柳田は語る。「国運」という言い方が、ことの切羽詰まった状況を物語っていよう。

繰り返すが『先祖の話』という書物は、それ自体ローカルな信仰でもあり得たいわゆる常民の固有信仰を、日本人の普遍的な信仰として位置づけたいという切実な動機によって書かれている。そして、柳田は、日本人自身が自らの魂の行方を知ることによって、ローカルな信仰は民族の普遍的な信仰へと位置づけられるのだと考えているのである。

三　神と人、人と人との関係論

『先祖の話』で柳田が主張したことを簡単に述べれば、「仏教の教化の行き渡るよりも前から、家には世を去った人々のみたまを、新旧二つに分けて祭る方式があり、またその信仰があった」(「家々のみたま棚」)として、人は亡くなって一定の年月を過ぎるとみたま様(先祖様)という神に融合する、つまり、死者の魂は当初はその個別性を失わずなかなか祖霊にならないが、やがて浄化され三十三回忌の弔いあげによって、みたま様(祖霊)となり子孫を見守っていく、というものである。三十三回忌という年数は、葬式を仏教式で行うようになったための仏教の弔い上げの考え方と妥協した長さで、本来日本人の祖霊信仰ではもっと短い年数で死者の魂は浄化され先祖という神になったはずだと柳田は述べている。

ほとんどの日本人にとって死者を弔うことは、葬式仏教と呼ばれるように寺の僧侶に任せるものであった。柳田は、日本人の死者の弔い方や、死者の魂の行方をめぐる日本人の考え方に、仏教以前の日本人の固有の信仰があると考え、そこから仏教の要素を排除し日本人の固有な信仰のあり方を描き出そうとしてきた。『先祖の話』はその集大成となったわけだが、柳田の祖霊信仰論にとってこの『先祖の話』の持つ意味とは、新しい発見や解釈をつけ加えたというのではなく、仏教という世界的な宗教に対してローカルな信仰に過ぎない祖霊信仰を、日本人の普遍的な信仰に値するものとして改めて強調するところにあったと言ってよいであろう。そして、そういう日本人の祖霊信仰があるからこそ、日本人の死後の魂の行方は決してあいまいではなく、戦地で死んだ若者の魂の行方もまた決まっているのだと、説いていくのである。以上のことは、柳田が『先祖の話』の最後に次のように述べていることによってよくわかる。

日本のこうして数千年の間、繁り栄えて来た根本の理由には、家の構造の確固であったということも、主要なる一つと認められている。そうしてその大切な基礎が信仰であったということを、私などは考えているのである。

（略）

それから第二段に、これも急いで明らかにしておかねばならぬ問題は、家とその家の子なくして死んだ人々との関係いかんである。これは仏法以来の著しい考え方の変化があることを、前にもうくだくだしく説いているが、少なくとも国のために戦って死んだ若人だけは、何としてもこれを仏徒のいう無縁ぼとけの列に、疎外しておくわけには行くまいと思う。(「二つの実際問題」)

「大切な基礎が信仰であった」こと、つまり先祖を神として祭る信仰を柳田は日本人の普遍的な信仰のあり方として強調するのだが、その信仰を支えているのは家であり、だから「家の永続」が問われる。家の永続については、柳田がそれまで何度も論じてきたことであるが、ただ、『先祖の話』では、家の永続にただ力点が置かれるのではなく、先祖を共にするものの関係が強調されていることに注目すべきだろう。例えばそれは「まきの結合力」として論じられている。「まき」とは、先祖を同じくする結合体、ということになろうか。「一門」「一家」「一統」「一類」といった言い方があるが、柳田は日本の中部以東で用いられ古い言葉であるので「まき(巻)」という呼び方を用いる。この「まき」は、血縁とか親類という結合が見えなくなっても関係を維持し得る結合力を持つ。それは、先祖を共有するからだが、その共有は先祖祭を通して確認されるのだと述べていく。盆と正月はもともと先祖祭であったのだが、その由来が忘れられてしまったのだとも述べる。

正月儀礼について柳田は、「本来の目的はむしろ各自の生活力を強健ならしむべく、進んで宗家の年々の祭典に参加して、先祖を共にする者の感銘を新たにするにあったのである」と述べている。だが、やがてこういった意義が不明になってきて「そして一方には一般の社交が発達し、また分家にもそれぞれの有力なる先祖が祭られるようになって、自然の統一は幾分か弛まざるを得なかったのである」(「巻うち年始の起原」)と言う。

近代日本が日本人にもたらしたことの一つはこの「自然の統一」のゆるみである、と柳田は考える。でも「自然の統一」は全くなくなったわけではない、まだ残っている。だからそれを明らかにするのだ、というのがこの『先祖の話』に貫かれた姿勢だが、当然、その先には、それを明らかにすることで日本人の間の「自然の統一」が回復されるべきだという思いがあろう。

「家」から柳田が抽出するのは家族といった社会の中での閉じられた人間関係の問題ではない。先祖を共にする関係なのである。その関係を家から共同体（例えばまき）にまで広げていったとき、その関係は「自然の統一」という結合の仕方を通して社会的な関係としてのある普遍的な意味を持つことになる。つまり、それは近代の日本が失った関係であり、かつての日本人が持っていた幸福な関係なのでもある。

重要なのは、このような「自然の統一」をもたらす先祖を共にする関係を、柳田が日本人の社会や心を安定させ平和なものとして描くことである。ここに柳田が日本人の固有信仰としての祖霊信仰を普遍的な信仰として強調したい理由があるように思われる。

例えば家の問題についても柳田は次のような語り方をする。

私などの考えていることは、先祖に対するやさしいまた懇ろな態度というものが、もとは各自の先祖になるという心掛けを基底としていた。子孫後裔を死後にも守護したい、家を永遠に取り続くことができるように計画しておきたいという念慮が、実は家督という制度には具現せられているのであった。（「家督の重要性」）

柳田はごく当然なように「先祖に対するやさしいまた懇ろな態度」という語り方をする。先祖もまた「子孫後裔を死後にも守護したい」と子孫を暖かく見守ると語るのである。ここには、先祖と子孫である人との関係が親和的であるということに何の疑いも差し挟まれていない。

神を祭る時に人は祝うがその「いわい」とは、「祭りをする人々が行いを慎み、穢れた忌わしいものに触れず、心を静かに和やかにしているのが祝いであり、その慎みが完全に守られているのが、人にめでたいと言われる状態でもあった」(「めでたい日」)と述べているが、正月などの先祖を迎える祭りにおいて、先祖を共有するものたちが先祖を迎えるその姿もまた平和そのものである。家が平和でなければ先祖は戻れない。柳田は日本霊異記の話を例に「家を平和にまた清浄に保つということが、みたまを迎え祭る大切な条件であることを、古人は通例こういう具体的な形によって、永く銘記しようとしていた」(「自然の体験」)とも述べる。

このように、柳田が描いた先祖と子孫との関係、そして、先祖を共にし先祖を迎える人々の関係は、きわめて親和的であり平和なものなのである。

それは、仏教のように、この世の煩悩を捨てて出家するとか、死後遠い浄土に行くとかといった劇的なドラマを想定していないし、またキリスト教のように絶対的な神に従うという厳しさもない。

柳田は次のように死後の魂の行方について述べる。

私がこの本の中で力を入れて説きたいと思う一つの点は、日本人の死後の観念、すなわち霊は永久にこの世に留まって、そう遠方へは言ってしまわないという信仰が、おそらくは世の始めから、少なくとも今日までかなり根強くまだ持ち続けられているということである。(「先祖祭の観念」)

先祖と子孫との親和的関係は、このような先祖は遠くへ行かないという霊魂観に支えられている。遠くへいかないからこそ、山の神、田の神となって子孫を見守り保護するのである。同時に、遠くへ行かないからこそ、助け合う者同士が自然と信頼関係を結ぶときに生まれるような親愛の情を持つのである。死者が遺族との個別的な情によって結ばれていた関係が消え、先祖というみたまになるときには、「愛情」とか「思慕」によって関係づけられるのだと柳田は述べる。

人が目を瞑《つぶ》って妻子の声に答えなくなるのも、一つの生死の堺にはちがいないが、その後にはまだ在りし日の形ある物が残っている。それがことごとくこの世から姿を消して、霊が眼に見えぬ一つの力、一つの愛情となり、また純なる思慕の的となり切る時が、さらに大きな隔絶の線であるように、昔の人たちには考えられていたのかと思う。（「二つ世の境目」）

仏教もキリスト教も、人間の罪穢れを浄化し、人間が神との幸福な関係を結ぶには、人間自身が神の世界である超越的な世界へと旅立たなくてはならない。それは、人間の内面（生き方）の問題であり世俗的な生活や風土の条件に左右されるものではない。この世の人間の生活は矛盾にあふれ現世では解決出来ないからこそ超越的な世界が設定される。仏教やキリスト教が地域や民族の壁を越えた普遍性を持つのは、その超越性が地域や民族にとらわれないからである。

それに対して、柳田の考える祖霊信仰では、神はそれほど超越的ではない。死後の魂が浄化され神となり、子孫の生活の場所のすぐ近くにあって、「愛情」や「思慕」によって互いに結びつけられる。その関係こそが神と人との幸福な世界を作るのである。つまり、神と人とは隣り合った空間に棲み分け時々行き来するのであり、その行き来を保証するのは、人の世の平和的な環境である。だから人は身を慎み平和を希求する生活を営まなくてはならないのだと柳田は説くのである。

人間が絶対的な神に帰依したり、あるいは浄土へと旅だつ決意をしなくても、隣り合った場所にある幽冥境から時々訪れる神（先祖）との優しい関係を保持する生活を営むことができれば、そこに人の幸福はあるのだと、柳田は考える。そして、日本人はかつてそのような幸福を持っていた、だが、外来の宗教が入り、あるいは近代という激しい社会の変化の中で、そういう幸福を日本人は失っていった。だからこそ、そういう幸福の基底にあった自分たちの固有信仰を知るべきだと柳田は述べるのである。つまり、そこに日本人のアイデンティティはあるのだということである。

このように語られる祖霊信仰論を批判することはたやすいだろう。柳田は日本人の祖霊信仰が仏教以前からあるものだと推測するが、先祖を共有することが結束の条件となり得る団結を果たして歴史的にどこまでさかのぼらせることができるのか、例えば、柳田の考える家の成立は中世まででではないかとする批判も当然あるだろう。また、祖霊信仰が稲作農耕民を前提にした信仰形態であり、縄文以来の焼畑農耕や多種の生業を営む日本人を視野に入れていないという批判も当然あり得る。

こういった批判はすでに多く出されているのでここでは言及しないが、ただ、柳田の目指したものは、それが日本人のごく一部の限定的なものであったとしても、あるいは、とても仏教やキリスト教のような普遍性（世界性といってもよい）を持つものではなくても、仏教以前からある自然宗教的な神観念を肯定しながら、少なくとも近代の日本人の心に届く宗教意識の構築であった。このような宗教意識の構築は折口信夫もまた試みていた。敗戦がせまる状況のなかで、柳田も折口も、その方法は違ったが日本人の精神的な紐帯のないことを危機と感じたのである。

仏教といった外来の精神文化を排除し、日本固有の精神性を発見しようとする認識の枠組みは、欧米による外圧という当時のアジアの状況に危機意識を持った江戸の国学者が作り上げたものであり、柳田が自分の固有信仰論を新国学と名付けたように祖霊信仰もそういった認識の枠組みの延長上にある。ただ、柳田は、平田篤胤のように、日本の神話的観念を無理矢理肥大化させて世界性を獲得するようなことをせずに、農民の生活の中にまだ息づいている伝統的な神観念の持続の中に、普遍化し得るものを見出そうとした。必ずしも、神代の昔を空想的に発見したわけではない。

結果的に柳田の固有信仰論は、日本人のアイデンティティたり得るほどの普遍性を持ち得る理論ではないというのがおおかたの評価であろう。が、そうだとして、日本の農民の生活に根付いた神と人との関係を、わたしたちの神と人との関係、ひいては人と人との関係の問題として解き明かそうとしたその試み自体は、たとえそれが日本人全体の問題に広がらないにしても、評価されていいのではなかろうか。『先祖の話』は柳田の民俗学的な知見としての祖霊信仰論として読まれ勝ちであるが、一方では神（先祖）と人との、あるいは人と人の関係論である、という読み方もできるのである。

わたしたちの生活の中に根付いている宗教的な意味での超越的な意識の所在を柳田は明らかにしようとしたが、柳田はあらためてわたしたちの超越的世界への距離感が、近くの山や川あたりまでであることを説いているのだ。わたしたちの奥深くにあるこの距離感にわたしたちの関係のあり方や精神性はかなり影響を受けているはずだ。

それを呪縛ととらずに、守るべき美徳としたのが『先祖の話』なのであるが、いずれにしろ、この距離感はいまだにわたしたちの精神性の基底にあるだろう。それをどう論じるのか、それはわたしたちにとっていまだ大事な問いとして在り続けている。

だ。

四　七生報国と祖霊信仰

『先祖の話』には「英霊」という言葉も「靖国」という言葉も一切出てこない。むろん、『先祖の話』以外でもこの二つの言葉はほとんど使われていない。この二つの言葉は柳田の民俗学にとって相容れない言葉であったことは確かだ。

だが『先祖の話』は戦死者の魂の問題を扱う書物なのであるから、戦死者の魂に関わる象徴的なこの二つの言葉を用いないのは、逆にこの二つの言葉をかなり意識していたのではないかと思わせる。

例えば「～少なくとも国のために戦って死んだ若人だけは、何としてもこれを仏徒のいう無縁ぼとけの列に、疎外しておくわけには行くまいと思う。もちろん国と府県とには晴れの祭場があり、霊の鎮まるべき処は設けられてあるが、一方には家々の骨肉相依るの情は無視することができない」（「二つの実際問題」）と述べているが、この「晴れの祭場」とは靖国神社のことである。柳田にとって戦死者の魂もまた先祖のみたまとして扱われるべき霊であった。従って、その霊は、遺族との「骨肉相依るの情」という個別的な段階の霊の時期を経て、やがて浄化され、神と人との「愛情」や「思慕」によって包まれなければならないものであった。ところが、靖国神社は戦死者を公的な祭祀を通して「英霊」として祀る。それは、先祖を共有する人と人との関係から切り離し、柳田の考える祖霊信仰とは無縁なところで祭り上げることである。とすれば柳田にとって「靖国神社」や「英霊」という言葉を使いたくない理由はよくわかる。それを使えば、批判的に用いねばならず、結果として国家を批判せねばならないからである。

『先祖の話』が靖国神社に批判的であることは、祖霊信仰論の論理からすれば当然のことであるが、しかし、一方で、若人を戦争へ召集していく国家の論理に与《くみ》した書であるとの批判もある。それは柳田が次のような文章を書いているからである。

ただ私などの力説したいことは、この曠古の大時局に当面して、目ざましく発露した国民の精神力、ことに生死を超越した殉国の至情には、種子とか特質とかの根本的なるもの以外に、これを年久しく培い育てて来た社会制、わけても常民の常識と名づくべきものが、隠れて大きな働きをしているのだということである。(「黄泉思想なるもの」)

「生死を超越した殉国の至情」に隠れて大きな働きをしている常民の常識とは、祖霊信仰である。続けて柳田は「人を甘んじて邦家のために死なしめる道徳に、信仰の基底がなかったということは考えられない」と述べている。さらに次のようにも述べている。

それはこれからさらに確かめてみなければ、そうとも言えないことであろうが、少なくとも人があの世をそう遥かなる国とも考えず、一念の力によってあまたたび、この世と交通することができるのみか、さらに改めてまた立ち帰り、次々の人生を営むことも不能ではないと考えていなかったら、七生報国という我々の願いは我々の胸に、浮かばなかったろうとまでは誰にでも考えられる。(「七生報国」)

これらの「殉国の至情」や「七生報国」は敗戦濃厚の国家が、国民に対して国家に命を捧げよと言うときのキャッチフレーズである。「靖国」や「英霊」は嫌うのに、これらの言葉を柳田は嫌っていない。ここだけを取り出して読むと、いかにも柳田は、お国のために死んでもいい、魂はまた生き返って何度でもお国のために働くことができるのであるから、と語っているように読める。「七生報国」とはそういった意味合いにおいて使われている言葉であるからだ。

ただ、柳田が解き明かしたかったことは、このような「殉国の至情」や「七生報国」という日本人の精神性を支える基底に祖霊信仰がある、ということである。つまり、祖霊信仰が無ければ、日本人は死を恐れずに戦うことはできないはずだ、という文脈で「殉国の至情」や「七生報国」を語っている。「殉国の至情」や「七生報国」を通して日本人の精神性を褒めそやすというものではない。

硫黄島の玉砕で折口信夫の養子である藤井春洋が戦死する。その知らせに柳田が心を痛めた頃『先祖の話』は書き進められていた。硫黄島玉砕の際、硫黄島守備隊の栗林中将は最後に「仇討たで野辺には朽ちじわれは又七度生まれて矛を執らむぞ」と打電したことが報じられ、益田勝実は「『炭焼日記』存疑」で、柳田が『先祖の話』を「七生報国」で締めくくったのはこの「七生報国」の辞世の歌が脳裏にこびりついていたからだろうと推測している。中村生雄は益田勝美の指摘を受けて「日本国民の目を一ヶ月にわたって釘づけにした硫黄島攻防戦が指揮官による『七生報国』の辞世で幕を下ろしたのは国民共通の認識であったから、敗戦後すぐに『先祖の話』を読み通した人びとが戦没した青年将校の魂の安住を気づかい、それと合わせて『七生報国』という硫黄島守備隊長の最後のことばを想起したであろうこともたしかなのだ」(『折口信夫の戦後天皇論』)と述べている。

益田勝実や中村生雄が述べるように、柳田が「七生報国」をあえて書き綴ったのは、戦争で無残に死んでいく若人の魂の行方を明らかにすることでその魂を鎮魂する、という意図があったからであろう。

ただし、そうであったとしても、祖霊信仰論と戦死者の魂の問題を結びつける柳田の論の建て方に批判はある。例えば岩田重則は柳田が祖霊信仰における死への親しさを、戦死者の死の親しさにまで援用しているとして次のように批判している。

柳田民俗学のこの学説の場合、祖霊祭祀が「親しく」行われ、生者から見たとき祖霊が「親しい」存在であるがゆえに、それがそのまま「死の親しさ」とみなされるという論理の展開であった。いわば、柳田民俗学の論理では、祖霊の性格の「親し」さと、六四のタイトルでもある「死の親しさ」は等しい存在であった。そして、さらに、これが六四の冒頭の文章、戦死者を想定したものと考えられる「どうして東洋人は死を怖れないか」という観念にまで結びつけられていっている。祖霊の性格、祖霊観が、本来それとは異質な観念であるはずの死そのものに対する観念に置換され、さらに、それが戦死の精神の説明にまで援用されてしまっているのである。（『戦死者霊魂のゆくえ』）

この批判は柳田の祖霊信仰論を考える上でいろいろな示唆を与えてくれる。岩田氏は、祖霊信仰論におけるあの世への親しさと、戦死者における死の親しさの問題は別なのではないかと指摘し、それを一緒に論じることに論理的矛盾があるとしている。この指摘にはなるほどと思うが、日本人の宗教性として祖霊信仰論を論じる柳田の論理をあらかじめ封じているところがある。

人は誰も病や戦争等における自分の（個別的な）死を怖れる。その死の怖さを克服するために、個別的な死を超越した死、つまり、宗教によって普遍化された死後の世界を信じる。つまり、個別的な自分の死を、宗教が説く普遍化された死後の世界へと合一させるところに、信じるという宗教的心性の意味がある。キリスト教でも戦争には牧師が従軍する。兵士にキリスト教の説く死後の世界を信じさせることで、戦死に脅える兵士の不安を軽くするためである。あるいは、イスラムの世界では、聖戦で死ねば神の世界に行けると信じて自爆テロを行う人たちがいる。そういう心性を論理的矛盾と言えないように、ここでも、祖霊信仰によって普遍化された死後の世界、つまり死後の魂と生者とが親しく交わる世界、に個別的な死を合一させることは論理的矛盾とは言えないであろう。

死んで故郷に戻り故郷の人々と親しく交わるのだと兵士が信じることで、兵士は自分の死への恐れを克服できる、と柳田が考えたかどうかは別にして、柳田が説明しようとしたのは祖霊信仰はそういった宗教的な意味合いにまで拡大できるということだった。厳密な民俗学的な学問の定義をしようとすることではなかった。岩田氏の批判は民俗学的な学問の定義からすれば論理的矛盾だろうというものであるが、そのように批判するということは、当然、宗教的な意味合いにまで拡大させる柳田の論理自体を認めないということであろう。それは、柳田がどう考えようと、柳田の説明は無謀な戦争へと若者を召集していく論理を補佐するものでしかないというものだからで、その批判はわからないではない。

五　戦死者の祀り方をめぐる日本人の葛藤

祖霊信仰論は果たして戦死者の魂の行方を解決し得るのだろうか、という問いはやはり大きな問いとして残る。岩田重則は、一九九〇年代、日本各地のお墓の石塔に、いわゆる二又塔婆や梢付塔婆（先端に枝がついたり二又に別れている形状の塔婆）が置かれていたことを報告している。これは、死後五十回忌の弔いあげの時の卒塔婆である。

一九九〇年代は戦後五十年であり、丁度戦死者の五十回忌にあたる。それで各地の戦死者の墓地にそれらが乱立していたというのである。そして次のように述べている。

戦争がなければ、普通にそのムラで生き、死を迎え、子孫によって祀られる、その家の人生儀礼の体系に、戦死者も他の死者と同じように組み込まれている。戦死でなければ当然そうなるはずであった、ふつうの死者祭祀が行われ完結した、という民俗的事実があるだけであった。日本の家は、自己の民俗に、戦死者を回帰させていたのである。（『戦死者霊魂のゆくえ』）

ここで述べられていることは、『先祖の話』で展開された日本人の祖霊信仰が、実際に戦死者の魂の行方についての問題を解決している例である。このように日本の家およびムラで実際に戦死者祭祀を行ってきたという事実があるのに、国家は戦死者を家の信仰体系から切り離して「英霊」「殉国」「忠霊」という国家的次元での価値観で戦死者を祀る。それは死者に対する冒瀆であると岩田氏は痛烈に批判する。このことは当然「七生報国」や「殉国」という用語を安易に用いる柳田への批判につながっている。

戦後の戦死者への日本人の祭祀は、事実として、家やムラにおける戦死者の祭祀と靖国神社に象徴される国家による祭祀という二つの祭祀があった。岩田氏による『先祖の話』に対する肯定と否定という二つのとらえかたは、この二つの祭祀のあり方に対する肯定と否定に沿ったものである。柳田の中ではあくまで祖霊信仰を背景とした戦死者の祭祀のあり方は家やムラでのものであったが、国家が戦死者を祭祀するというそのことに対して明確に批判をしなかったし、また何故国家が戦死者を公的に慰霊しなければならないのかについても明らかにはしなかった。そういうあいまいな態度が、結局は国家に距離を取らなかったあるいは国家に批判的でないといった柳田批判を巻き起こしているのである。

近年、戦後日本人は戦死者をどのように慰霊してきたか、という研究が盛んである。それは、靖国神社による戦死者祭祀が政治問題化しているという状況のなかで、国家による戦死者祭祀ではない慰霊や祭祀の実態を明らかにしようとするものである。いままでそういったことは靖国神社に対する賛否両論の論議の中であまり省みられなかったが、靖国神社以外での戦死者の祀り方が政治的な問題になってきたということもあり、また、靖国神社で戦死者を祀らなければ戦死者の魂はどのように祀られるべきなのか、ということが改めて課題になってきたということがあろう。

靖国神社の前身である東京招魂社は、戊辰戦争における官軍の戦死者を祀る神社として作られた。その後靖国神社となり国家の戦争による戦死者を祀る神社となっていく。官製の神社を通して戦死者を祀る理由は、異常死である戦死者の魂を慰撫しなければという御霊信仰の伝統があったろう。が、戦死者は国家の命令によって死んでいくものたちであり、その霊を国家が祀らなければ、国家は国民を戦争へと動員していく根拠を失うことになる。つまり、国民の側にしてみれば、靖国神社に祀られて「英霊」になることは名誉であると教えられることで、戦争で死ぬことを納得はしなくても受け入れることができるのである。靖国神社は国民が国のために死ぬことを納得する装置として機能したのである。

これは何も日本だけの特殊な現象なのではない。近代の国民国家は、国家の戦争に国民を動員するために成立した面がある（小熊英二『〈日本人〉の境界』）。とすれば、国家は戦死者を顕彰しなければならない。その意味で、近代国家は国家が動員した国民の戦死者を手厚く弔いその魂を慰霊する義務を負うのであり、近代国家はほとんどが戦死者を儀礼的に弔いその霊を顕彰する儀礼を行っている。靖国神社は、その日本版である。

が、戦死者には家族がおり、家族にとってみれば、たとえ異常死であろうとかけがえのない肉親の死であり、そして死者にとってもその思いは家族との情愛に向かうはずである。戦死者もまた国家とかかわりなく、家族や地域の人々との深い絆の中で死者として弔われ、そしてその魂は祀られるであろう。それもまた確かな事実である。とすれば、近代以降における戦死者の祀られ方は常に二重性を帯びる、ということになる。一つは国家にであり、一つはその家族や地域における人々との関係においてである。柳田が『先祖の話』でこの後者の祀り方を明らかにしようとしたということは何度も述べてきたことだ。

靖国神社への批判的な論拠は、靖国神社による戦死者祭祀が国家の論理によるものだからである。一方、それなら戦死者をどう祀るのかと問うとき、国家による祭祀を拒否し、人々の私的な儀礼でよい、という意見も当然出てこよう。むろん、それは戦死者を通常の死者として扱えるはずだということを前提としている。だが、そう簡単に私的なレベルで戦死者の魂を生活者としての人々は引き受けられるのだろうか。

田中丸勝彦は長崎県壱岐郡の英霊供養について報告しているが、そこで戦死者は「一人墓」であり先祖代々の墓には入れないことを書いている。また、英霊の祭祀者は二つに分かれ、一つは英霊の家族でありもう一つは血縁関係を持たない祭祀集団、戦没者慰霊会であるという（『さまよえる英霊たち』）。

この報告で興味深いのは、家族による戦死者の魂の扱いは微妙に通常の死者と区別されているということである。同時に、地方の人々のレベルにおいても、私的な祭祀と公的な祭祀との二重性は成立しているということである。このことが意味するのは、戦死者の魂を、家族が私的な祭祀だけで祀るのは難しいということである。通常の死ではないということもあろうが、何よりも、その死の原因が国家に起因するからである。つまり最初からその死は公的なものであり、公的な死を私的な家族が引き受け死者の魂を慰霊することは無理があろう。私的なレベルでの祭祀では、戦死者の死の理由を受け止めることもできないし、また死者の思いも引き受けることはできない。戦争中「息子はお国のために死んで英霊になったのだから誇りに思う」といった言葉を遺族は語る。それは、そう言うしか説明のしようがなく、自らを納得させられないからである。とすれば、戦死者の祭祀は二重性というよりは、二つに引き裂かれざるを得ない。

『先祖の話』が引き受けたのは、柳田なりに、私的なレベルでは扱えない戦死者の魂の行方を、国家の側ではなく、私的なレベル、つまり先祖を同じくする関係、あるいは情愛と言った個別的な関係において受け入れる事ができる、ということの証明だったろう。そして、死者の魂の問題を解決する祖霊信仰を、日本人の民族性あるいは日本人のアイデンティティというところまで拡大していったのは、国家の側にまで広げない程度の、公的な祭祀のあり方の提示だったのではないか。

戦死者の祀り方をめぐる日本人の葛藤を見ていくと、そこには、自然に霊魂が宿るといった古代的なアニミズム的霊魂観と、近代の国民国家が要請する霊魂観とが、突然接ぎ木されているような光景が見えてくる。死者の霊魂が近くの山に居るといった距離感と、英霊として極めて抽象的な空間に祭り上げられる距離感とが、日本人の心の中で折り合わずに軋んでいる、といった光景である。

靖国神社が象徴する国家という公的な宗教空間と、家や村レベルでの信仰世界との間に中間がない、ということであろう。本来なら、仏教やキリスト教という世界宗教が中間に入り、古代的なアニミズムから近代国家の公的な宗教空間へと橋渡しをしていたはずだ。その中間がない、という言い方をしてもよい。

私たちは公的な世界を拒否できない、というより、積極的に作らなければ生きていくことすらできない社会に居る。

とすればどのような公的世界を構築するのか、ということが課題である。少なくとも、戦争に若者を召集し戦死すれば「英霊」として靖国神社に祀りまた次の若者を戦争に召集する、ということを繰り返す公的な世界はごめんである。とすれば、私的な世界の側から、私的という言い方がまずければ生活者の世界の側から公的な世界を構築していくしかないではないか。むろん、それはイデオロギーのような理念による構築ではないから簡単ではない。

柳田国男が『先祖の話』で試みたことは、そういった意味での、近代的な国家の側からではない公的な世界の構築の試みだったのではないだろうか。そのように読むことができると思うのである。

《参照した論文および文献》

『柳田國男全集』ちくま文庫。柳田国男の引用はすべてこのちくま文庫版の全集によった。
益田勝美「『炭焼き日記』存疑」(『民話』14・15・17、一九五九年十一月・十二月・一九六〇年二月)、『益田勝美の仕事Ⅰ』(ちくま学芸文庫　二〇〇六年)所収。
中村生雄『折口信夫の戦後天皇論』法蔵館　一九九五年
岩田重則『戦死者霊魂のゆくえ』吉川弘文館　二〇〇三年
田中丸勝彦著『さまよえる英霊たち』(重信幸彦・福間裕爾編　柏書房)二〇〇二年
小熊英二『〈日本人〉の境界』新曜社　一九九八年
國學院大學研究開発推進センター編『慰霊と顕彰の間』錦正社　二〇〇八年
川村邦光編著『戦死者のゆくえ』青弓社　二〇〇三年

音楽としての「君が代」

小野寺 節子

はじめに

ロックミュージシャンの忌野清志郎が二〇〇九年五月二日に他界した。多くのファンの姿や彼の影響を受けたという人々がマスコミに登場し、彼の生き様を語り、彼の死を惜しんだ。そうした熱気は、彼が「君が代」を歌っていたことを思い出させた。

一九九九年、忌野清志郎のバンド〈リトル・スクリーミング・レビュー〉が三枚目のアルバム「冬の十字架」に、パンク風の「君が代」を入れるか否かで、大手レコード会社ポリドールと忌野清志郎側の意見が分かれ、決まっていた発売が急きょ中止となった。その後、ピュア・ミュージック・ファンデーション・スペシャル（横浜アリーナ）のステージで「君が代」を歌い、独立系レコード会社から「冬の十字架」が発売となっている。これ以前にも、一九八八年、彼の歌には、反原発などをテーマとした「ラブ・ミー・テンダー」があったが、東芝ＥＭＩからの発売を中止されていたのである。

また、北島康介や浅田真央選手が国際スポーツ大会で優勝し、表彰台の中央に立ち、充足感あふれる顔で振り仰ぐ視線の先に「日の丸」が掲揚され、「君が代」が演奏される。小さく動く口元には、素直な共感と感動を覚える。

一方で、戦後の国家のあり方、教育への指針などとともに語られてきた「日の丸」「君が代」の問題は、教育現場に多くの混乱を招き、論争が紛糾し、社会に対して考えるべき多くの視点を鋭く表出させている。一九七九（昭和五十四）年三月、福島県立若松高校の卒業式で、音楽教師は斉唱のピアノ伴奏をすることに抗議し、ジャズアレンジした「君が代」を演奏した。その意味や背景は何だったのか。

つまり「君が代」とは何なのか。

「君が代」のその成立過程、歌詞の原版や解釈、教育制度の変遷と教材指導、戦後から現代に至る問題に関する著書や論考を多数確認することができる。また、楽譜資料などから、実際の楽曲を想定したり演奏したりすることも可能である。

しかし、楽曲から捉えられる「君が代」であっても、その成立過程では背景となる状況と不可分であるし、「国歌」という概念とこの楽曲の関係を捉えるには、国家の趨勢や教育のあり方をも考えなくてはならない。これは「君が代」がどのような場面で必要とされ、どのように用いられたかを探る作業でもある。

幸いなことに、日本の教育課題を体系的に編集した佐藤秀夫編『日本の教育課題』第一巻『「日の丸」「君が代」と学校』（一九九五年）で、編者の佐藤が著した「「君が代」の歴史」(1)は、筆者が捉えようとしていた「君が代」の成立過程が手際よくまとめられている。同書は豊富な文書資料を収録しており、多面からの「君が代」研究の手掛かりを提供している。また、歌詞に関するものでは、山田孝雄の『君が代の歴史』（宝文館、一九五六年）があって、歌詞研究の基本的テキストとなっている。

ここでは、佐藤の記述を踏まえつつ、「君が代」の音楽性を軸に作業を進めたい。そうした中で、柳田國男が考えた「国のあり方」や、現代の国旗・国歌に関する論争と結びつくのか否か、正直なところ結論に至っていない。しかし、〈音楽〉という根本的な視座を据えることで、あらためて「君が代」に光を照射したいと考える。

一　「君が代」の成立と役割

まず初めに、「君が代」成立過程と、その楽曲の位置付けを通して明治期前半の国家状況を捉えたい。

今日、我々が知る「君が代」が成立するまでに、さまざまな試行錯誤と紆余曲折があったことは、すでに多くの指摘や論述がなされてきたが、幕末から明治二十年代までの時期は、「国歌」のあり方を志向し、その選定を巡る新政府にとって、苦悩の乱交差でもあった。この時期の「君が代」に相当する楽曲は五曲とも六曲ともいわれている。それらは、次のようなものが挙げられる。

①ジョン・ウィリアム・フェントン作曲による「君が代」。
②林廣守撰譜（作曲）の壹越調律旋「君カ代」に、フランツ・エッケルトが和声を施した「君が代」。
③『保育唱歌』に収録された「サザレイシ」。
④『小学唱歌集』に収録された歌詞が二番まである「君が代」。
⑤陸軍省が「国歌之一部」としてあげた「扶桑」。
⑥陸海軍喇叭譜「君が代」。

これらについて、順次みていきたい。

①については、明治維新を迎え、万事国家の形を整える時期にあって、幕末からの欧米式軍隊の移入、これに伴う西洋音楽の導入などの中から、この「君が代」が誕生した。天皇が臨席する儀式などに、「ヲーシヤン」（aux champs）という楽曲が用いられた。一八七〇（明治三）年、兵部省の陸海軍が分離し、七二年、海軍省は東京築地に置かれた。七三年に徴兵令公布され、七六年、海軍兵学校が設置された。七三年の「陸軍敬礼式」（陸軍省）では、敬礼式の中で楽曲演奏を入れる個所や対象の身分により演奏方法を詳細に指定している。七五年の「陸軍会葬式」では、「（第二十条）　其兵隊一聯隊以上ナル時ハ軍旗ヲ樹ツルノ例タリ而シテ軍旗ハ黒布ヲ以テ之ヲ蓋ヒ喇叭ハ音調ヲ低クシ親王並ニ大臣参議省使長官議長副議長陸海軍大将司令ノ職ヲ奉スル陸海軍中将少将並大勲位ニ叙セラレタル者ニハ「ヲーシヤン」陸海軍中将少将並勲一等ニ叙セラレタル者ニハ「ラツペール」ヲ奏シ陸海軍中将少将並勲二等ニ叙セラレタル者ニハ之ヲ奏スルノ構ヲ為スノミ　但喇叭ハ黒布ヲ以テ之ヲ蓋フヘシ」（「陸海軍会葬式」）というように、儀礼形式に合わせた楽曲演奏の指定がみられる。

当然のごとく、演奏の需要と奏者の育成はバランスを欠く時期があり、一八七五（明治八）年の「軍楽隊概則」では、「一楽隊ハ近衛鎮台毎ニ各一隊ヲ置クヲ正例トス然レトモ現今未タ軍楽部ノ人員寡少ナルヲ以テ暫ク教導団ニ属セシメ生徒成業ノ日ヲ期シ漸次ニ近衛及ヒ各鎮台ニ設ケ置ク者トス　一楽隊ニハ生徒若干名ヲ置キ左ノ技術ヲ卒業スルノ後楽生欠員アルトキハ順次ニ之ヲ命スルモノトス」とし、課題には、「一本楽一般原書ノ口受　一各其楽器ニ附属スル原書ニ就テノ演習　一行進ノ譜　従第一号至第十号　一分列式ノ譜　従第十一号至第十三号　一臨幸並ニ還幸ノ時奏スル譜　第十四号　一拝神礼式ノ譜　第十五号」（「軍楽隊概則」）としている。

こうした時期に、薩摩藩軍楽隊で教師をしていたイギリス公使館護衛隊歩兵大隊の軍楽隊長ジョン・ウィリアム・フェントンは、この国における国歌または儀礼式に用いる音楽の必要性を進言した。これを受け、薩摩藩砲兵隊長大山弥助（後の大山巌）などが、藩でうたわれていた「蓬莱山」の中の「君が代」をあげ、これにフェントンが作曲したものが①である。ただし、楽曲の正確な作成年次は明らかではない。

一方、一八七四（明治七）年、式部寮の伶人に欧州楽（管弦楽）の伝習が求められ、第一陣として二四人がこれを始めた。音譜として音符、音名、音階などを学び、海軍から借りた喇叭（ラッパ）や小太鼓を用いて伝習した。七六年、イギリスに注文していた吹奏楽器が届き、この年の天長節にフェントン作曲の「君が代」が演奏された。

しかし、この楽曲は、日本人の感覚に合わないもので、同年頃、海軍軍楽長長倉祐庸（後の中村祐庸）は「天皇陛下ヲ祝スル楽譜改訂之儀上申」を海軍省に提出する。これには「改訂見込書　第一～四条」が添付され、「宮中ニ於イテ詠謳セラル、音節ニ協合セシムヲ以テ改訂ノ正鵠トナスベシ」「宮中ノ詠謳正音ヲ伝習熟達セシムベシ」「教師フェントン氏ヘ命嘱セラレ、改訂掛ノ詠謳音節ニ協合スベキノ楽譜ヲ造ラシメ、而シテ反復校合シ後チ樂手ヲシテ演習セシムベシ」「楽譜改正成就ノ上ハ、…、併セテ将来我　天皇陛下ヲ崇慶スルノ儀典ニハ、必ラズ此聖世ノ楽譜ヲ謳奏セシメン事ヲ報導スベシ」（…部分は筆者略）というように、楽曲の改訂と「宮中ニ於イテ詠謳セラル、音節」つまり雅楽的唱法、楽器演奏（唱歌伴奏を含む）譜の作成を要求し、楽曲自体「天皇陛下ヲ崇慶スルノ儀典ニハ、必ラズ此聖世ノ楽譜ヲ謳奏」すべきであるとしているのである。フェントンは、任期を終え帰国するが、その後のドイツ人音楽教師フランツ・エッケルトが西洋風和声付けの作業を引き継ぐ。

②については、長倉祐庸の「天皇陛下ヲ祝スル楽譜改訂之儀上申」と前後して、式部省雅楽課（後の宮内省）において、「国歌相応ノ歌詞及び「墨譜」各種選定」が行われ（「国歌相応ノ歌詞及び「墨譜」各種選定の件上申」宮内省雅楽課　明治十年）、海軍省と宮内省の間で和歌誦歌者の出張教授も行われていた。

こうしたこととは別に、ここでは東京女子師範から保育唱歌の選定依頼を受けており、およそ一一〇曲が選定されたが、そうした作業の中で、「君が代」の作曲があった。雅楽課の伶人奥好義がつけた旋律を一等伶人の林廣守が曲に起こし、二分音符を黒譜《すみふ》に書き換えて発表した。一八七八（明治十一）年の保育唱歌「君が代」である。「墨譜」は、雅楽歌曲を伝える譜のことで、撰譜（作曲）の基となる声律や旋法を記したものである。声律は、宮・商・角・徴・羽の五声と、これらにおよそ半音の高（嬰）低（変）を示す音名があり、その音を基にした階名がある。旋法は、音階を形成する音の組織である。日本の旋法は、雅楽の音階として呂旋法《りょせんほう》・律旋法があり、俗楽の音階として陽旋法（田舎節）・陰旋法（都節）、沖縄の音階などに分けられる。律旋法は、呂旋法をもとに作られ、雅楽の旋法の多くはこれである。律旋法を十二音律に近い音で表すと［D—E—G—A—C—D音（上行形）、D—H—A—G—E—D音（下行形）］となる。律旋法曲の例としてこの「君が代」が挙げられることがある。

この保育唱歌「君が代」は、一八八〇（明治十三）年にさまざまな経緯を経て、十一月三日、天長節での宮中宴会で初めて演奏された。同年六月二十九日に、式部寮雅楽課から海軍省へ「兼テ御依頼有之候君が代ウミヤカハ之歌撰譜相成候ニ付テハ唱歌其筋ニテ聴聞之上決定いたし度候間当稽古所へ出張候様其筋へ御達し相成度此段及御照会候也」「追テ当所へ何日頃出頭相成哉前以日限御申越し有之度候也」（宮内省雅楽課記録）と、海軍省より依頼の「君が代」「ウミユカハ」撰譜完成について照会が行われる。十月二十日、宮内省は海軍軍楽隊を招いて発表した。宮内省と海軍省が同時に公表した。この「君が代」が今日の「君が代」となっていく。

同課の稽古所における秋季大演習の様子が記述されている。

「十月三十日、土、壬辰、晴

稽古所秋季大演習、午前十時ヨリ神楽管絃目六左ニ

合音取　篠波

双調々子　席田二段　柳花苑　酒古子各一返
右十二時終ル、午後一時ヨリ舞楽、唱歌、洋琴、欧洲楽交番ニ奏ス。
振鉾　五常楽　皇仁庭
百鳥　サ、レイシ　女子師範学校生徒
バルカーロール　洋琴二名
君が代　クイックマーチ　欧洲楽
太平楽
竹ノ根　秋日影　女子師範学校生徒欧洲楽
右五時相済、洋琴ハ当度始めて弾ス、本日ハ予、好義両人、時間遅レ候ニ付秀一、則承ノ両人ハ臨期除之本、日用君が代ハ過日海軍省ニテ調査終リタル新譜ナリ。本日参観人如何山。」（「芝葛鎮日記」明治十三年十月三十日）

十一月三日、天長節で演奏された楽曲は、「天長節宴会欧州楽目録」にみることができる。「一、君が代　二、セブリュダビリア、ポルカ、マジョルカ　三、ウンクリューム、ポルカ　四、ブリネッタ、レドワー　五、ラドリュイデス、マルシュ　六、ジネスタ、ポルカ、マジョルカ　七、レボルド、ド、リヨンヌ、ヴワルス」（「明治十三年天長節宴会欧州楽目録」明治十三年十一月二日　宮内省）があげられ、「君が代」は初めに演奏されている。

③については、宮内省雅楽課が東京女子師範から保育唱歌の選定依頼を受け、約一一〇曲が選定された。『保育唱歌』として編集されるが、この中に「サザレイシ」が含まれている。この歌詞は②の「君が代」と同様のものだが、東儀頼玄撰譜の墨譜で書かれた雅楽譜であった。[2]

しかし、芝祐泰によると、保育唱歌の作曲と雅楽譜（墨譜）について、伶人が音符記号の♯や♭の解釈や使い方に不慣れで、使い慣れた墨譜で記したが、本来の神楽・催馬楽朗詠などの雅楽歌曲の墨譜とは異なると述べている。[3]

④について、文部省の動向をみると、一八七七（明治十）年頃、米国事情などを踏まえた省内部署から「国歌」的な楽曲の必要性が指摘され、そうした楽曲の提供を海軍省に求めている。「君カ代ハ」の西洋譜請求などがこれに当たる。また、外務省も在外公使へ送付することができるような「日本国歌（ナショナルヱーヤ）」を海軍省に照会している。七七年、海軍省では「各在外公使江差送度候ニ付用ル日本国歌ノ楽譜各種六揃」を外務省に送付している。しかし、前年には「天皇陛下ヲ祝スル楽譜改訂之儀上申」が海軍省に提出された時期でもあった。七九年、文部省は音楽取調掛を設け、八二年、「音楽取調掛ニ於テ国歌撰定ニ着手ス」と独自に「国歌」撰定に着手した。翌年、「日本国歌按」（音楽取調掛文書）、「文部省諮詢会議案」（同）が出されるが、音楽取調掛議案、編輯局長意見、普通学務局意見、専門学務意見など出され、結果的には「国歌按」は「明治頌」と改称されるなど、国歌撰定は難しくなった。だが、八四年の文部省音楽取調掛編『音楽取調成績申報告』「第四　各種ノ楽曲撰定ノ事」の中で、音楽ト教育トノ関係、道徳上ノ関係、明治頌撰定ノ事として、イギリス・フランス・ドイツ・日耳曼（ゲルマン・ジャーマン・ドイツ）・アメリカ・ロシア・オランダ・澳国（オーストリア）などの国歌事情について報告されている。

他方、こうした作業と平行して一八八一（明治十四）年には、小学唱歌集の編集が行われ、翌年、文部省音楽取調掛編纂『小学唱歌集　初編』が刊行された。その第二十三に挙げられた「君が代」はいわゆる歌詞が二番まであるもので、楽譜も作成されている。それをみると、「こけのむすまで」の音の構成は、［♯F—♯F—E—A—D—E—♯F—♯G—A］音となっており、「まーで」に相応する［♯F—♯G—A］音部分に特徴があり、西欧的音使いがみられる楽曲となっている。歌詞は、次のようなものである。

一　君が代は。ちよにやちよに。さゞれいしの。巌となりて。こけのむすまで。うごきなく。常盤かきはに。かぎりもあらじ。

二　きみがよは。千尋の底の。さゞれいしの。鵜のゐる磯と。みよの栄を。ほぎたてまつる。

ちなみに、『小学唱歌集　第二編』（文部省音楽取調掛編纂　明治十六年）の第四十五「栄行く御代」は、讃美歌の旋律を用いている。

⑤についてみると、国歌への関心は海軍省だけでなく、陸軍省においても、同様であった。一八八三（明治十六）年に、教導団長の渡邊央から陸軍卿大山巖へ「今般楽譜新調即別紙之通候条扶桑ト名称国歌之一部ニ相加候依此段申進候也」として、「扶桑」をあげ、「国歌之一部ニ相加候」としている（「新調楽譜之儀ニ付申進　陸軍省」）。その歌詞は、

天皇尊（スメラミコト）ノ。統御（オサメ）シル。吾日本ハ。千五百代（チイホヨ）モ。一代ノ如ク。神ナガラ。治メ給ヘハ。大御陵威。猛ク雄々シク。平ラケク。ユタカニ安ク。アリトカヤ。其大ミイツ。朝ヨヒニ。アヤニ畏ミ。安国ト。仕ヘマツラフ。人民（ヒトクサ）ハ。イヤマスマスニ。真心ノ。ヒトツ心ニ。アトモヒテ。吾日本ヲ。マモリケル。然レコソ世ニ。ウラヤスクニト。タ、ヘケル。

とある。教導団は、礼式や奏楽などの指導を行っていた。八七年の「陸軍礼式」の「軍隊ノ敬礼」では、喇叭吹奏曲として「皇御国」「国ノ鎮メ」「君カ代」「海行カハ」などがあるが、九七年の陸軍軍楽の制定では、「扶桑歌」は分列行進の楽曲となる。

⑥について、軍隊の喇叭譜、第一号「君が代」が制定され、これは陸軍・海軍ともに用いる楽曲となった。「陸海軍喇叭譜　同喇叭譜目次　同喇叭吹奏歌　同喇叭譜所用区分表　別冊之通相定候　此旨相達事」（陸軍省　明治十八年）とあり、楽譜が掲載されている。備考として、「天皇及太皇太后・皇太后・皇后・皇太子・皇太子妃・皇族ニ対シ敬礼表スルトキニ用ユ」とある。これは後の「陸軍礼式」、陸軍軍楽の制定などにも引き継がれていく。

楽曲は、四分の四拍子、一〇小節で構成されている。第一小節が［C―G―C|C―E］音、第四小節が［G|GG―G―E|C―E|C］[4]音で示されるように、明解で快活なファンファーレである。

以上が①から⑥の「君が代」とその背景である。幕末期からの外国の慣例による栄誉奏楽の授受、国歌撰定、御国歌撰定、教育からの需要と楽曲の供給、礼式の確立と奏楽の必要など、明治二十年代に新政府による国家の形が整うまでの状況は、まさに「君が代」の生成の運命と重なっている。

一八八八（明治二十一）年のフランツ・フォン・エッケルトの「大日本礼式」に和声付譜が掲載され、政府は条約国に、天皇礼式曲であるこの「君が代」を国歌として通告した。八九年の大日本帝国憲法発布、礼式に伴う楽曲の提示、九〇年の教育勅語、九三年八月十二日、文部省制定「祝日大祭日　歌詞及び楽譜」（文部省）において、「小学校ニ於テ祝日大祭日ノ儀式ヲ行ウノ際唱歌用ニ供スル歌詞並楽譜別冊ノ通撰定ス」として、古歌・林廣守撰譜の「君が代」を選定した。

この間、一八九一（明治二十四）年六月、小学校祝日大祭日儀式規程（文部省令）が出され、その中に「君が代」が含まれていた。だが、同年十二月の「小学校ニ於テ祝日大祭日ニ用フル歌詞及楽譜ノ件」（文部省普通学務局）には、二つの「君が代」が載り、九二年の伊沢修二編『小学唱歌』一の「君が代」は、「作曲・林廣守、作歌・未詳」つまり古歌・林廣守撰譜の「君が代」が採択されたのである。

ともかく一八九三（明治二十六）年、「君が代」の楽曲が一つに定まり、今日に至る「君が代」となったのである。

二 「君が代」の軌道と変容

次に、この楽曲は時勢とともに、どのような経緯を辿っていくのか見ていきたい。

明治二十年代後半に今日の「君が代」が整い、制定されると、これは軍隊礼式や祝祭日唱歌として国家体制の中に浸透していく。その状況をみてみると、三十年代の「陸軍軍楽の制定」(陸軍省 明治三十年十一月十九日)では、次の曲目と用途が示されている。

一 君が代 陛下及皇族ニ対シ奉ル時ニ用ユ
二 海行かは 将官及同相当官ニ対スル時ニ用ユ
三 すめら御国 軍隊相逢フ時ニ用ユ
四 足曳 軍旗ニ対スル時ニ用ユ
五 扶桑歌 分列行進ノ時ニ用ユ
六 あらき岩根 登坂時ニ用ユ
七 大君の 帰営行進ノ時ニ用ユ
八 国の鎮め 拝神ノ時ニ用ユ
九 水漬く屍 靖国神社参拝其他招魂祭ノ時ニ用ユ
十 哀の極
十一 命を捨て、 一般葬礼ノ時ニ用ユ

十二　吹なす笛　　葬礼途上ニ用ユ

これは、一九一〇（明治四十三）年の「陸軍礼式附録改正」における陸軍礼式附録の中で、観兵式の中に閲兵式・分列式に続き、軍旗迎送式の記述があり、閲兵式では「天皇臨御アリタルトキハ…軍楽隊及ビ諸隊ノ喇叭手群ハ「君カ代」一回ヲ吹奏シ…」「天皇団隊ノ最右翼ニ至ラルトキハ軍楽隊ハ「君カ代」三回奏ス」、分列式では「天皇還御ノトキハ…軍楽隊及ビ諸隊ノ喇叭手群ハ車駕場外ニ出ツル迄連続「君カ代」ヲ奏スヘシ」とあることも鑑み、用途を含む様式化が進んでいくことを示している（…部分は筆者略）。

また、一九一四（大正三）年の「海軍礼式令」（勅令第一五号）のおいても、敬礼や儀式を挙げ、礼式化が進んでいく。「艦船ノ敬礼では、軍艦旗掲揚と敬礼、外国軍艦と同所在泊の時、天皇の軍艦臨御や還御、勅使来艦、司令官や艦隊参謀長への敬礼」などに触れ、「軍隊ノ敬礼では、天皇に対する敬礼」など、第三編儀式の中で、「遥拝式では、一月一日・元始祭・紀元節・春季皇霊祭・神武天皇祭・秋季皇霊祭・神嘗祭・天長節祝日・新嘗祭・靖国神社大祭を祝祭日」としている。

日露戦争、明治天皇崩御、大正天皇即位などの流れとともに、これらを支える礼式やその中で用いられる歌や楽曲が、しっかりとその役割を果たしていった。

こうした礼式や歌は昭和期に入ると、市民生活にも確実に入り込んでくる。一九三二（昭和七）年の「市民礼法」（東京市教育局編纂）にみられる「国歌に対する心得」においては、「一　国歌が奏せられる場合には、必ず脱帽して姿勢を正すべきである。」「二　国歌合唱の場合には、謹慎の態度を失つてはならぬ。」とあり、「外国旗・外国歌に対する心得」では、「一　外国旗に対しては、十分の敬意を払ひ、みだりに装飾等に用ひてはならぬ。」「二　外国歌の吹奏ある場合には、十分の敬意を払ひ、起立・脱帽して謹聴すべきである。」というように、儀礼から作法に変化している。ここでは、「君が代」が「国歌」と位置付けられ、しかし、外国に対する礼儀にも対応させている点に注目したい。

学校教育の中では、一九三七（昭和十二）年の文部省著『尋常小学修身書』第四に、「国歌」の項目が挙げられた。ところが、一九四一（昭和十六）年、国民学校の創設時には、「職員及児童「君が代」ヲ合唱ス」（国民学校令施行規則文部省令）というように、「国歌」は「君が代」と明示され、翌年の『初等科修身　二』（文部省）の指導書の中で、「本課に因んで特に注意すべき礼法」として「「君が代」は場所柄を弁へないで、みだりにこれを歌ひ、あるいは奏してはならないこと。」という記述がある。この指導書には、「備考」に、歌詞の誤り易い部分として、「キミガヨハ―キミガハヨハ、キミガハヨ、キミガハヨニ、」などを提示し、正確に歌うことを指示している。

国民学校期の唱歌は、「芸能科音楽」に変わる。一九四一（昭和十六）年、『ウタノホン　上』（文部省）の教師用の指導書では、「第二　芸能科音楽指導の精神」で内容や教育意義が唱えられ、「第四　芸能科音楽指導の実際」で、1歌唱指導　2鑑賞指導が挙げられている。鑑賞指導は、「音盤による鑑賞指導は、「ウタノホン」収められた歌曲を吹込んだ音盤の外、大体、次の如き系統によって之を行ふ。」とあり、初等科第一学年では、

声楽　唱歌教材に関係ある独唱曲、斉唱曲を模範的に吹込んだもの。
器楽　律動的なるものを主とし、楽器は管弦楽器、打楽器、ピヤノ等を使用したもの。楽曲の種類は、行進曲、描写曲、舞曲等。

とし、「君が代行進曲」の解説がある。

「君が代行進曲」　吉本光蔵作曲
これは、国歌「君が代」による行進曲で、教材「君が代」と連絡する。

四分四拍子、曲趣は荘重にして且勇壮である。中間楽節に「皇国の守」の曲譜が挿入されてゐる。これは、外山正一の作歌、伊澤修二の作曲で、明治二十一年発行の「明治唱歌」に載って居る。局譜は、次の如くである。皇国の守は「ミクニノマモリ」と読む。曲は、「君が代」の旋律によって始まり、中間楽節は、「皇国の守」の旋律に転じ、再び「君が代」の旋律をくり返して曲を終わる。作曲者吉本光蔵は海軍軍楽長で、明治四十年六月十一日に歿した。［楽譜あり、略］

指導方法

先ず静かに音盤を聴かせ終つて、最初に出て来た曲は何であるかを思い出させる。児童は、大抵この曲は、「君が代」であることを知って居るから、教師は国歌の尊厳であることをよく説明する。次に中間楽節は何であるかを尋ねる。これは知らぬ児童が多いと思ふから、一度ピヤノでひいて聴かせ、曲名を教へる。再び音盤を掛けて、拍子をとりながら律動をはつきりと知覚させる。中間楽節の旋律も、真似の出来る程度にララ等の方法で歌はせる。

また、「儀式唱歌指導上の注意」として、「君が代」の歌唱指導が挙げられている。

1．歌詞の発音に注意し、又、学年程度に応じてその意味の大要を理会させるやうに指導することが大切である。特に歌詞の一音が、二つ以上の音符に附けられ延ばされて居る個所には、十分注意して指導しなければならない。例へば、「きみがー」の「がー」と延ばすところが、「があ」といふやうに、残る「あ」の母音に不自然な力が加へられないやうにすることが肝要である。「よーは」も同様である。「ちよにーー」の「にーー」、「むーすー」の「むー」及び「すー」、更に「まーーで」の「まーー」の如き、何れも注意を要する個所である。

2．速度は、四分音符を一分間に六九であるから、一回を歌ふのに三八秒強、大略四〇秒を要するわけである。この速度を誤らないやうに歌ふことが大切である。

3．息つぎの個所を正しく守ることが肝要である。息つぎ及び発想は、次の如くである。

きみがよは　ちよにやちよに　さざれいしの　いはほとなりて

こけのむすまで［曲想・ブレス記号あり、略］

4．発音上の注意「きみが」の「が」は、鼻濁音である。「いはほ」は、「いわお」と発音する。

5．初等科第一学年では、聴唱法で指導するのを本体とするが、第二学年以上に於いては、音名視唱に導く。

ここでいう「音名視唱」の音名と視唱は、固定ド唱法といい、一九三九（昭和十四）年にロンドンで開催された国際会議で、A音（和音名［イ］音）を四四〇ヘルツとした標準高度が決定したが、これに基づく［ABCDEFG］音（イロハニホヘト音）を固定し、その絶対音で音の高さや音階内の音名を表すもので、例えば、Gメジャースケール（ト長調）では［G―A―B―C―D―E―♯F］音で音階内が構成され、主音はG（ト）音となる。これに対して、階名があるが、その唱法は移動ド唱法といい、移動に関わらず音階内の主音［Do音＝C音＝和音名［ド］音］の相対で音の高さや音階内の音名を表す。Gメジャースケール（ト長調）を階名唱法で示すと、主音はC音であるから、［C―D―E―F―G―A―B］音となる。こうした点から、音名唱法は楽器やクラッシック音楽向き、階名唱法は唱法やポピュラー音楽向きなどともいわれる。

ところで、日々の暮らしでは、どのような具合だったのか。一九八四（昭和五十九）年末、埼玉県川越市の街中で、筆者は子ども歌を中心とした聞き取りを行ったことがある。昭和初期生まれのご夫妻は快活に幼年期の歌や話をされ、その中で「君がぁ　パンくんな」という一節を歌われた。「君が代」の出だし部分の替え歌である。当時、先生や大人に聞かれると大変だったが、式典で出る祝い菓子（餅）を待ちわびて、子どもたちはこうした歌詞を大声で歌い、「（歌詞の）意味なんてわからなかった」という。[5]

さらに、「君が代」にはさまざまな要素が加味されていった。一九四二（昭和十七）年の『初等科国語』三（文部省教師指導書に掲載された「君が代少年」の教材の趣旨は興味深い。「取扱の要点（読むこと、話すこと、書くこと）」の読むことでは、

神棚を拝礼したこと、自分の重傷をも忘れて、母のことを気づかったこと、常に国語を使ひ通したこと、早くなほつて学校へいきたいといつたこと、最後に苦しい息の下から、君が代を歌つてなくなつたこと等がその主なる点であるが、あくまでも本教材の表現を通して、児童に感銘を与へるべきである。

としている。「君が代」を歌って亡くなったという部分に指導の主なる点の一つが挙げられている。国の方向、国民の姿勢に教育の場が活用され、その具体的な教材として「君が代」は用いられたのである。

また、一九三七（昭和十二）年に作曲され、第二国歌ともいわれた「海ゆかば」（作詞・大伴家持、作曲・信時潔）にも触れたい。ただし、「海行かは」は、一八八〇（明治十三）年に宮内省雅楽部伶人の東儀季芳が作曲したものがあり、海軍の礼式歌や「軍艦行進曲」の間奏曲として用いられていた。歌詞は、『万葉集』巻十八「賀陸奥国出金詔書歌」（大伴家持）から採られている。作曲された歌詞の部分は、「陸奥国出金詔書」（『続日本紀』）の引用部分にほぼ相当する。三七年、国民精神強調週間が制定され、そのテーマ曲の作曲が信時に委嘱された。楽曲は、格調高く慈愛に満ちている。十一月にNHKで初放送された。本来は、国民の戦闘意欲を高めようと作曲された曲だったが、四二年三月六日、真珠湾攻撃の特殊潜航艇「九軍神」に捧げる黙禱の背景に「海ゆかば」が流れ、大本営が死者を報じたり、翌年のアッツ島・サイパン島での玉砕を伝えたりしたときや、出陣学徒壮行会の全員合唱曲などに用いられ、鎮

魂や弔意を表す楽曲に用いられるようになった(6)。

信時潔は、一八八七(明治二十)年、教会牧師であった父吉岡弘毅、母とりの三男として誕生、九八年、十一歳のときに信時家の養子となる。ドイツ留学などを経て、五十歳のときに「海ゆかば」作曲の委嘱を受ける。一九四一(昭和十六)年、ビクターより交声曲「海道東征」(八枚組SP版レコード)を発表し、この年には東北民謡試聴団に参加した。翌年、紀元二千六百年奉祝芸能祭で「海道東征」を全曲初演した。しかし、戦後、音楽家としての活動は沈滞し、六五年、七十七歳で他界した。全国の校歌など約九〇〇曲、社歌・団体歌など約一七〇曲が残されている。音楽家としての仕事と楽曲の一人歩きともいえる時勢のうねりを潜り、終戦を迎えた信時は、時代の呪縛から放たれたのか、自身の存立を求める内部の拘禁を纏ったのか、ここにも真摯に考えるべき楽曲がある。

最後に、戦後の「君が代」は、「日の丸」掲揚とともに国の復興と世界への再デビューの歩みとの並走してきた。概括的ではあるが、整理しておきたい。

一九四七(昭和二十二)年五月三日、日本国憲法施行記念の祝典で「君が代」が斉唱される。四九年十月、文部省は「日の丸」掲揚と「君が代」斉唱の通達を行った。五〇年十月十七日、天野貞裕文部大臣の「祝日行事としての訓話、講演会、学芸会を開く際、国旗を掲揚し、国歌を斉唱させることが望ましい」という談話。さらに、五一年九月、サンフランシスコ講和条約調印の日、NHKが放送終了時に「君が代」を流す。五二年五月、大相撲夏場所千秋楽や、八月、全国高校野球選手権大会開会式で「君が代」が演奏される。

一九五八(昭和三十三)年、小中学校学習指導要領が改訂され、「祝祭日の儀式に、国旗掲揚、国歌を斉唱させることが望ましい」と規定され、九月十七日、改正学習指導要領に「日の丸」「君が代」が記述された(十月一日、文部省告示)。六一年十一月、総理府は、年号・日の丸・君が代に関する調査を行った。六四年、東京オリンピック開催を迎え、「日の丸」の掲揚、「君が代」の演奏の機会が増え、普及したテレビによって、その後、国際的なスポーツ大会などでの「日の丸」の掲揚、「君が代」の演奏に、人々の高い関心が寄せられていった。

一九七七（昭和五十二）年七月三日、改訂学習指導要領で「君が代」を国歌と表記し、八九（平成元）年の改正では、「入学式や卒業式などにおいてはその意義をふまえ国旗を掲揚するとともに、国歌を斉唱するよう指導するものとする」とし、九〇年四月より高校の入学・卒業式での「日の丸」掲揚、「君が代」斉唱が義務付けられた。

この間、一九八五（昭和六十）年には「国旗掲揚並びに国歌斉唱の徹底について」の通達、八八年三月十五日には、内閣法制局から「日の丸は国旗、君が代は国歌」との見解が出された。八九（平成元）年一月七日、昭和天皇崩御。二月二十四日、大喪の礼が執り行われた。高校での義務化が決まった九〇年の十一月二十三日、大嘗祭が施行された。そして、一九九九（平成十一）年六月十一日、「国旗及び国歌に関する法案」が閣議決定され、八月九日、「国旗及び国歌に関する法律」が成立した。八月十三日、国旗国歌法公布・施行された。

この動向に、多くの問題と我々が取り組むべき課題が包括されていることは、言うまでもない。

おわりに

戦後から現在に至る「君が代」は、なぜ論争の矛先の〈物〉のようになっているのだろうか。その成立と歩みが造った巨大な意図故か、その時代に生きた当事者の強烈な解釈故か、それらの亡霊に背を覆われる不安故なのか。「君が代」を一曲の〈音楽〉と捉えたとき、人々の答えはどのようなものなのだろうか。音楽を構造や美学として探求する方法があり、素直な感動として感知する方法がある。歌詞の深淵に佇み、その情感に身を委ねることもできよ

う。だが、音は人間の記憶とその相対によって認識され、その連なりを紡ぐことで人間のさらに深いところに潜む記憶を呼び覚ます。現在の「君が代」は律旋法で撰譜されたが、十二平均律の音名で表すと「①D―C―D―E―G―E―D（きみがよは）②E―G―A―GA（ちよに）③D|―B―A―G（やちよに）④E―G―A（さざれ）⑤D|―C|―D|（いしの）⑥E―G―A―G―E―GD（いわおとなりて）⑦A―C|―D|（こけの）⑧C|―D|―A―G（むす）⑨A―G―ED（まで）」音で構成されている。(7) ②の最後のA音から③の最初のD音へ繋がり、③の音の連なりに特徴があり、同様に、④の最後のA音から⑤の最初のD音への繋がり、⑤の音の連なりに特徴がある。この音高や二音の幅は、口腔を膨らませ、その上部に音を響かせるが、無理に膨らみを大きくしたり音をぶつけたりするものではない。ほどよく口腔を満たし、すぐに戻る安堵感がある。我々の聴覚的感触と体内での音の幅が、我々の身体にピッタリと合っている。ここにいう我々なるものを見つめていくと、また論争の矛先の〈物〉が巡って来るだろうが、〈音楽〉が体内に合致する心地よさには、棘とげしさはない。

「君が代」は、その生成、役割、未来などが一つに連なり、壮大な日本の音楽となっていく運命の楽曲であることに違いはない。

《注》

（1）佐藤秀夫編『日本の教育課題』第一巻『「日の丸」「君が代」と学校』「「君が代」の歴史」三九一〜四〇一ページ　東京法令出版　一九九五年。

（2）上原一馬『日本音楽教育文化史』（音楽之友社　一九八八年）では、「雙調呂旋　閑五拍子　拍子六」とあるが、芝祐泰『君が代撰譜の事情―「君ヶ代曲」誕生の秘話―』（一九五八年）では「拍子十六」とある。後者資料は、（1）前掲書四七四ページにある。

（3）芝祐泰『君が代撰譜の事情——「君ヶ代曲」誕生の秘話——』「保育並に遊戯唱歌撰譜のこと」による 一九五八年。同資料は、（1）前掲書四五六ページにある。

（4）音名の右横の線は一オクターブ高い音を示す記号として用いる。楽譜資料は、団伊玖磨『日本人と西洋音楽』（NHK出版 一九九七年）七四ページ参照。

（5）小野寺節子「川越市町場の子供歌」『川越の文化財』三三号 川越市文化財協会 一九八六年。

（6）ちなみに、勝戦を発表する場合は、陸軍分列行進曲「抜刀隊」（作詞・外山正一、作曲・シャルル・ルルー、西南戦争田原坂の戦いにおける警視庁抜刀隊の様子を歌ったもの。一般に広く愛唱され、明治天皇の御前で演奏された。現在も陸上自衛隊などで使用されている）、行進曲「軍艦」（作詞・鳥山啓、作曲・瀬戸口藤吉、一八九七年。一九〇〇年に行進曲に編曲され、「軍艦マーチ」として親しまれている。海軍の公式行進曲だったが、陸軍や民間でも親しまれ、現在、海上自衛隊の行進曲として使用されている。完成度が高く「日本を代表する行進曲」といわれる）などの楽曲が用いられた。また、日本の代表的な軍歌として、「宮さん宮さん」（作詞・品川弥二郎、戊辰戦争の時、有栖川宮熾仁親王が錦の御旗を先立てて進軍する様子を歌ったもの。明治初年頃に作られた。トコトンヤレ節などともいう）、「君が代行進曲」、「日本海海戦」（作詞・大和田建樹、作曲・瀬戸口藤吉、海軍省の依頼で作られた。日本海海戦が経過順に歌い込まれている）、「愛国行進曲」（作詞・森川幸雄、作曲・瀬戸口藤吉、一九三七年に内閣情報部が歌詞と楽曲を公募。歌詞選定に北原白秋や佐佐木信綱があたった）などがある。

（7）音名の右横の線は一オクターブ高い音を示す記号として用いる。

「一国民俗学」成立過程の考察

――その問題意識と民族学との相克

田中　嘉明

はじめに

昨今、柳田国男研究及びいわゆる柳田民俗学について考える上で、刺激的な著作が相次いで刊行された。[1] 本稿は四半世紀以上前の旧稿ではあるが、根底には同様の問題意識があり、これらの書にも触発され、今また、新しい局面を迎えようとしているかのような予感を懐かせる柳田国男とその民俗学の研究に関して、屋上屋を重ねることを恐れつつも、あえて一石を投じようとするものである。

本稿の趣旨は、柳田国男の一つの到達点と考えられる「一国民俗学」の成立過程について、「柳田国男の民俗学が、なぜ、『一国民俗学』なのか」という古くて新しい視角から、柳田の問題意識が既存の歴史学や民族学との関連において、どのような影響を与えたのかということを再考察しようとするものである。

その方法として、可能な限り忠実に柳田の言説に基づいて論を展開することを旨としたため、引用が多くなり、読み辛い点があると思われるが、ご了解をいただきたい。

一 柳田国男の民族学に対する姿勢

柳田の民俗学は、比較研究としての郷土研究を出発点として、従来の文献史学を反措定に、広義の歴史学の一つとして成長してきたことは、よく知られている。[2] そのような過程において、今一つ見落としてはならないのが、民族学との関係である。柳田にとって、民族学は、資料・方法・目的において、その民俗学とどのような関係にあるのだろうか。また、それは、柳田の問題意識にとってどのような意味をもつのであろうか。

柳田にとって民族学がどのようなものであるかを考えるために、本節では柳田の民族学に対する姿勢を一瞥しておくことにしよう。

柳田の民族学に対する姿勢が、必ずしも一貫したものでなかったことは、よく知られている。柳田の民族学に対する姿勢は、国際連盟委任統治委員としての渡欧（一九二一～二三年）と、『民間伝承論』（一九三四年）、「国史と民俗学」（一九三五年）『郷土生活の研究法』（一九三五年）などが相次いで著わされた昭和十年前後の柳田の学問の確立期を境にして、およそ三分される。

第一期ともいうべき時代は、雑誌『郷土研究』に象徴される時期である。この時期の柳田は、実践的な問題意識から、民俗学という学問を漸く探り当てた段階であり、民族学の問題はあまり表面には出てこない。ここでの柳田の学問に対する関心は、主として文献史学を中心とする歴史学にあった。

柳田にとって民族学との関係が問題にされるのは、柳田がヨーロッパから帰国し、本筋の学問に身を入れる決意をして後のことである。この時期の柳田の民族学に対する姿勢は、雑誌『民族』の発行と、後に『青年と学問』に収め

られる講演によく現れている。たとえば、柳田は、

先づ最初に爰にいう民俗学とは何か。耳馴れぬ語だから一応は主催者側と打ち合わせて、誤解の無いようにして置かなければならぬ。自分としては今日迄、実はまだ此名称を使っては居なかった。併し段々成長して行く者が、名無しの権兵衛では不自由さも不自由だから、暇に斯うでも言って置こうかと思案して居た所であった。諸君は多分之を英語で謂うフォクロア、又はエスノロジーの意味に解して居られるのであろう。此二つの中ならば私の方でも差支は無い。(「日本の民俗学」前掲書所収、『定本』25、二四八頁)

という。このようにこの時期の柳田は、まだ民俗学と民族学を峻別していない。そして、むしろ、その一体化の必要が説かれ、それが間近いものと考えられるのである。すなわち、

日本はその特殊なる国情を以て、今まで無意識ながらもこのフォクロアと土俗誌との提携に、よほど重要なる媒介の役を勤めて居る。二つの研究の実質的差別は、もはや今日では無いわけになって居るのであるが、それでも一方は外来の智者、文字を利用し得る白人の手を借りなければ、記録して之を学問の資料に供することが出来ず、独り他の一方の所謂民間伝承のみが、僅かに自国人の親切と理解力、又国の前代事情を明らかにしたいという熱心を以て、直接に之を我学問に用立て得るものと認められて居た。其代りには後者の収穫は、通例は甚だ乏少なるもので、大きな根気を以て少しづつの異聞を拾い集め、それを何等かの断定まで持って行くには、屢々推測の假橋を証拠の割れ目の上に、架けなければならぬ弱点があった。ところが我々の社会は、今ちょうど改まって行こうとする堺目に在って、古い風は尚豊かに存し、それに新しいものが稍々交って、寧ろ反映を顕著にして居る。産業革命後の百年を経過し、六七代の児童を引続いて親にした、学校教育の徹底した諸国とは、外貌に於て既に異なる所があるのである。だから斯邦のフォクロアだけは、いと容易に民族学の実力を具え得て、之に立

脚して歴史の埋もれて居る人々の為に、彼等の語らんとする所を語らしめることが出来そうなのである。(「郷土研究の将来」前掲書所収、『定本』24、六二頁)

しかしながら、このような民族学と民俗学の蜜月時代ともいうべき時期は長くは続かなかった。柳田にとって、一旦歩み寄ったかに見えた民族学と民俗学の関係は、再び距離をおいた存在になるのである。すなわち、

……14～15年以前、「郷土研究の将来」を公表した頃には、私は民俗学と民族学とこの二つの学問の接続はもっと容易なことの様に楽観して居た。ところが実際は寧ろ距離が遠くなり、一方は一つの民族の内部の生活に、次から次へと興味ある問題が発見せられるのに釣込まれて、外へ出て働く余裕を欠き、他の一方は又日本以外の諸民族に、学ばねばならぬことが余りに多くなったので、それを確実にする必要から、今はまだ内外彼此の比較綜合を後まわしにして居る。完全なる分業はなお続いている。(『国史と民俗学』六人社、一九四四年『定本』24、三頁)

と、『国史と民俗学』(一九四四年)の自序で述べた柳田は、さらに、「実験の史学」において次のようにいう。

日本の学界にはミンゾクガクというものが現在は二つある。我々は何としてなりとも、この二者の差別を明らかにすべき必要に迫られている。一番手短かと思われる方法は、何れか一方の名を改めることであるが、是には外側の使用者の承認を必要とするので、実現は中々容易でない。其上に内部にも、二つのものは大体に同じだと思っている人が、折々はあるのだから始末が悪い。「大体」などという語は甚だ科学的でない。丸々同じなら一つだ。稍々違うと思えばこそ、二通りの漢字が用いられるのである。それならばちがいはどこに在るか。固よりこの二つの研究は色々の共通点をもっている。又互いに扶け合い、将来も一層提携して行くべきものであることは疑いがない。私などはそれだからこそ特に相異と境目とを、はっきりさせて置かねばならぬと思う。(「実験の

史学」（前掲書所収、『定本』25、五〇五頁）

そして、このような柳田の民族学に対する姿勢は、戦後においても、民俗学に理解ある石田英一郎や岡正雄らの提言にもかかわらず、より強固なものになっていくのである。(3)

二　柳田民俗学と民族学の異相

前節においては、柳田の民族学に対する姿勢を一瞥した。そこで問題になることは、その姿勢が、柳田の民俗学の確立期といわれる時期を境にして、大きく変化している点である。すなわち、それまでの民俗学と民族学を峻別せず、双方の提携を説くことに熱心であった柳田が、逆に提携が容易でないために、それを進める意味からも、両者の相異を強調することに重点をおくようになったのである。

本節では、この問題を柳田の問題意識との関係において考察することにしたい。

従来この点に関しては、大藤時彦の見解(4)に代表されるように、単なる手順の問題と考えるのが一般的である。しかし、筆者には後に述べるような点から、このような単純な原因とは考えられない。

特に本稿では、これまであまり取り上げられることの少なかった柳田の「童神論」を中心に以下の論を展開することにしたい。「童神論」は、柳田民俗学の総論を語る上で、従来ほとんど言及されることがなかった。これは、「童神論」というタイトルや講義の時期（一九三七年）と紙上で発表された時期（一九六〇年）が大きくかけ離れ、しかもその発表誌（「芸能」）が、必ずしも民俗学の専門誌ではなく、『定本』にも収録されていなかったことなどによるのではないかと考えられる。しかも、『柳田国男全集』では収録されているものの、解題においても、その重要性について必ずしも正当な評価がなされていないように思われる。

筆者は柳田自身がそのなかで、

私などの立場は、いくらか出来そこないのまずい本でも、すでに総論の書（筆者註『民間伝承論』）を公表している以上、あれが手枷・足枷になって、自由に今思っていることを説きたてることが出来ない。これからいうことがあの通りなら、読んでいただく方がずっと早いし、一々改訂していると「いいわけ」を聴かせに皆様を招待したことになる。だから自分のあの本は、文字通り棚に上げておいて、別に自分の学んできた順序、まごついたり、突き当たったりしながら、ここまで遡ってきた荊棘の路とでもいうべきものを、ぽつぽつと語らせてもらうの他はないのである。（「童神論（1）」「芸能」２―４　六頁）

と述べていることやそれが行われた一九三七（昭和十二）年という時期と東京・丸ビルで開催された「日本民俗学講座」での十二回にも亘る連続講座で総論的な位置づけであったことを考えた場合、柳田民俗学を考える上で極めて重要な資料で、もっと検討されてもよいのではないかと考えている。

１　資料における異同

柳田の民俗学と民族学との問題を考える上で、先ず問題としなければならないことは、柳田が両者の違いを資料に求めている点である。それでは、柳田は二つのミンゾク学の資料にどのような相異があると考えたのであろうか。

柳田が最初に問題にするのは、資料の形態である。すなわち、

……二つの学の争いなき差別点として、私は茲に採集ということを考えてみようとする。是とても永い未来をかけて、変化のない標準とするには足らぬかも知れぬが、少なくとも日本の現在の状態に於ては、今はまだ一方を

採集の学、他の一方を読書の学と言って差別をしても差支えがなく、又そうすることが簡明である様に思われる。
（「実験の史学」前掲書所収、『定本』25、五〇五頁）

として、当時の状況に基づいて、一方の民俗学を自らが調査して直接資料を得ることが可能なことから「採集の学」、他方の民族学を文献による間接的な資料という意味から「読書の学」にたとえる。そして、この「採集の学」と「読書の学」ということは、また「実験の学」と「修養の学」ということでもあった。すなわち、

少なくとも日本に於ては、日本民俗学のみが実験の学であり、他の一方は是と対立する所の修養の学、答えが与えられた後の問いの学、偶々各自の心からの疑問に対する解釈が、既に用意せられてあったから仕合せという学である。（前掲書、五〇八頁）

このように、民俗学と民族学の相異点の一つは、文献史学と民俗学と同様、「答え」と「問い」のどちらを優先するかという点にあると考えられた。そして、ここでは、二つのミンゾク学の違いを、「類の異なりではなく、ただ五十歩百歩だ」としながらも、

しかもその五十歩百歩が実は大変なのである。単純にいえば捜索区域の大小と、次には交通手段に言葉の難易である。他人の実測報告に信頼して、料理をした御馳走ばかり食おうとするならば格別、もしも自ら進んで我疑を散じようとするだけの志があるならば、国内の学の方が遥かに功を奏しやすいのである。（前掲書、五一三頁）

と結論するのである。

しかし、柳田の二つのミンゾク学に対するこのような認識は、柳田自身も、「是とても永い未来をかけて、変化のない標準とするには足らぬかも知れぬが、少なくとも日本の現在の状態に於て」と断っているように、今日の我国の民族学（文化人類学）の民俗学にまさるフィルドワークは、民族学が決して「読書の学」の地位に甘んじていないこ

とを示した。その意味で、今日においては、二つのミンゾク学は共に「採集の学」としての性格をもっているといえるであろう。

けれども、柳田もまた、上述のような点のみをもってのみ二つのミンゾク学の資料の相異と考えていたわけではなかった。柳田は、民族学のデータと、民俗学の資料としての民間伝承の相異を次のように指摘する。

一方は社会の表にあたりまえとして存し、それが唯一の現実として認められる。こちらは捜してやっと気のつくくらい。うっかりしたものには知らずに過ごすほど陰のものになって生きている。周囲の新しい文化からの影響圧迫もこの方には強くこたえる。急いで消え行こうとする。気がつくと、もしくは人にいわれると、たったそれだけの理由からでも改まる。完全なる以前の姿のままでは伝わらない。これを存在せしめるには世の文化の他の部面との折合が入用になる。合理化と名づけられる改作がしばしば起る。(「童神論(5)」前掲書2―8、八頁)

ここに柳田が、従来あまり人々が関心を払わなかった民間伝承を用いて、人々の疑問に答えることによって、資料としての民間伝承の存在と重要性を提示しようとした一因もあったのである。そして、柳田は、民族学のデータと、民俗学の資料を、「金鉱」と「砂金」との関係にたとえて次のようにいう。

双方尋ね求めて居る目的には異なる所は無いのだが、国によって其存在の状態が別である故に、是までとはちがった採集法を試みなければならなかったのである。一方は知識が一つの層を為し、脈を辿って順々に掘り下げて行くことが出来たに反して、他の一方も場処だけは大よそ定まって居るとは言え、しばしば時の力によって、下流に押流され、且つ埋没して大部分は知られずに居る。(「郷土研究の将来」『定本』25、四八〇頁)

このような見方は、一般に、民族学は「未開社会の残留文化」を、民俗学は「文明社会の残留文化」をそれぞれ研究する学であるとする考え方に類似している。しかし、このような考え方には、何をもって未開と文明の区別をするかという、古くて新しい難問がある。しかし、柳田には、このようないわゆる進歩主義やヨーロッパ中心主義に基づいた、単系的進化論によって未開と文明とを明確に区分しようとする考え方がみられないことは、よく知られている。柳田にとって、ここで問題となるのは、そのようなことよりもむしろ、「金鉱」にせよ、「砂金」にせよ、金には変わりなく、民俗学では一般に残存と呼ばれるこれらの金を、如何なる目的のために、どのような方法で採集するかという点であった。

2 方法における異同

前項で述べたように、柳田にとって二つのミンゾク学の資料における相異は、あるにはあったが、本質的なものではなかった。問題は、それらの資料をどのように操作するかという点にある。

柳田には、このことに関して、

……採集は、いわばそれらの不可解な事実を精確に記録し表現することであるが、それが表面の事実ならとにかく、郷土人の心の奥の機微は、外から見たり聞いたりしたのでは到底分りようもなく、結局彼等自身の自意識に俟つよりほかに仕方はないのである。つまりは我々の採集は兼て又、郷土人自身の自己内部の省察でもあったのである。(『郷土生活の研究法』刀江書院、一九三五年 『定本』25、二七九頁)

という、「郷土人の心の奥の機微」は「郷土人」にしか真に理解できないという前提があった。(5) これは当時の民族学が、資料の採集において、「見る者」と「見られる者」に区別され、しかも前者すなわち、多くはヨーロッパ人が、後者すなわち、開発途上国の人々を自らの価値観(十九世紀においては、進歩主義・ヨーロッパ中心主義の影響に基づくいわゆる単系進化主義)に沿って観察するのとは全く対称的である。

このことは、資料の採集において、二つの方法があることを示している。すなわち、柳田においては、観察者と被観察者ができるだけ一体となることが重要であるのに対して、今日の文化人類学においては、同文化と異文化という視角から、比較によって自己を考えようともしているといえる。その意味において、両者とも、初期の民族学（単に未知の人々の生活を好奇心から見聞して報告するという類や、開発途上国の人々に人類の起源的な形態を見ようとする態度など）を除いて、「自己観察」ということにかわりはない。ただ、柳田は、それを観察者と被観察者の別を究極的にはなくし、一体化することによって達成しようとしたのに対し、文化人類学においては、他民族を比較の対象として自らを観ようとする点に相異がある。このように、終極的な目標にかわることはなかったとしても、そのための方法が異なることは、それぞれに長短をもたらした。すなわち、民族学（文化人類学）においては、自他の比較によって自らが常識ないしは当然のこととして気づかなかった問題が、いわば「カルチャー・ショック」を受けることによって改めて再認識し得るという長所があった[6]。しかし、その反面において、柳田のいう「心意現象[7]」を自らの膚でもって、感じ取るということは容易なことではなかった。これに対して、柳田の方法においては、言語・慣習などを共有している同一文化のことであるからその面での心配は少なかった。しかし、逆に「何が真に問題なのか」ということは、同一文化に属しているゆえに気づくのが困難であった。それゆえ、柳田はこの短所を克服するためにも、次々と身近な具体例を提示して、「無知の知」を知らしめることによって、より大きな問題を解決しようと試みたのである。そして、これが柳田の民俗学が最初からある意味で、「啓蒙の学」とならざるを得なかった一つの原因でもあった。

3　目的における異同

前項では、二つのミンゾク学における資料採集の方法についてみた。そこでは、柳田が「郷土人による郷土の観察」を主張したのに対し、民族学においては「異郷人による異郷の観察」という相異があった。この違いは、文化人類学が発展した今日から見れば、民族学の方法もまた比較による「自己内省」でもあるから、本質的には同じともいえる。

しかしながら、柳田は当時の民族学をそのような「自己内省」の学とは考えていなかった。柳田は、一世代前の旅行記や見聞記を前身とし、あくまでも「未開社会の文化」を研究の対象とする学としての民族学を考えていたのである。すなわち、

……第二には目的がまたちがっている。終局の目的は一に帰すともいえるが、それへ進んで行く学徒の態度・用意、もしくは気持ちというものが二者別々なのである。少なくとも今日、民間伝承の会の人の掲げているような目標に向かって進んでいるエスノロジイないしフェルケルクンデというものは絶無なのである。（「童神論（5）」前掲書所収、十七頁）

として、

どうして？　またいかなる経過をとってこの今あるような一国の社会相を生じたか（同上）

ということを問題にするのが、

……フォクロアすなわち民間伝承の学であるので、それは他の一方の民族学の方ではなかった。後者は起源は悠久の昔にあるが、人をして自ら知らしむるの学ではなかった。すなわち、「ますみの鏡」ではなかったのである。（同上）

このように民俗学を「人をして自ら知らしむるの学」であり、民族学がそうでないという時、柳田にとってこの両者は明らかに似て非なるものであった。しかし、ここで注意しなければならないことは、柳田が民俗学を「人をして自ら知らしむるの学」であるとする根底には、学問としての民俗学よりはむしろ、これまでも繰り返し述べてきたような「人間生活の幸福」に向かって歴史を変革するための手段として民俗学を考えようとする姿勢があることである。それはまた、歴史の主体的な変革は、「郷土人」自身によってのみ可能であり、いくら「同情」をもってのぞんでも異郷人は所詮他者にすぎないという考えに基づくものでもあった。それゆえ、学問としての二つのミンゾク学の目的が異なるかどうかということとは自ら別であった。

このことを文献史学との関連で考えるとおよそ次のようになろう。民俗学と文献史学は、柳田にとっては本来目的を同じくする。ただ、文献史学は文献を唯一の資料とするために「答え」が用意された後の「問い」であるのに対して、民俗学は先ず「問い」から出発し、その「答え」を文献以外の史料にも求めたのであった。このような文献史学と民俗学の関係に対して、民俗学と民族学は資料においては、本質的には変わらないとしても、それを用いる主体の目的が異なっていたのである。すなわち、柳田はあくまでも「眼前の生活事実が、どうしてかくの如くなったのか」を明らかにすることに当面の目的をおいていた。それゆえ、たとえ、民俗学の資料としての民間伝承も、民族学のデータも共に採集資料であったとしても、我々の身近な日常生活とは異なる「文字なき社会」のものである民族学のデータを、「眼前の生活事実」を明らかにするために用いるには、何らかの前提が必要となるのである。

それでは、柳田にとってそのような前提とは一体何であったのであろうか。すなわち、

……人間は種族の差に論なく、智能経験のある一つの段階には、必ず同じような行為と考え方をするようになる。

（「童神論（3）」前掲書2―6、一七頁）

という人間性の同一を前提にした、いわゆる発展段階論である。この論を是認すれば、「民族学と民俗学は結婚[8]」し、民族学のデータも「眼前の生活事実がどうしてかくの如くなったか」という柳田の民俗学の課題にも応用できるのである。しかし、柳田は、

人類の群生活の進展の過程において一ぺんは必ずここを通るという考え方は、かの青銅時代だの、狩猟時代だのという古くさい教科書の、お灸の痕としか思われない。意外な立証の将来成り立ち得るという予想とは、全然縁のない一つのあてずっぽうなのである。（前掲書、八頁）

として、このような発展段階論を認めようとしない。それゆえ、

目的はどこまでも日本の事実、日本の疑問をどう解説しようか（前掲書、七頁）

という民俗学の問題に終始しながら、

……日本の珍しい社会事相を取りあげて、それを解説する為に諸子百家・仏法の経典はもとより、遠き西洋の古典をも援用するのみか、似かよった未開人の習俗信仰をも非凡な記憶と連想力とをもって悉くこれを例にとろうとする。そうして似てさえいれば説明になると認め、どうして似ているかまでは考えない……（同上）

と、南方熊楠などの態度を批判するのである[9]。

それではなぜ柳田は、このような発展段階論を是認しようとしないのであろうか。それはこのような考え方に対して、柳田は別の前提をもっていたからにほかならない。

従来、柳田の歴史観の特色の一つとしてすべての社会現象は変遷するという見方があった[10]。しかし、これは後述するように、一面的な見方であって、確かに柳田はこの点を強調する場合もあったが、この引用にも見られるように「永代不易」なものの存在をも認めているのである。問題は柳田には、文化の二重構造が想定されており、それぞれ

の面における特色も異なっており、両者を混同する比較を戒めている点である。それゆえ、柳田の歴史観は、「不易流行」史観とでもいうべきものであると考えられる。すなわち、柳田は、

……何も彼も、時さえ経過すればみな無差別に改まってしまうものと速断することで、もとよりそんな筈は決してない。この弊害は目下各方面に於て力説されて居るものである。古今一貫もしくは永代不易のものが必ず有るということ、是は顕著な実例があって疑うことが出来ぬ。……(「涕泣史談」『定本』7、三二二頁)

として、先ず歴史における「永代不易」なものの存在を認める。しかし、柳田が歴史のすべてを「永代不易」と考えていたわけでないことはいうまでもない。柳田は敗戦に際して「なぜ国が敗れたのか」ということと、「これから如何にすべきか」という問題を例にして、次のように述べている。

但しこの二問題のうち、第二の方は未来に属し、史学や民俗学の領分の外ように見えるかも知れぬが、さて愈々其解決となると、事実我々は日本人だから、日本という島帝国に根を生じている民族だから、そう飛び離れたわざも出来ず、やっぱり此儘じりじりと、昨日一昨日の生活の型を、僅かづつの模様替によって明日明後日へ運んで行くより他は無いのかも知れない。その改めて行く部分だけは未知数だが、是とても経験と予備知識と、半ば直感的な判断が取捨の役をするかも知れない。ましてやその残りの部分身体髪膚を始とし、言葉でも感情でも物の見方でも、以前の引き継ぎ持送りに終るものが多いのである。(「現代科学ということ」民俗学研究所偏『民俗学新講』明世堂書店、一九四六年『定本』31、一一頁)

このように、柳田は歴史の変革を全面的なものと考えるよりはむしろ、その漸進的な側面を強調する。[11] そこでは、変化しやすいものも常に変化し難いものを基盤にした上での変化としてとらえられる。このような考え方は、次のような前提にもとづくものであった。すなわち、

文化の複合には必ずしも定まった方式はない。一方が退かなければ一方がその場所に進み得ないというものではなく、二重生活は常に双方からの歩み合いである。一つの挙動なりもしくは考え方が、目に立って一般の風潮と調和せぬように考えられるのは、進んだか退いているか、何れかの一方にずっと傾いて居る場合だけである。そうした場合でも外から冷やかな眼で見ればこそ矛盾とも評せられるが、当の本人たちの生活の現実に於ては、そんなことは気にせずに、幾らでも暮して行けるのである。所謂京に田舎あり、モダンには色々の昔が入り交っている。（『郷土生活の研究法』刀江書院、一九三五年『定本』25、二八〇頁）

そして、このような文化を新旧の混合物とする見方が、

私などの企てて居る研究では、歴史は竪に長い細引のようなものとは考えられて居ない。寧ろ是を考察する者の属する時代が、切って与えたる一つの横断面と見るのである。此横断面に頭を出して居る史実、即ち過去にあったらしき事実の痕跡は、実際はその過程の色々の段階に於て自分を示して居る。我々の社会生活は決して均等には発達し展開して居ない。是には新しい文化がいつも都市という僅かな中心から、入ってきたということが一つの大いなる便宜であった。即ちその文化改革の中心からの距離が区々である為に、所謂おくれた地方又は人を生じ、是に又無数の等差が認められるのである。（「郷土研究と郷土教育」『定本』24、八一頁）

という、柳田の歴史観を生み出すことになる。(12) このような歴史観が過去の文献と現在の民間伝承を共に史料とし、学問としての民俗学を広義の歴史学とみなす基盤をなしていたのである。このことは、換言すれば、

「日本人が日本人の顔附と骨格を具へ、日本語を話し日本風という家に住んで居ると同様に、個々の郷土人のその個々の小さき挙動表現、内部感覚等の中にも、必ず若干の歴史の痕跡、つまり某々郷土の住民の末なるが故に、残って居る何等かの生活の特徴があるだろう。」（『郷土生活の研究法』刀江書院一九三五年『定本』25、二七六頁）

という、「一つの推理」[13]を是認することを意味することは、すでに述べた通りである。そして、この前提こそが、柳田民俗学の成立基盤となっていた。それゆえ、先述のいわゆる発展段階論に基づいた民俗学の課題に対する民族学のデータの援用は、この柳田の実践的な問題意識に基づいた広義の歴史学としての柳田民俗学の成立上不可欠な前提と対立する限り、断念せざるを得なかったのである。

三　「一国民俗学」としての柳田民俗学

前節では、柳田の民俗学と民族学との関係を、柳田の問題意識との関連においてみた。柳田の民俗学は、その実践的な問題意識から、あくまでも、「眼前の生活事実」を問題にするものであった。そこから、「一国民俗学」という柳田民俗学の特質も生まれてくるのである。本節では、この「一国民俗学」としての柳田民俗学の性格を明らかにしたいと考える。

1　「一国民俗学」と「比較民俗学」

前節でみた、「眼前の生活事実が、どうしてかくの如くなったのか」ということを明らかにすることが、その学問の目的となるかどうかという問題から、一般にいわれる民俗学と民族学の相異を、ナショナルなものと、インターナショナルなものに求めようとする考えも生まれてくる。すなわち、柳田も、

一つの目標として、私は国又は人種ということを考えている。どこの国でも民俗学はナショナルで、主に自分の同胞の文化を討究し、稀に代わって或一つの未開種族の過去の生活を尋ねてやる。是に反して、自分の国だけの

エスノロジイというものは、まだ今日迄は唱えた人がないのである。（「実験の史学」『定本』25、五〇五頁）

といい、民族学と混同されないために、わざわざ頭に「日本」を冠しているとする。(14)

ではなぜ、柳田は「国・人種」あるいは民族を二つのミンゾク学を区分する目標と考えたのであろうか。ここでよく引き合いに出されるのが、ドイツ語のフェルケルクンデとフォルクスクンデの別である。これについて柳田は次のように述べている。

……独逸語の領域に於ては、少なくとも名称の上では、もうこの二つはちゃんと対立的なものになって居て、後者即ち自国人が同胞の間の伝承を採集調査するのがフォルクスクンデ、前者即ちどことなく弘く他民族の生活を記述するものがフェルケルクンデと呼ばれて居る。二語はフォルク即ち国民という語の、単数と複数であるが、縁は近くとも同じものでなければこそ、こうして別々の名を付与してあるので、つまりは自国同胞の生活の痕を尋ねる場合と、よその国民の生活を記述する時とは、用意も別なれば可能性にも差等があり、更にまた目的も同一でないことを意味して居る。（『郷土生活の研究法』刀江書院、一九三五年　『定本』25、二九六頁）

このように、ここではフェルケルクンデを「万国民俗誌学」あるいは「比較民俗誌学」、フォルクスクンデを「一国民俗誌学」または「日本民俗誌学」としているものの、その区分の根底には、前節で見たように観察者と被観察者が共に同胞かどうかという点にあった。それゆえ、「国・人種」あるいは民族が、この基準における最も簡便な指標となったのである。このような考え方の背景には、前述のような、民俗学を「眼前の生活事実が、どうしてかくの如くなったのか」ということを明らかにすることによって「人間生活の幸福」へ向って歴史を変革するための手段としての広義の歴史学とする柳田の姿勢があったことはいうまでもない。

次に問題となるのは、柳田の民俗学に対するそのような考え方と、先にみた「万国民俗（誌）学」・「比較民俗（誌）

学」・「一国民俗（誌）学」、あるいは「世界民俗学」、さらには、これらと民族学との関係である。この点に関して、柳田は『民間伝承論』のなかで次のように述べている、

私たちは実着の歩みを踏みしめて行く為に、特に先づ一国民俗学の確立を期し、是によって将来の世界民俗学の素地を用意し、是に働く人々の習練に資するを順序として居るのである……（『民間伝承論』共立社書店一九三四年『定本』25、三四九頁）

ここでは「一国民俗学」から「世界民俗学」への発展が説かれている。ここにいう「世界民俗学」は「異郷人が異郷人を観察する」という意味での民族学でないことは明らかである。それは、「世界の諸民族を連ねて、文化の展開を推究する」学[15]であった。そして、ここで重要なことは、この「世界民俗学」が「その学者の属する一国の経歴を中心として、それから出発しようとする事業[16]」であるそれぞれの「一国民俗学」を基盤に成立し得るものであるとするならば、この双方を結ぶためには何らかの前提が必要になるということである。この前提としては、

国というものを一箇体として考察する場合にも同じことだが、自分たちの属して居る民族を仔細に熟視すればする程、是だけ顕著なる差異懸隔を、他の民族との間にもって居るにも拘わらず、尚他の一方には其中から、多くの争うべからざる共通性の発見せらるる事に心づくのである。是は到底偶然の一致などと、軽く見逃しては居られぬ程度の類似である。慣習も言語も宗教も政治関係も、丸々別であった異国同士が、近づけば自然に理解し合うことの出来る法則をもって居たということは、我々を驚嘆せしめずには置かぬのである。それは或は人種がもと一原であった為かも知れぬ。記録を超越した遠い昔に、手を分かった友であり同胞であった為かも知れぬ。そうで無いならばまだ我々の知らない大動力が、人を一致せしむべく予め其原因を設けて置いたのかも知れぬということが、幽かながらもこの新しい世の中に生まれた者の、始めて抱くことを得た希望である（「郷土研究という

こと」『定本』25、二一八頁)

という「人間の同一性」があげられる。これは、さまざまな環境の違いにもかかわらず、「人間の心的同質性」に着目する立場である。このような立場が、いわゆる発展段階論の一つの前提となっていることは前述の通りである。そして、柳田はこの発展段階論を批判しているのである。

ここで、注意したいことは、すでに第一節に述べたように、柳田の民族学に対する姿勢が変化していることである。すなわち、ヨーロッパからの帰国後、柳田が民俗学と民族学の一体化が間近いと考えた時の「一体化」には二重の意味があった。一つには、それまで観察者と被観察者に二分されていた民族学が日本の「特殊なる国情」によって、両者が一体化するという採集方法における民族学の民俗学への吸収であった。すなわち、柳田は、

此意味に於て私たちは、人類研究の学問の少なくとも半分、即ち Ethnology と呼ばるる方面だけは、行く行く次第に National 国民的になるべきものと思って居る。そうなるのが正しいか否かの問題には異説もあろうが、そうならなければ本当に進んで行かれぬ時代は、もう到来して居ると云ってよいのである(「Ethnology とは何か」『定本』25、二四四頁)

と述べている。これに対して、今一つは、資料面において、民族誌と民俗誌を結合することによる一体化である。そして、前者の意味における一体化の結果生まれたのが「一国民俗学」であることはいうまでもない。これに対して、後者の試みは、前述のように、「一国民俗学」の成立基盤となるいわゆる残存の前提に対立する発展段階論に基づいていると考えられたために、柳田の実践的な問題意識から生じた「眼前の生活事実」という問題に民族学のデータを援用できないという理由から、断念せざるを得なかったのである。そして、日本の「特殊なる国情」のもとに成立した「一国民俗学」も、それを基盤とした「世界民俗学」への発展は望めなかった。すなわち、『民間伝承論』の欠点

を補い改める意図のあった前述の「童神論」という連続講義において次のように述べている。

……我々の民族は常にナショナルである。個々の民族にのみ現在は存立している。比較民俗学はついで起りうるも、万国民俗学はまだ想像も出来ない。……岡君からもきかれた通り、ドイツでは二つの学問をフェルケルクンデ、フォルクスクンデと、単数と複数との差にしていること、これが私などの如きそそっかしやをして問屋と小売店との関係のように一度は即断せしめた有力なる原因である。（「童神論（5）」前掲書所収、六頁）

ここでは、明らかに先にみた「世界民俗学」の構想は後退し、従来の「一国民俗（誌）学」と「世界民俗（誌）学」との関係も否定されているのである。このような変化は、一つには前述のように、採集方法における民族学の民俗学化が日本においては可能であったが、他の地域では困難なことにあった。しかし、たとえ、そのようなことが可能になったとしても、柳田の実践的な問題意識に基づいた「眼前の生活事実が、どのようにしてかくの如くなったのか」という問題を明らかにすることはできなかった。なぜならば、「一国民俗学」の認識主体が人種あるいは民族であるとすれば、「世界民俗学」の主体は人類ないしは世界人ということになろう。しかし、民族あるいは人種の「眼前の生活事実」は、経験的に明確に認識し得るが、人類ないしは世界人の「眼前の生活事実」とは一体何であろうか。その意味において人類あるいは世界人ということは、概念上は成立し得ても、柳田には実態概念とはなり得なかったのである。それは柳田があくまでも、郷土人の自己変革によって「人間生活の幸福」を求める手段としての民俗学を考えていたからである。そして、そのために、人の気づかなかった問題を提起し、身近かな問題からより大きな問題へと疑問を拡大する方法をとったからである。このような経験主義に基づいた考え方では、所詮、人類とか世界人とかいう概念は、容易に実質的なものにはならなかったのである。

これに対して、「一国民俗学」から「比較民俗学」への発展は、「人間の同一性」よりも環境による相違に着目するという立場の上に成立している。そこには、それぞれの民族あるいは人種が主体となって「眼前の生活事実」の解明に当たり、それをさらに他のものと比較することによって普遍的な人類共通の法則を追求する方向と、他方において環境の相異に基づいた特殊としての人種・民族の特質をより明確にすることができるという二つの問題が含まれている。

ここで問題となるのは、これまで述べてきた「人間の幸福」へ向かって歴史の変革を図る手段と考える広義の歴史学として民俗学をとらえる柳田の姿勢は、後者の特殊を解明することとより密接な関係にあるということである。柳田にとっての問題が次のような点にあったことはすでに述べた通りである。すなわち、

我々が個々の郷土を以て研究の目的物とする場合に、最初に出現して来る問題は人と天然との久しい間の交渉、それが如何なる変化を生活様式の上に及ぼして居たかということである。(「郷土研究ということ」『定本』25、二一八頁)

しかし、このような考え方は、その後の民俗学の発展において、微妙なニュアンスの差をもたらすことになる。これまで繰り返し述べてきたように、柳田にとっての民俗学は、「人間生活の幸福」へ向って歴史を変革するための手段であった。そのために、先ず「今の日本人の生活を満足に且つ明白に理解する」ことが問題となり、「農村生活誌」が当面の課題となった。次いで、それが「比較研究法」によって、「国民生活誌(17)」ないしは「国民生活変遷誌(18)」となったのである。ここで、注意しなければならないことは、「眼前の生活事実が、どのようにしてかくの如くなったのか」という問題に対して「変遷の事実」をもって答えようとしている点である。そして、これはすでに述べたように、変革の主体を人間においていたからにほかならない。しかし、柳田は、その後、学問としての民俗学の課題をこのような「変遷の過程」のみに限定しなくなる。たとえば、「聟入考」においても、

フォクロアの主たる仕事は、之〔標本〕を排列して変化の過程を知ることであった。(「聟入考」前掲書所収『定本』15、一六八頁)

という従来の見解と並行して、

記録せられずに変遷してしまった前代の標準文化を、その残留するものを通して、窺おうとするものである。(前掲書、一五九頁)

と述べている。これらの「変遷の過程」(一)、「前代の標準文化」(二)、さらに後に問題とされる「日本人の民族性」[19](三)などという目標は、互いに密接に関連しているものの、その重点のおき方によっては、結果は勿論その研究方法も、微妙に異なってくることはいうまでもない。[20]そして、柳田には「人間生活の幸福」という究極的な目的の前に、これらの三つの課題が混在していたと考えられる。しかし、そのなかでも、(一)の「変遷の過程」に重点がおかれていたのは、柳田がその実践的な問題意識から、民俗学を広義の歴史学と考えていたことによることはすでに述べた通りである。しかし、(二)あるいは(三)を課題にすることは、歴史学とは密接な関係をもちながら、ややニュアンスを異にするのである。換言すれば、民俗学は(二)ないし(三)を第一次的な課題とすることによって、歴史学とは異なった独立科学としての独自性をもち得ることにもなるといえる。柳田にとって一つの手段としての性格が強かった民俗学も、その学問としての独自性を要求されれば、広義の歴史学において積極的な役割を十分提示し得ない限り、柳田においても、その実践的な問題意識から生じる目的を逸脱しない範囲で、学問としての目的を(二)あるいは(三)に求めざるを得なくなったと考えられる。[21]

2 「一国民俗学」の基盤

前項の最後で触れたように、柳田の実践的な問題意識と日本の「特殊なる国情」を基盤に成立した「一国民俗学」は、その後において学問としての独自性を求めるようになるが、本項では、「一国民俗学」の成立条件の一つとなった日本の「特殊なる国情」がどのようなものかを、柳田の問題意識との関連において考察したい。

柳田は、従来「フォクロア」が容易に「サイエンス」にならなかった原因を次のように考えている。すなわち、

（1）材料が乏しいこと
（2）普遍化することが困難なこと
（3）興味に基づいた特定の問題に関心が集中すること
（4）学者の「総論」に対する意欲が欠如していること（「民俗学の話」『定本』24、四九五頁）

そして、このうちの第一点に注目し、

もし民俗学を日本のフォクロアのことだときめてしまおうとするならば、其前に必ずフォクロアの内容が国によって一様でないことと、殊に我々の今に持伝えて居るものなどは、品も分量も又存在のし方も、よほど本元の国とはちがって居ることを、知っていなければならぬのである。（「常民の生活知識」（未発表、年代不詳）『定本』31、五頁）

として、

日本の民俗学が、他の国々の真似をしてはならぬ理由、全体にどこにも国としての特徴は有るのだが、日本は殊にそれが多い。たとえば英国では頻りに残留Ｓｕｒｖｉｖａｌｓということを言い、是を残留の科学と呼んでもよいなどと言った人もあったが、こちらでは古い生活ぶりが、もっと正々堂々と継続して居る。前代社会層の

偶然の痕跡と言うよりも、多少の変化を受けつつも、昔の世の生活がもとの場所に伝わって居る。固有信仰でも家門組織でも、人によっては昔の通りかと思ったほど、本筋のものがまだ残って居たのである。即ち我々の民間伝承は他の国と比べて、よほど歴史というものに接近して居るのである。（「現代科学ということ」『定本』31、五頁）

とする。このことから、

よそで資料が乏しくてたった一つ二つの残留物から、誠に無理な想像説を生もうと勤めて居るからとて、そんな気の毒なものの真似をするには及ばぬ国である。（「神送りと人形」『旅と伝説』七巻七号、一九三四年七月『定本』13、四八九頁）

ということになる。換言すれば、そこでは、資料としての民間伝承が豊富なことから、それを材料として、民俗学の普遍性を高めることが可能になると考えられるということである。そして、それが民俗学を科学とすることに貢献するとされたのである。

それでは、なぜ、柳田は日本にそのような民間伝承が多く残留していると考えたのであろうか。そこには、幾つかの要因を指摘し得る。すなわち、柳田は、

（1）日本においては、近代化、とりわけ産業革命や普通教育などの影響が少ないこと（「郷土研究と郷土教育」『定本』24、七六頁）

（2）日本では有識階級の分立したのが遅かったこと（「日本の民俗学」『定本』25、二五七頁）

（3）日本人が意識して古いものを保存しようとしたこと（「民俗学の話」『定本』24、五〇〇頁）

（4）日本が言語・慣習などにおいて高い同質性をもつ民族によって構成されている国であること（柳田国男・折

口信夫・石田英一郎「日本人の神と霊魂の観念そのほか」『民族学研究』一九四九年十二月)

などをあげている。

しかし、ここに示された要因は、今日から考えると、必ずしも妥当とは思えない点もある。たとえば、柳田は日本民族を同質性の高い一元的なものと考えたが、このような見解に対して、戦前では岡正雄が、戦後にはある意味でそれを継承したともいえる江上波夫のいわゆる「騎馬民族説」などがあり、必ずしも全面的に是認することはできない。[22] 柳田が、特にこのような考え方に固執するのは、一つには日本に民間伝承が豊富にあるとの論拠としたためであるが、より大きな理由は、柳田の民俗学の研究方法である「比較研究法」の基礎になっていたからにほかならない。すなわち、柳田の民俗学の研究方法としての「比較研究法」は、マルク・ブロックのいう

ある現象において類似性がみられるがその現象を生み出した諸社会が時間的にも空間的にも著しく隔っているため、明らかに相互の影響関係によってもあるいは如何なる意味の起源の共通性によっても、その類似性が説明されえないような諸社会が対象(マルク・ブロック、高橋清徳訳『比較史の方法』七頁、創文社、一九七八年)

ではなく、

隣接していると同時に、同時代のものであり、相互に絶えず影響を与えあっており、発展の過程において、まさにその近接性と同時性故に、同一の大きな原因の作用に支配されており、少なくとも部分的には共通の起源に遡りうる諸社会を並行的に研究する(前掲書、九頁)

ものであったからである。換言すれば、それは厳密には、関敬吾が指摘するように「比較」ではなく、一種の「帰納」にほかならなかった。[23] それゆえ、日本民族が歴史時代以後、複数民族の混合によって成立したものと考えることは、この研究方法の基盤を否定することになり、ひいては「一国民俗学」としての柳田民俗学の基礎をも危うくする

ものであった。[24] このような点からも、日本とヨーロッパを比較し、日本の独自性を主張した柳田の認識は、柳田がその郷土研究において、戒めたはずの「御国自慢」に基づいた一種のエスノセントリズムに陥っていなかったかどうかを、今日の我々は再度考えなければならないであろう。

そのことはともかく、いずれにしても、柳田はこのような前提から、「一国民俗学」としての日本民俗学を提唱したわけである。そして、そのことはおよそ次のようなことを意味する。すなわち、柳田は「自国民同種族の自己省察」という方法によって、「国民総体の幸福」をめざしていた。[25] そのことは、近代化に遅れをとった日本が、ヨーロッパで生まれた民俗学（あるいは民族学）を受容しながら、それに甘んじることなく、かえって、民族・言語・慣習などにおいて、同質性が高く、民間伝承も豊富な日本の特殊条件を媒介とすることによって、ヨーロッパのそれとは異なる柳田の民俗学を生み出すことになった。その意味において、柳田の民俗学は、いわゆる内発的なものといえる。[26]
しかし、そのような柳田の民俗学も、その独自性を支える基盤が、日本の特殊な条件や、「郷土人の心の奥の機微」は、『郷土人自身の自己内部の省察』によってしか解明できないとするエスノセントリズムと、『国民総体の幸福』という実践的な問題意識から生じた『学問が実用の僕となることを恥としない』[27] 考え方などにあったために、究極的には常にグローバルな人類学をめざしていたにもかかわらず、遂に「一国民俗学」の地位にとどまらざるを得なかったのである。

おわりに

柳田の提唱した「一国民俗学」においては、一体となっていた実践的な問題意識と学問としての民俗学は、柳田以後、柳田国男研究と日本民俗学に分裂して継承されることになった。そして、それは取り分け、日本民俗学にとって不幸な結果をもたらすことになったのではないかと考えられる。柳田の民俗学を批判的に継承していく上で、今日の我々の課題は、柳田国男によって事実上推進されてきた日本民俗学の諸業績のなかに、柳田の個人的な問題意識がどのような影響を与えているかをみきわめることであろう。そのためにはおよそ二つの問題が考えられる。

一つには、柳田の実践的な問題意識とそれによって生じた歴史主義的な学問観が、柳田の民俗学における具体的な研究に如何に反映しているかを実証的に研究する必要があろう。そのことは、同時に柳田の個人的な問題意識や学問観をその具体的な研究成果を通じて再検討することにもなり、その意味において柳田国男研究との接点を提供することにもなろう。そして、これらのことを可能にするためにも、柳田が常に「学問救世」という問題意識をもって研究にのぞんだように、今日の我々も一人ひとりが、それぞれの主体性を自己の内部に確立して研究に取り組むことが重要となろう。これが第二の問題である。すなわち、これまで、ややもすれば、我々は柳田の卓越した発想に基づいた具体的で魅力在る問題や抒情的な行文に目を奪われるきらいがあったのに対し、そのような個人的な神業でなく誰もが同じように研究することができる「方法の科学化」ともいうべきことが進められつつある。そのような動きを実り多きものにするためにも、数々の優れた業績を生み出した柳田の問題意識に学び、現時点における自らの問題意識を明確にする必要があるのではなかろうか。そして、「方法の科学化」と共に、研究者としての主体性が確立してはじめて、日本民俗学は柳田を乗り越えていくことができるのではなかろうか[28]。

《註》

（1） たとえば、小池淳一編『民俗学的想像力』（せりか書房　二〇〇九年）、鶴見太郎著『柳田国男入門』（角川学芸出版二〇〇八年)、桑山敬己著『ネイティブの人類学と民俗学』(弘文堂 二〇〇八年)・川田順造「日欧近代史の中の柳田国男」(同氏著『文化の三角測量』所収 人文書院 二〇〇八年 所収)

(2) この点については、福田アジオをはじめ多くの研究者が指摘しているが、筆者は単にそれだけではなく、柳田の「眼前の事実に答える」学問という実践的な学問観との関係が、本稿で取り上げる「民族学」と類似した構造であると考えているが、このことについての考察は別の機会に譲りたい。

(3) たとえば、石田英一郎「歴史科学としての民俗学と民族学」(「人文」2―1 一九四八・五)、岡正雄「日本民俗学への二、三の提案―比較民族学の立場から―」(『日本民俗学大系 第二巻』平凡社 一九五八年)

(4) 大藤時彦 柳田国男『民間伝承』あとがき(伝統と現代社 一九八〇年)

(5) この点について、柳田は『民間伝承論』(共立社 一九三五年『定本』25 三三六頁)で「26 第三部は骨子、即ち生活意識、心の採取又は同郷人の採取ともなづくべきもの。僅かな例外を除き外人は最早之に参与するを能わず。地方研究の必ず起こらねばならぬ所以。」と述べている

(6) この点について、柳田も「村を観んとする人の為に」(『定本』15 四四頁)で言及している。

(7) 柳田国男『郷土生活の研究』(『郷土生活の研究法』を改題)二一四頁(筑摩書房 一九六七年)

(8) 柳田国男「日本の民俗学」(『定本』25 二五四頁)

(9) 柳田国男「童神論(3)」(前掲書2―6)七頁

(10) たとえば、福田アジオ「解説 民俗学と歴史研究」野口・福田・宮田編『現代日本民俗学I―意義と課題―』三一書房 一九七四年)

(11) こうした点から、柳田の歴史的な伝統を重んじる保守的な傾向も生じてくると考えられる。この点については、大

塚英志『公民の民俗学』（作品社　二〇〇七年）参照。

（12）このような柳田の歴史観は、すでに日本民俗学の最初の書といわれている『後狩詞記』（一九九〇年）の序文に次のように記されている。「思うに古今は直立する一つの棒では無くて山地に向けて之を横に寝かしたようなのが我が国のさまである。」（『定本』27　八頁）なお、この点に言及しているものに、中井信彦『歴史学的方法の基準』（塙書房　一九七八年）がある。

（13）前掲引用書　同頁

（14）柳田国男「童神論（5）」（前掲書所収）六頁

（15）柳田国男『国史と民俗学』（六人社　一九四四年）『定本』24　四頁

（16）同右

（17）柳田国男「蟷螂考」（『土のいろ』4―4　一九二七・四）『定本』19　三四五頁

（18）柳田国男「実験の史学」（前掲書所収）『定本』25　五一五頁

（19）この点について、柳田国男・関敬吾『日本民俗学入門』（改造社　一九四二年）の結語（同書　四七七頁）には、次のように記されている。「日本民俗学は我国土のあらゆる地方からのできるだけ多くのこうした事実の細目に亘る研究を通して、我が民族性の歴史的な姿、その現在生活に対する働きを知ろうとしているのである。」この部分は、柳田の筆ではなく、関によるものと考えられることや、岡正雄・石田英一郎らの人類学者が、これを日本民俗学の目標と考えていたことなどを考え合わせると、柳田もその影響を受けたのではないかと推測されるが、実証的な検討は今後の課題としたい。なお、今日の日本民俗学においては、このような「日本人とは何か」ということを明らかにすることが、一つの課題とされている。

（20）こうした問題を論じたものに福田アジオ「民俗学にとって何が明晰か」（『柳田国男研究』5　一九七四・四）や伊藤

幹治『日本人の人類学的自画像―柳田国男と日本文化再考論再考―』（筑摩書房　二〇〇六年）がある。

（21）この点については、柳田における第二次世界大戦の影響や、国学への接近など大きな問題が含まれているので、機会を改めて論じたい。ただ、柳田の目標とした「前代の標準文化」の解明は、少なくとも、柳田が批判したいわゆる起源論を直ちに意味するものではないことだけは、留意しておく必要があろう。

（22）柳田の方法にこのような前提があったとしても、それだけでその業績が批判されるべきでないことはいうまでもない。筆者がここで、明らかにしたいことは、柳田の方法が、このような前提を基盤に成立しているということと、それが具体的な研究や思考にどのような影響を与えているかという問題である。なお、柳田のこのような考え方について、問題提起した書に坪井洋文『イモと日本人―民俗文化論の課題―』（未来社　一九七九年）があることはよく知られている。

（23）この点に関して、関敬吾は「民俗学の方法を問う」という座談会で次のように述べている。「その問題はね、柳田先生の比較というのと、一般に広く比較という意味とは少し違うんですよ。比較（compare）うんぬんというときは、異民族間の比較をいうわけです。先生は一つの民族内における、北と南、西と東の比較をも比較研究という意味であった。だから、ぼくもそういうふうな考え方があって、ドイツ語で、Vergleichende Volkskunde（比較民俗学）の形容詞の前にInternationalと書いたところが、これはどういう意味かと詰問されたわけです。「比較というのは当然異民族間の比較研究をすることじゃないか。日本だけやるならそれは比較じゃない、インテンシィブな方法だ」といわれ、赤面したわけです。比較言語学というのは、自分のところだけの言語を比較するのではなくて、他の民族言語との比較をやるんだということがあった。先生は比較といっているのは演繹に対して帰納法を意味し、、同時に結局、自民族を掘り下げていくことなんですね。」

（24）柳田国男が、東条操などの主張するいわゆる方言区画論に反対したのは、それが単に方言の問題にとどまらず、このような研究の基盤にかかわる問題があったためと考えられる。

(25) この点に関しては、伊藤幹治「柳田国男と文明批評の論理」(同氏『柳田国男―学問と視点―』所収　潮出版社　一九七五年)

(26) たとえば、桑原武夫「内発文化の知的創造性について」(『世界』三九八　一九七九・一)、鶴見和子『漂白と定住と―柳田国男の社会変動論―』(筑摩書房　一九七七年)・ロナルド　A　モース(岡田陽一・山野博史訳)『近代化への挑戦―柳田国男の遺産―』(日本放送出版協会　一九七七年)などが、柳田国男の学問を内発的なものと考えている。

(27) 柳田国男『郷土生活の研究法』(前掲書所収　三二六頁)

(28) これは、一九八〇年代初頭当時の本稿を脱稿した際の結語である。今から振り返ると、柳田民俗学と柳田学とを何か結合し、新しい「民俗学の創造」をめざそうとする時代の趨勢を感じることができる。こうした動きは、すでに一九七〇年代に、野口武徳・宮田登・福田アジオ『現代民俗学Ⅰ・Ⅱ』(三一書房　一九七四〜五年)に代表される潮流としてあり、その後、福田アジオ『日本民俗学方法序説―柳田国男と民俗学―』(吉川弘文館　一九八四年)や「都市民俗学」の諸研究などに継承され、国立歴史民俗博物館の共同研究「民俗誌についての基礎的研究」へとつながることになる。さらに、二〇〇〇年代に入って、日本民俗学会の年会でも、「野の学問とアカデミズム―民俗学の実践性を問う」などのテーマで取り上げられ、直近では国立民俗博物館の共同研究「日本における民俗研究の形成と発展に関する基礎研究」(二〇〇四〜六年度)やその成果の一部をまとめた小池淳一編前掲書、今年の日本民俗学会第六十一年回でも「民俗の『創造性』と現代社会」のテーマのもとにこうした課題が取り上げられようとしている。こうした動きをみると、四半世紀以上経過した現在においてもまだこの二つの課題は日本民俗学において繰り返し検討されており、必ずしも結論を得ているとは言い難く、今後も形を変えながらも基本的には継続的に探求されていくのではないかと考えられる。

【附記】

本稿は、一九八二年三月に兵庫教育大学大学院に提出した修士論文『柳田民俗学の基礎研究―「一国民俗学」を対象にして―』の一部である。四半世紀以上前の論文を発表するのに躊躇するところもあったが、最近の潮流のなかで、まだ、聊かの価値があるかとも思い、修正する時間もなかったので、註とごく一部を手直ししたのみで寄稿することにした。ここにあらためて当時ご指導いただいた故平山敏治郎元成城大学教授・故和田邦平元甲南大学教授・末中哲夫元兵庫教育大学教授と、発表の機会を与えていただき、励まして下さった柳田国男研究会の皆様に心より御礼申し上げます。

「一国民俗学」は罪悪なのか

——近年の柳田国男／民俗学批判に対する極私的反駁

室井 康成

はじめに

いわゆる柳田民俗学の個性とは何かという問いを設定した場合、それへの回答は、個々の論者や、あるいは柳田作品の読者によって、それぞれ異なる見解が示されるであろう。それは柳田から繰り出される言説が至極曖昧であることによるが、この曖昧さこそ、ある意味では柳田国男の魅力でもあり、また、今日の民俗学を呪縛する元凶であると言うこともできる。

私は今、柳田の言説は今日の民俗学をも呪縛すると述べたが、それは個々の民俗学研究者が、自説の論拠に柳田のテクストを持ち出したり、または民俗事象に対する認識を構築するに際して柳田の認識枠組みをそのまま流用したりする、という意味においてである。だから、批判されるべきは柳田ではなく、柳田の言説を無批判に、かつ恣意的に我田引水する研究者の主体性の問題である。もちろん、柳田の提起した稲作一元論・固有信仰論・皇室中心史観・民俗語彙至上主義・重出立証法などは乗り越えてゆかねばならない問題的問題であるが、それらが今日の学的水準からして、たとえ誤った文化史観・方法論であったにせよ、そうした論理を希求した柳田の思想とその同時代の社会的背景は、きちんと検証されるべきである。その作業なくして、いたずらに過去を批判しようとする態度は、膨大な先人の研究業績を俯瞰し得る立場にいる今日の研究者の、傲慢さ以外の何物でもない。

ところで、種々ある柳田批判の中の最たるものは、私見によると、いわゆる「一国民俗学」をめぐるそれである。このあたりの批判的言説については今さら取り上げるまでもないが、その代表格は村井紀の『南島イデオロギーの発生』（太田出版、一九九五年）に収載された一連の論考であろう。(1)また、村井の論旨に少なからざる影響を受けたと見られる川村湊の『「大東亜民俗学」の虚実』（講談社選書メチエ、一九九六年）も、柳田在世時の民俗学が内包した植民地主義的な志向を批判したものだが、戦時下の、しかも自由な言挙げがままならない時期に『民俗台湾』（一九四三年十二月号）誌上で行なわれた、たった一度の座談会で柳田が口にした「大東亜圏民俗学」という言葉っ尻を捉え、日本を起点とした朝鮮・満州・台湾へ向けての、言わば逆華夷秩序の整除を企図することが、あたかも柳田の学問的本願であったというような論旨には強い疑義を呈せざるを得ない。(2)

さて、ここでやや唐突だが、本稿の冒頭で述べた「柳田民俗学の個性とは何かという問い」に対する私見を披瀝しておきたい。それは、柳田において民俗学は、政治教育の手段として構想されたということである。事の詳細については別稿（室井康成「同情と内省の同時代史へ―柳田国男の政治をめぐる「民俗」への眼差し」柳田国男研究会編『柳田国男・同時代史としての「民俗学」』岩田書院、二〇〇七年。同「柳田国男と教育基本法―「公民」観の位相と戦後民俗学構想をめぐって」『教育学研究室紀要』四三、国学院大学教職課程研究室、二〇〇九年。同「「常民」から「公民」へ―〈政治改良論〉としての柳田民俗学」小池淳一編『民俗学的想像力』せりか書房、二〇〇九年）を参照願いたいが、要約すると、個々人が自らを拘束する「民俗」を調査・研究することにより、「民俗」の実態を把握し、もって「民俗」からの自己解放をめざすのが、柳田の一貫した学問的本願であった。つまり、普通選挙導入期と重なる柳田民俗学確立期において、柳田は、普通選挙の精華である有権者の自由な投票を妨げる「民俗」は、今日的な「保護・活用」の対象などではなく、むしろ廃されるべき代物であった。ゆえに柳田は、個々人が「民俗」を相対化し克服するための学問＝民俗学を希求したのだと思われる。贅言すれば、「民俗」に思考や行動を拘束されることのない、政治に対するリテラシーの高い「公民」を養成することが、彼の民俗学の究極的な目標であったということになる。ちなみに、前述した村井や川村の著作には、柳田がそうした希代のデモクラットであったことや、民俗学確立の背景に普通選挙の意義を十分に発揮させたいと念じた柳田の使命感があったことなどは、いっさい出てこない。この一点だけを取り上げても、いわゆるポスト・コロニアリズムという知的風潮に便乗した一連の柳田批判は、至ってアンフェアであると言えよう。

本稿で論じようとする「一国民俗学」は、右に述べた、柳田の社会的な使命感を背景に醸し出された、「民俗」をめぐる認識枠組みである。岩本通弥によると、「（柳田の）多くの仲間の民俗学・民族学者が『大東亜』諸民族との比較研究に向かうなかで、柳田はむしろ逆に『一国民俗学』を唱え続けるのは一つの謎だった」（岩本「国際連盟委任統治委員としての柳田国男―一九二〇年代の民族問題と世界秩序」『文明研究』十三、東海大学文学部文明学科、一九九四年、二五頁）という。この「謎」は、如上の柳田の「社会的な使命感」と対照させることで、あるいは解きほぐすことができるのではあるまいか。

言うまでもないことだが、私は、国民国家の地理的範域と学問としての民俗学の研究フィールドを事実上合致させた、この「一国民俗学」というパラダイムが、今日なお有効であると主張するつもりは毛頭ない。ただし、これを「想像の共同体」（ベネディクト・アンダーソン『増補　想像の共同体―ナショナリズムの起源と流行』〔白石さや・白石隆訳〕NTT出版、一九九七年）たる国民国家「日本」の創出に寄与した過去の民俗学の汚点・恥部であるとして斬って捨てたり、もしくは無視してしまう前に、この認識枠組みに託されたであろう柳田の理念とその意味を、同時代史的な視点に立って再読する作業は必要であると考える。本稿は、そのための作業場としたいのである。

一　「一国民俗学」の正当性

1　子安・赤坂論争の残した課題

柳田国男が創始した民俗学は、一九三〇年代にはその相貌を明確にさせ、一応確立したとされる。梅棹忠夫の言うところの、舶来ではない「輸出可能な国学」（梅棹「思想と土との摩擦―その水面下の力はどう役立つか」『日本図書新聞』一九五七年四月十二日。神島二郎編『柳田国男研究』筑摩書房、一九七三年、一五五頁）であるこの学問の独自性は、柳田が述べた「一国民俗学」（「食物と心臓」『食物と心臓』一九三二年。『柳田国男全集』十、筑摩書房、一九三二年、三六七頁）という語に象徴されるように、その研究対象を「日本人の生活、殊にこの民族の一団としての過去の経歴」（「郷土研究と郷土教育」『国史と民俗学』一九三二年。『柳田国男全集』十四、筑摩書房、一九三三年、一四五頁）を窺い知れる領域に限定した点にある。その領域とは、北海道を除いた現在の日本の主権領土に重合する地理的な版図である。赤坂憲雄の理解に従えば、それは「列島は北は津軽・下北から南は奄美・沖縄までを版図として、民俗のかけらを可能なかぎり数多く採集し、系統的に蓄積し、その比較と綜合を仲立ちとしながら、『ひとつの日本』を下方から受肉させてゆく知の運動であった」（赤坂『東西／南北考―いくつもの日本へ』岩波新書、二〇〇〇年、三六頁）ということになる。

当時の日本の主権領域は現在の朝鮮半島や台湾にも及んでおり、この時期に柳田が敢えて「一国民俗学」を揚言した背景には、帝国日本の植民地政策、あるいは、かつて日韓併合の法案作成に携わることにより生じた柳田自身の不作為の植民地主義を「隠蔽」しようとした意図が見え隠れするといった、前述の村井紀や川村湊に代表される植民地主義批判が繰り返しなされてきた。またそれは、子安宣邦が指摘するごとく「辺地の住民の習俗や俚謡を、また歴史外の平民の生活を『国民』を主題として解釈する学、その主題のもとに綜合する筋道をそれらに読み取っていく学だということができる」（子安「一国民俗学の成立」『思想としての20世紀―岩波講座・現代思想1』岩波書店、一九九三年、三六〇頁）ものであり、したがって、「一国」内においても、地域ごとに多様な相貌を見せていた民俗事象が、全国レヴェルで「綜合」されることにより、最大公約数的な均質な「民俗」像が浮かび上がり、例えば「国語」や「稲作」を共通構成要素とする「国民」を創出したという批判を成り立たせた。つまり、「一国民俗学」成立の結果得られた「民俗」像、およびそこから見透かせる「日本」像は、小熊英二の言に従えば「戦後の単一民族神話の基本的性格」をなした（小熊『単一民族神話の起源―〈日本人〉の自画像の系譜』新曜社、一九九五年、二三四頁）ということになる。

かような一連の「一国民俗学」批判に対する民俗学からの反論としては、管見の限り、岩本通弥（前出「国際連盟委任統治委員としての柳田国男」）、赤坂憲雄（『一国民俗学を超えて』五柳書院、二〇〇二年）、伊藤幹治（『柳田国男と文化ナショナリズム』岩波書店、二〇〇二年）らの論著があるが、いずれも「一国民俗学」批判を上回るほどのインパクトは与えられていないようだ。ただし、次に引く赤坂の指摘は、同時代の柳田の意図を巧みに掬い上げた傾聴すべき内容を含んでいるといえる。

子安はまた、柳田のいわゆる経世済民の学への志について、それより適切には〝国民国家の真の内発的な形成への志向〟である、という。子安の眼差しはたいへん鋭利に、柳田の学の深みに届いている。わたし自身も、一国民俗学のなかに、「日本」という身体を下方から受肉させていく欲望を幾度となく看て取ってきた。しかし、それは同時に、柳田の抱え込んだ経世済民の志が具体的な形を得て、学の実践へと赴くときには、避けがたく〝国民国家の真の内発的な形成への志向〟として立ち現れざるをえない、時代状況の必然といったものを踏まえてのことだ。経世済民の志は透明な抽象ではなく、どこまでも実践を伴う具体であった。そしてそれは、常民であれ国民であれ、いま・ここに生きてある人々に「幸福」をもたらす実践である、と信じられてもいた。柳田は疑いもなく、国民国家の生き死にとともに、みずからの思想や学問を鍛え上げてゆくことを願った人である。そこが子安の批判が逸れてゆく、微妙な分岐をなす地点である。（赤坂、前出『一国民俗学を超えて』二三頁）

しかしながら、子安の「一国民俗学」批判にいち早く応じた赤坂について、子安は「外部からの批判をいささかも斟酌しない」「柳田テクストの占有者による内的読解の正当性」（子安「「一国民俗学」批判とは何であったのか」『理戦』七一、実践社、二〇〇二年、八五頁）をかざすものだとして一蹴する。そしてその筆鋒は、やがて赤坂の標榜する「いくつもの日本」をめぐる言説、つまり「東北学」批判へと向かい、まもなく擱筆となる。

この先行した「一国民俗学」論争については、私は前掲の赤坂の所見を支持したい(3)。なぜなら、柳田は、民俗学として実践していた自らの学的営為が「政治的」であることや、自身が近代という時代の子であったことを自覚していたし（室井、前出「同情と内省の同時代史へ」）、また、彼は自ら言挙げする時は、その影響力が、学者としてではなく、むしろ政治家として発揮されることを望んでいたからである(4)。

子安は、「私のいう政治性とは、柳田の民俗学的言説そのものが、すなわち民俗を語り、常民を語る言説そのものが政治的だという意味である。この民俗といい、常民という柳田による文化的な概念構成そのものが、そしてこれらの文化的概念によって語られる一国的文化の語りそのものが政治的だということである。一国文化を語り出し、一国文化を創り出すその民俗学的な語りそのものが政治的だというのである。それは一国の法体系を創り出すことと同じように政治的だということである」（子安、前出　八七頁）と、しつこいくらいに柳田の「政治性」あるいは「政治的」言説をあげつらい、あたかも「政治的」であることがすべて悪いことであるかのように断じ、これを擁護しようとする論者に対しては、完膚なきまでの痛論を投下する。

だが、こうした見方は、柳田が創始した民俗学という学問が、「民俗」と呼ばれる伝承事象から、その先に透けて見える「何か」を証明することをもって、その目的とするものだという誤解から生じたものだ、と私は考えている。その「何か」とは、「国家」や「国民」、「単一民族」、はたまた天皇制の正当性・合理性といったものが想定されているのであろうが、それらは、言わば結論であり、もしその「何か」を明らかにすることが柳田の学問的目標であったとするならば、「日本民俗学の提供せんとするものは結論では無い」（『先祖の話』『柳田国男全集』十五、筑摩書房、一九四五年、九頁）、「日本民俗学が、常に証明し得られる事実、最も安全なる知識の供出を以て限度とし、結論を後から来る人に委ねようとしているのは、素より学問の性質に由る」（柳田「序」民俗学研究所編『民俗学辞典』東京堂出版、一九五一年、四頁）などと語った彼の言と矛盾する。この点は、どう説明すればよいか。

2　「政治的」は悪行か

結局、民俗学が、例えば文化人類学の自文化研究（最近では anthoropology at home と横文字で呼ばれるケースが増えている）のように、自らが付帯する文化の特質の究明を目指す学問として理解されるがために、如上の誤解や批判を招き、そして矛盾を来たすのではあるまいか。これは次節で述べる民俗学と文化人類学（民族学）との異同の問題にもかかわるのだが、前述したように、柳田が構想した民俗学の究極的な目標は「公民」の養成にあったのであり、文化を語ることそれ自体が目的であったわけではない。しかも、それは普通選挙をまともに機能させ、日本に真の民主主義を確立したいと念じる、柳田の「経世済民」的な使命感に裏付けられたものであった。また、柳田による「一国民俗学」捏造批判の文脈で、しばしば引き合いに出される「国語」をめぐる発言についても、彼が地方語（方言）の綜合から、古にあったであろう同一言語を幻視することで、国民国家「日本」の歴史的正統性を説こうとしていたかの如く言われることがあるが、そうではなく、有権者の側が政治家の垂れる弁舌を十分に聴き取り、その意味内容を理解できるようになるための「標準語」を、土地の言葉とは別に整備する必要性を感じていたに過ぎず、この点もまた、政治言語を正しく理解できることが前提の「公民」を養成するためには不可欠なステップであった。[5] したがって、柳田の民俗学研究というものは、いみじくも子安自身が指摘しているように、「一国の法体系を創り出すことと同じように政治的」（子安、前出「「一国民俗学」批判とは何であったのか」八七頁）な性格を帯びた壮大な事業であったのであり、このことは、柳田自身も「私の勉強は研究的であるとともに、じつはポリティックであり、また国内的であると同時に、国際的であった」（『故郷七十年』『柳田国男全集』二一、筑摩書房、一九五九年、二四五頁）と述べ、自覚している。

やはり「政治的」であることが悪行のように語られる言説の背景には、「民俗」や「文化」、そしてその担い手である民衆は、常に非政治的な存在でなければならず、これらについて柳田が言及することは――つまり「一国民俗学」を云々することは――、それらを政治的に無垢な状態からムリヤリ引っ張り出して瑕疵を与える行為であるとでもいうかの如き、妙な前提があるのではないだろうか。しかし、柳田自身の口から、自ら創始したこの民俗学という学問が「政治的」なものであると言明されている以上、「柳田の民俗学的言説そのものが、すなわち民俗を語り、常民を語る言説そのものが政治的だ」という批判は当たらないのではなかろうか。[6]

3 「一国」とは普通選挙法適用範囲

それでは、「一国民俗学」をぶち上げた柳田の意図は、どこにあったのか。この点について、以下、私見を述べることにしよう。

前述したように、「一国民俗学」と言った場合の「一国」の範域は、北海道を除き、沖縄を含めた現在の日本列島とほぼ重なる。この範域の整除と確定にこそ、これまで柳田の恣意性・政治性・植民地主義的性向が問われてきたわけだが、私は、「一国民俗学」が、普通選挙の意義を十分に発揮させ、日本に民主主義を根付かせるための「公民」養成の方途として構想されたということを顧みた時、柳田が規定した「一国」とは、ごく単純に、〈彼の学問的啓蒙対象としての「常民」〉（室井、前出「「常民」から「公民」へ」）、すなわち普通選挙の有権者が居住する範囲を指すものであったと考えている。つまり、普通選挙法が適用されるテリトリーである。

確かに、当時の帝国日本の版図は、朝鮮半島や台湾、樺太にまで広がり、軍事的・経済的な権益は中国東北部にまで及んでいた。ただし、そうした植民地下の地域では、日本国籍を有する人々（内地人）も現地の人々（外地人）も、参政権は与えられていなかった。ただし、逆に植民地出身者であっても、内地（現在の日本列島の範域）に居住する人々には参政権が与えられており、実際に一九三二年に行なわれた衆議院総選挙では、朝鮮慶尚南道出身の朴春琴が、東京深川を中心とする衆議院東京第四選挙区から民族名で出馬し、当選を果たしている。[7] この意味において、柳田の言う「公民」は、「民族」概念に重合するものではなく、はたまた内地・外地の住民をひっくるめた「皇民」や「臣民」とも同義ではないのである。ここからは、前に引いた「ポリティックであり、また国内的であると同時に、国際的であった」という、民俗学研究に対する柳田の自己評価が想い起されよう。

だが、ここで一つの疑問が生じる。それは、「一国」の範域に、なぜ沖縄は含まれ、北海道は除外されたのかという問題であるが、これも、なぜ柳田が人々に対して「公民」であるべきことを説いたのかということを念頭に置けば、自ずと答えは見えてくる。

4　沖縄の「近さ」

一九二〇年十二月から翌年の二月にかけて、柳田は沖縄へ渡った。これは後に、その印象記が『海南小記』（『柳田国男全集』三、筑摩書房、一九二五年）としてまとめられた最初で最後の沖縄行であるが、ここで柳田が得た知見は、子安宣邦によると「〈やまと〉の古代を映発するものとして遠隔の地沖縄を見出した己れの視点の正しさ」（子安、前出「一国民俗学の成立」三四七頁）であり、また岩本通弥によれば「同じ民族文化的な基調があればこそ、君主は同じ『宗教の力』を利用して、領域支配を可能にしたのだと捉えた点」（岩本「「民族」の認識と日本民俗学の形成—柳田国男の「自民族」理解の推移」篠原徹編『近代日本の他者像と自画像』柏書房、二〇〇一年、二九二頁）であったということになる。この両者の指摘は、後述の理解のために重要であり、留保されたい。

島崎藤村の有名な新体詩「椰子の実」のモティーフとなった、若き日の柳田の逸話を持ち出すまでもなく[8]、彼は生涯最後の著書となる『海上の道』（『柳田国男全集』二一、筑摩書房、一九六一年）に至るまで、日本列島に住まう人々の祖先は、かつて自身が愛知県伊良子岬で目撃した「椰子の実」のように、黒潮の流れに乗って、遠く南方から沖縄を経由して日本本土に辿り着いたという仮説を漠として抱いていたらしい。その仮説を、彼の中で確信へと変える見聞が、（前に引いた子安の指摘にもあるように）件の沖縄行では得られたのであろう。ただし、それはいわゆる日本文化の「祖形」としてのそれではなく、柳田の眼前に事実としてある日本本土と沖縄との類似性、つまり「近さ」である。その「近さ」とは、前述の岩本の言を借りれば、「君主は同じ『宗教の力』を利用して、領域支配を可能にした」という、首里（＝琉球王朝の首都）を中心とした周辺の島々に対する「その政治的文化的な統治の技法」（岩本、前出「『民俗』の認識と日本民俗学の形成」）のあり方が、日本のそれに近似しているということである。

周知のように、十五世紀に沖縄に成立した琉球王国は、中国大陸の明朝との間に朝貢・冊封体制を構築し、近代に至るまでこれを維持した。言うなれば、それは中国に対する事大外交であるが、かような構図は、首里（中心）の琉球王国と、その周辺の島々固有の統治権力との間にも同様に看取された。少なくとも、柳田はそのように理解していた。

所謂君々の機関が王家の制御を受け、俗界の君主が宗教の力を利用し、之に由つて三十六島の統一策を行つたときには、北の方の島々も甘じて其節度を受けて永く渝らなかつた。即ち征服せられたのでは無くして、草木の風に靡くが如く帰服したのである。（前出『海南小記』）

つまり、琉球王国は「宗教の力」を利用した結果、個々独立してあった島々の権力機構は、あたかも「草木の風に靡くが如く」平和裡に、その国家統一事業を受け入れた、とする仮説であるが、それは、沖縄の人々には「宗教の力」、あるいはそれを行使できる「俗界の君主」に対する事大主義的性向があったという見方である。[9] また、琉球王国によって取られてきた対外姿勢の歴史も、柳田は当然認知していた。

柳田は、歴史的・文化的な文脈の中で、価値あるものとして認識される物や人（例えば擬制的親子関係で上位に立つ「親分」や、いわゆる「家柄」など）を、無前提に良き物として是認してしまう、人々の事大主義的性向を問題視し、それが普通選挙における投票行動に反映された場合、その本来的な意義が失われるとして、そうした状況の現出に強い危機感を覚えていた（室井、前出「同情と内省の同時代史へ」）。だからこそ、事大主義に陥ることなく、自律的な思考や判断のできる「公民」を養成することが急務であると考えたのである。この点からみると、日本本土と沖縄は、この「事大主義」が、人々の思考・行動パターンの、ある種の規範になっているという点で共通していると言える。ゆえに、人々をして「公民」たらしめなければならないという柳田の課題は、日本本土と沖縄には共通して存在しており、それは両者が、同じ黒潮のルート上に位置しているがために見られる事象である蓋然性を、柳田は発見したのではなかろうか。したがって、私は、「一国民俗学」の「一国」の範域に沖縄が組み込まれた理由も、一つには、この「事大主義」という共通した課題の存在にあったと考えている。

5　北海道／アイヌ言説は「排除」ではない

次に、北海道が、その範域から除外された理由を考えてみたいが、遺憾ながら、その理由に迫り得る柳田の明確な言説に、私は接することができなかった。以下はまったくの私見となるが、柳田は、前近代まで北海道の文化を育んできたアイヌの人々から、彼の最大の学問的な主題であったと言っていい「島国性と事大主義」（神島二郎『政治をみる眼』NHKブックス、一九九一年、五六頁）を看取しておらず、したがって、アイヌが「島国性と事大主義」を付帯した日本本土および沖縄に住む人々とは、まったく別の思考体系・文化体系をもつ人々であったがために、その主たる居住域である北海道を「一国」から除外したということは推測できるのではなかろうか。つまり、沖縄とは異なり、北海道からは、彼はその最大の課題を抽出することができなかったというわけである。

とはいえ、当初からアイヌが柳田の関心対象外であったわけでは必ずしもない。『遠野物語』の初版では、遠野の地名にアイヌの生活の痕跡を認めているし、例の『海南小記』においても、沖縄独特の風習をアイヌ文化との比較の中から論じた記述が散見される。だが、明らかな点は、「一国民俗学」の成立をもって、柳田の中からアイヌに関する言及がなくなることである。この点について、赤坂憲雄は「昭和三、四年という段階に、たいへん鮮やかな断層があった」（赤坂『柳田国男の読み方―もうひとつの民俗学は可能か』ちくま新書、一九九四年、一九二頁）とし、そして「山人への訣れに続いたアイヌ文化への厳しい訣れは、昭和三、四年という、ほかならぬ稲と常民と祖霊が三位一体をなす『民俗学』への出立のときに果たされた」（同上　二〇三頁）と述べている。まさに卓見であり、その指摘にあるように、柳田は東北地方におけるアイヌ文化の痕跡を執拗に修正しようとしていることは事実なのだが[10]、なぜ「一国」から北海道が除かれたのかという点に対する答えは、そこにはないのである。私の仮説は、前述したように、柳田は、北海道の文化が全体としてアイヌによって育まれてきているがために、彼が解きたい「島国性と事大主義」という課題を、そこからは見出せないと考えていた、ということである。

別な見方をすれば、柳田は「一国民俗学」を構築する過程で、北海道や、その他の植民地統治下にあった地域を捨象・無視したのではなく、それらの文化的独自性を認めたということも、あるいは可能なのではなかろうか。また沖縄に関しては、柳田が「琉球が日本と対峙する主権国であり、国王が存在し、行政・裁判・外交を行なっていたことを、そして、琉球の考古学的資料も言語も文物も宗教も、日本の影響だけで成立したのではないことを、すべて無視し続けた」（原田禹雄『琉球と中国―忘れられた冊封使』吉川弘文館、二〇〇三年、七頁）とする見解もあるが、柳田の関心は、それよりも前述の「近さ」に置かれていたのであり、前掲の引用文を見ても明らかなように、彼は琉球王国の成立過程における政治史的事項に関しても、かなり注意を払っており、如上の批判は当たらないと思われる。

二 民俗学と文化人類学の異同

「一国民俗学」を捉え直すにあたり、もう一つ議論しておきたいことは、民俗学と文化人類学（民族学）は、対象が自文化か異文化かの差があるだけで、目指すところは同じではないか、という議論についてである。

近年でも、「人類学・民俗学を区別する必要はない」（小松和彦「ポストモダンの時代の壮大な物語構想を」『民俗学がわかる。』AERAmook 三二、朝日新聞社、一九九七年、一一〇頁）という主張を目にすることがあるが、後述するように、この種の議論は、柳田在世時の、民俗学が未だアカデミズムの中にその足場をもっていなかった時期から繰り返し行なわれてきた。私自身もそうだが、今日、民俗学専攻者で日本民俗学会と日本文化人類学会に同時に加入しているケースは少なくないであろうし、また、日本学術振興会による研究分野細目も「文化人類学・民俗学」となっているなど、両者に厳密な区別を求める言説に接する機会は、そう多くない。

確かに、小松和彦が述べているように、文化研究において、それが「民俗学であるか、文化人類学であるか、歴史学であるか、などといったラベル張りはどうでもいいこと」（同上 一一三頁）であり、この主張に私も同意するが、少なくとも柳田にとっては、それはどうでもよいことではなかった。実際、この問題は、柳田が「かしこく正しい選挙民」を作るための中央研究センターとして開設した民俗学研究所の閉鎖の一因にもなっているのである。

1 民俗学研究所の解散

民俗学研究所は、一九五七年四月七日に開かれた同研究所代議員会での議決をもって、正式に閉鎖を決定した。事の直接の発端は、前々年の一九五五年十二月四日の民俗学研究所理事・代議員会の席上で柳田自身の口から出た「解散」の二文字であった。これ以降、研究所は、組織の引き継ぎ方法や蔵書の移管をめぐる内部対立、研究所員の身分保障問題といった、ある種の政治臭を醸し出しながら、一気に解散への道を辿っていった。(11)

柳田が民俗学研究所の解散を提起した理由は、その前年の一九五四年十月二日に開催された日本民俗学会第六回年会における石田英一郎の講演「日本民俗学の将来」をめぐる、石田および民俗学研究者たちの態度にあった。件の石田講演の主旨は、今後の民俗学が「広義の人類学と結合する行き方」(石田「日本民俗学の将来―とくに人類学との関係について」日本民俗学会編『日本民俗学』二―四、実業之日本社、一九五五年、四四頁)を取るよう慫慂するものであり、その真意は、当時漸く大学の講座に取り入れられはじめていた文化人類学を念頭に置きつつ、「日本民俗学がこの機会に、もっと積極的に、大学組織の中に進出を試み」、もって「広義の人類学とくに文化人類学の学科課程の中に、その正当な地位を占めることを考えて見られてはどうか」(同上　四七頁)という提案をすることにあった。つまり、石田の主張は、民俗学をアカデミズムの中で権威化させるべきだというものだが、杉本仁によれば、この時「石田の主張を容認するような学問的雰囲気が、すでに日本民俗学会内部に浸透していた」(杉本仁「次代の日本人に」後藤総一郎監修・柳田国男研究会編『柳田国男伝』、三一書房、一九八八年、一〇九一頁)のであり、それは、石田講演への無反論や聴講者の好印象によっても裏付けられるものであった。

柳田の「解散」宣言を直接聞いた関敬吾の回顧譚によると、当日の柳田の発言内容は、概ね以下の通りであったという。

日本民俗学は広義の日本史である。それにもかかわらず、石田の見解に対して批判をあえてするものもなく、民俗学は低調でその発展は心細い。かかる無力な民俗学研究所は解散し、学会の発展に主力を注ぐべしという意味の重大な発言をした。（関「日本民俗学の歴史」『日本民俗学大系』二、平凡社、一九五八年、一三六頁）

これを瞥見する限りでは、柳田の決意は、石田の講演内容と、それに異を唱えることなくすんなりと受容した民俗学研究者たちに対して、不甲斐無さを感じたために惹起されたものだということが了解できよう。つまり、「石田を相手として民俗学の方法を守る弟子を養成できなかったことに対して、柳田の失望はいかばかりであったであろうか。民俗学研究所解散という柳田の一見唐突な対応は、この失望からあらわれた」（鶴見太郎『柳田国男とその弟子たち―民俗学を学ぶマルクス主義者』、人文書院、一九九八年、一九四頁）ということである。ただし、それは一面的な理由であり、その背景には、例えば研究所の厳しい財政事情や、研究所が柳田の私邸に設置されていたことによる、柳田家との葛藤があったことを指摘する向きもあり（杉本、前出「次代の日本人に」一〇九二～一〇九六頁）、当時研究所所員であった井之口章次も「『真実は一つ』という言葉があるが、多くの場合、いくつもの真実がからまり合って事実を形成しているのだと思う」としながらも、研究所が「それでもなお、解散しなければならぬ理由が、柳田家の側にあったはずである」と述べている（井之口「民俗学研究所」牧田茂編『評伝 柳田国男』日本書籍、一九七九年、二五二頁）。

井之口の指摘にもあるように、研究所の閉鎖は、いくつかの要因が絡まり合って出てきた事案には違いない。しかしながら、研究所の基幹的事業であった『総合日本民俗語彙』集が未だ刊行途中であり、柳田が、それを半ば投げ出すかたちで解散を宣言した決定的な理由は、やはり石田講演に対する人々の反応で垣間見えた、民俗学という学問に対する認識の仕方をめぐる、柳田と彼を取り巻く民俗学研究者との間隙にあったといえる。

例えば、柳田は「解散」宣言の約一ヶ月後（一九五六年一月八日）に開かれた第三八二回民俗学研究所談話会において、以後同会には出席しない旨を参加者に告げ、それから程なくして、私邸内の隠居所に引き移った（『別冊柳田国男伝―年譜・書誌・索引』三一書房、一九八八年、八一頁）。こうしたビヘイビアは、石田英一郎に靡いた多くの民俗学研究者に対する柳田の無言の抵抗のようにも看取できる。事実、これを契機に、柳田とその弟子たちとの関係が疎遠になっていったことは、多くの関係者の述懐するところであり、そうした状況を、杉本仁は「晩年の悲劇」と呼んだ（杉本、前出「新しい国学を求めて」一一〇四〜一一一〇頁）。

そうすると、民俗学研究所の「解散」は、あくまでも象徴的な出来事であって、この時期の柳田は、自分が創始した民俗学という学問そのものの将来について、ほとんど絶望に近い感覚を抱いていたのではなかろうか。

2 「一国民俗学」をめぐる膝下の民俗学者の無理解

柳田と石田との間に横たわっていた見解のズレというのは、一言でいえば、民俗学を広義の「歴史学」と捉えるか、それとも「文化人類学」と捉えるかの違いであった。そのズレが、とくに柳田の感情的な臨界点に達して表出したのが、民俗学研究所の「解散」宣言であったといえよう。そこに至るまでの経緯については、鶴見太郎による以下の説明が簡潔で分かりやすい。

人類学研究はヨーロッパの帝国主義が必要とした道具として使われたものであり、研究対象となった文化の担い手が自身の文化に対してみせる姿勢とは、おのずから違う方向へむかった。世界史全体の運動を一つの構図に収めようとする石田の思考様式に対して、実際に眼の前にある確かなものから出発して世界史の方向を示唆する道筋の存在を、柳田は想定していたのであった。言い換えれば、人類文化の法則を定式化しようとする努力の中で見捨てられていくものがあることを、柳田は予感し、それを民俗学であるとした。それは敗戦によって再びもたらされた欧米の「近代」に対しても、その独自性を失わない。それを一個の学問領域として残すことの重さを柳田は石田に対して伝えたかったのではないか。その意味に於いて、柳田は自身の民俗学を固守するために石田の提案を拒否したのではなく、両者の対峙が実りあるものとなることを期待したのである。（鶴見、前出『柳田国男とその弟子たち』一九八頁）

確かに、両者の方法論上の相違から、件の事態を理解しようとすれば、鶴見の説明で十分であろう。だが、例の「解散」宣言以降の柳田のビヘイビアを考えると、昭和初期の柳田と折口信夫との反目のような、対象へのアプローチや資料操作の方法といった学問の技術的なレヴェルの話ではないのではないか。私には、むしろ「柳田は自身の民俗学を固守するために石田の提案を拒否した」としか思えないのである。

というのも、柳田が民俗学の体系化に邁進していた一九三〇年代、すでに民族学という学問分野があることは知られており、加えてそれが、文化人類学や社会人類学を含む謂であるということも、柳田の中では認識されていた[12]。また彼自身、そうした西欧の民族学／文化人類学の研究動向を注視していたことは、今日広く知られた事実である。つまり、柳田が純粋に民族学／文化人類学を志向したのであれば、その通りにできる環境が、すでに同時代には整えられつつあったということである。にもかかわらず、柳田は、それら西欧起源の学問を直訳するのではなく、独自に「一国民俗学」の理論を立ち上げたのは、自分の目指す学問の方向性が、そうした舶来の民族学／文化人類学では断じてなかったことの証左であろう。その背景には、この学問をして、事大主義に陥ることなく自律的な思考・判断のできる「公民」の養成に資さしめたいとする、いわゆる彼の「経世済民」的な意図が働いていた。少なくとも柳田は、そのようなものとして、民俗学の体系化と普及に努めてきた。そして自由な物言いが可能になった戦後には、彼の年来の理念を普通教育の現場で広めるために教科書作りを計画し、その作業の場として民俗学研究所を設置したことは、先行研究の指摘する通りである(13)。

ところが、その研究所の代議員であった石田英一郎が、件の講演を行ない、しかも民俗学研究者の多くが石田の見解に賛意を示したのである。それは、柳田とその他の民俗学徒が、文字どおり「同床異夢」の状態にあったことを露呈するものであった。中には、神島二郎の如く、当時の柳田の志向性をかなり正確に斟酌し、自身もそうありたいと念じる研究者もいたが、彼は他の民俗学者から、一種の嫌がらせを受けていたと、後に証言している(14)。

3　対アカデミズム「事大主義」への落胆

前述したように、柳田が「民俗」の中に見ようとしたことは、常民の大勢順応気質、すなわち事大主義であった。そして、その払拭を、彼は民俗学の究極的な目標に据えた。だから、彼は、主体性のない思考や行動を極度に嫌ったのである。このことは、中野重治の参院選出馬時に見られた民俗学研究者たちの、あの対応を想起すれば十分であろう(15)。それゆえに、石田の発言が柳田の考え方とはまったく異なるにも拘わらず、これに敢然と反論しなかった多くの民俗学研究者の態度は、柳田の眼には、石田に対する「事大主義」そのものであると映じたに違いない。当時の石田の肩書が東京大学東洋文化研究所教授であり、かつ民俗学研究所代議員であったことを考慮すれば、この推測は正しいと思われる(16)。だとすれば、柳田にしてみれば、今まで身銭を削ってまで行なってきた自分の学究活動は、いったい何だったのかと、深い自責の念に駆られたことであろう。それゆえ私は、前述の関敬吾の証言にある「石田の見解に対して批判をあえてするものもなく、民俗学は低調でその発展は心細い」という柳田の言は、そのまま彼の心情を率直に表現したものであったと考えている。

結局、柳田が民俗学に仮託した動機や理念のもっとも重要な部分は、彼の周囲に集まった斯学の研究者によって斟酌されることは、ほとんどなかったといってよい。柳田の言う「民俗学」の個性は、そうした動機や理念を抜きにしては成立し得ないのであり、したがって、その後の民俗学が、文化人類学あるいは歴史学との比較において、その個性を止揚しなくなった、あるいはできなくなったということも、むべなるかなとしか言いようがない。

だが、柳田は、かつての弟子たちとの距離が遠のいた後も、自分一人は、自ら創始した民俗学の理念を確信し、そして、人に対して説くことを止めなかった。彼の人生最後の講演は「民俗学の頽廃を悲しむ」（一九六〇年五月十三日）という衝撃的な演題であったが、これは民俗学研究所の閉鎖から三年後に行なわれたものである。そこでも柳田は、現在なお戦前と変わらぬ「個人の自由と縁のない選挙」が行なわれている現実を指摘し、そうした「日本の昔からの流風で、習俗で、一国の歩むべき道かどうか。世の中を改良する道がないか、吾々の心がけで直せないか」と、聴衆に訴えかけるのである（千葉徳爾「柳田国男の最終公開講演「日本民俗学の退廃を悲しむ」について」『日本民俗学』一九四、日本民俗学会、一九九三年、一五六頁）。当節の柳田の現状認識は、「今日流行の民俗学は奇談・珍談に走りすぎる」（同上　一五八頁）というものであった。つまり、柳田は最後の最後まで、民俗学を「公民」養成を目的とした「政治教育」の方途として考えていたのである。

おわりに

こうして見てくると、「一国民俗学」もまた、「政治教育」＝「公民」養成論としての民俗学が練り上げられてゆく過程で出てきたパラダイムであり、その「一国」という、一見排外主義的にみえる字句もまた、そうした柳田の学問的実践の場として想定されたものだと捉えることはできないであろうか。つまり、「一国民俗学」という語それ自体から、何やら危険性や胡散臭さを看取し、あるいは同質性志向や異質性排除といった民族純化主義的な属性を連想してしまうのも、この学問を、その対象となる「民俗」そのものの「何か」を導き出すことを目指すものだと捉えるからで、そうではなく、これを「政治教育」＝「公民」養成のための一つの枠組みであったと捉えるならば、私はそれなりの正当性があったと考える。

そうであるなら、今までの柳田民俗学批判、とりわけ「一国民俗学」批判とは、いったい何であったのか。それは、〈ポスト・コロニアリズムというグローバルな知的潮流への流行的便乗〉の一言に尽きるであろう。このことは、一連の批判者たちの言説の中には、柳田の社会構想とも言うべき「経世済民」的な志向性がいささかも考慮されておらず、加えて川村湊のように、学史に関わる基本的な事項の勘違いさえ見受けられることに如実にあらわれている。直言すれば、それは批判のための批判であり、柳田やその思想・学問が総体としてどのようなものであったのかは描かれておらず、描かれているのは、対外的／国内的とを問わず植民地主義を体現した極悪人という、恐ろしく歪曲された人物像である。

柳田の唱えた「一国民俗学」が、本当に「想像の共同体」日本の構築作業であったとするならば、なにゆえ同時代に、例えば山口麻太郎のように地域の個性を尊重した「郷土学」的民俗学が提起されたのであろうか[17]。あるいはまた、「一国民俗学」の構築過程で、「一国」レヴェルでの比較・綜合に資さない民俗資料は、果たして顧みられなくなったのであろうか。事実は逆で、その後も民俗学は、傍目には枝葉末節にしか見えないような些細な民俗事象をも掬い上げ続け、それらに対する旺盛な検討を施してきた。また、柳田民俗学の継承者たちが、全国的な資料比較を前提とするのではなく、むしろ画地的な調査を実施することで、多くの成果を上げてきたことは、今さら贅言するまでもない。「現在」という特権的な位置から、「過去」を一方的に叩きのめして自己正当化を図ろうとする態度は、百歩譲っても健全であるとは言えない。必要なのは、「一国民俗学」をめぐる思想状況を同時代的な観点から冷静に相対化し、その上で自律的に「一国」を超えてゆこうとする矜持であろう。

《註》

（1）村井紀による「南島イデオロギー」批判は、あまりにも有名であるため、ここで再説するのも憚られるが、要点をかいつまんで示すと、それは柳田が、沖縄と日本本土とが歴史的・文化的に同一であるとする、いわば「単一日本文化論」の根拠として「南島」というイデオロギーを創出し、衆目を「南島」ひいては日本本土に向けさせることで、かつて法制局参事官として日韓併合の法案作成（すなわち日本の植民地政策）に関与した事実を隠蔽しようとした、というものである。この村井の論旨については、まず岩本通弥が「その論拠は薄弱で、穿ち過ぎの小説だといって過言でなく、具体的に列挙される論拠は、憶測を含んだものばかりで、一つ一つほとんど反証できる」（岩本、前出「国際連盟委任統治委員としての柳田国男」二五頁）と批判し、また近年では、渡邊欣雄が「南島」という物言いが決して柳田のオリジナルではなかったことを論証しつつ、却って村井の言説が柳田在世時の「沖縄人による沖縄研究」を無視する結果を招来させていることを指摘し、「恐ろしいことに、『民俗学』とは何かさえ村井は知らない。日本で言う『民俗学』とは『現地人による現地の研究』をいうのであり、だから柳田は文字通り南島において、初期、現地人の現地研究を勧めて来た。にもかかわらず村井は、同時代的に並存した『日本植民地主義』『民俗学の形成』『政治家＝柳田国男』などのキイワードを、自身の頭の中で関連付けて『南島イデオロギー』なるものを捏造しており、だから村井の議論は虚構にすぎない。村井自身、柳田の当時の日本植民地主義への関与を示す言説を、ほとんど引用し例証していない」（渡邊「『南島イデオロギーの発生』批判―南島研究を中心に」『民俗文化研究』八、民俗文化研究所、二〇〇七年、一六四頁）と反論する。なお、約十二年に及んだ柳田の法制局勤務の職務実態は、そのほとんどが兼任内閣書記官室記録課長としての「内閣文庫」の管理責任者、および兼任宮内書記官としての皇室関係法令の作成並びに研究であったことは、近年の山下紘一郎の研究（『神樹と巫女と天皇―初期柳田国男を読み解く』梟社、二〇〇九年）をみれば一目瞭然であり、管見の限り、柳田がたとえ職務であっても、植民地政策に直接関与したことを示す事実は、現在まで確認されていない。

（2）柳田を「ボケ老人」（川村、前出『大東亜民俗学の虚実』一九八頁）呼ばわりする川村の論理展開は見込み捜査的で、川村の言う民俗学「内部」の人間である私からみると、その論調は、民俗学もしくは民俗学研究者に対して私怨でも抱いているのではないかとさえ勘繰りたくなるほどの性悪説に彩られている。加えて川村は、いわゆる「大東亜民俗学」について、「柳田国男が構想したいのは、あくまでも各地域（満州・朝鮮・台湾＝室井注）に自立した方法論と主題と課題とを持った『民俗学』が成立するということではなく、日本という中心から放射状に広がる民俗学の研究の輪、すなわち東京の柳田国男邸に置かれた民俗学研究所を文字どおりのセンター（中心）として、日本の津々浦々の地元研究家、教員、好事家などを組織して、中央―周縁をつなぐネットワークを作り上げようという『日本民俗学』に近いものだった」（同上　九〜一〇頁）と述べているが、民俗学研究所の設置は戦後の話であり、これを柳田が植民地主義民俗学のセンターにしようとしたという仮説は、文字どおり本末転倒である（その設置目的については、本稿注（13）を見よ）。こうした「柳田国男の言葉を意地悪く受け止めれば」（同上　一〇頁）という姿勢が全編にわたって感じられる本書の内容に対しては、川村が件の「大東亜圏民俗学」あるいは植民地主義民俗学の被害者の一つとして見立てた台湾のネイティブ研究者自身から、近年批判の声が上がっている（邱淑珍「柳田国男と台湾民俗学」『国文学解釈と鑑賞』七二―十一、至文堂、二〇〇七年。呉密察「『民俗台湾』発刊の時代背景とその性質」藤井省三・黄英哲・垂水千恵編『台湾の「大東亜戦争」―文学・メディア・文化』東京大学出版会、二〇〇二年）。川村は、そうした声に誠実に答えるべきであろう。

（3）ただし、それは赤坂の「いくつもの日本」「東北学」の志向性を支持するということではない。子安宣邦は、赤坂の主張する「いくつもの日本」「東北学」を「うさんくさい」と斬って捨てたが（子安、前出「「一国民俗学」批判とは何であったのか」七一頁）、この点については、私は子安に同調する。赤坂の結論ありきの恣意的な論法をめぐっては、拙稿（「『遠野物語』をめぐる〝神話〟の構築過程―その民俗学史的評価へ向けての予備的考察」『総研大・文化科学研究』四、総合研究大学院大学文化科学研究科、二〇〇八年、一〇五頁）において指摘しておいたので、参照されたい。

（4）柳田の高弟として知られる橋浦泰雄によると、柳田は橋浦に対して次のように述べたという。「民俗学は幸福をねがう学問だけれども、この学問の結論を常民に対して直接具体化していくのは、専ら政治家の任務である。かりに学会員が研究の結果を具体化するとしても、その場合は学徒としてではなく、政治家として行なうのであって、その責任を負わねばならぬ」（橋浦「連載インタビュー・柳田国男との出会い」『季刊柳田国男研究』二、白鯨社、一九七三年、一一五頁）。

（5）拙稿（前出「柳田国男と教育基本法」）を参照。

（6）そもそも、第三者が文化について語ることは、総じて何らかの政治性が伴うものであろう。近年、子安は、いわゆる靖国問題をめぐってテレビの討論番組にも出演しているが、これは「政治的」な行為ではないのであろうか。あるいは「政治的」であっても、自分に関しては許されるということなのであろうか。

（7）朴春琴の総選挙出馬の背景と、当選に至るまでの経緯については、小熊英二の論考（小熊「朝鮮生まれの日本人―朝鮮人衆議院議員・朴春琴」在日朝鮮人研究会編『コリアン・マイノリティ研究』一、新幹社、一九九八年）、および李武嘉也の著書（『選挙違反の歴史―ウラからみた日本の一〇〇年』吉川弘文館、二〇〇七年、一三五〜一三七頁）において詳しく論じられている。

朴はもちろん、朝鮮出身者からの得票のみで当選できたわけではない。

（8）柳田は東京帝国大学在学中の一八九八年八月、愛知県渥美半島の伊良子岬に約一ヶ月間滞在した。その間、付近を散歩中に、海岸に漂着している椰子の実を目撃し、後日、そのことを友人の島崎藤村に伝えた。この話をもとに創作されたのが、藤村の詩作のうち、今日もっとも人口に膾炙していると思われる新体詩「椰子の実」である。この間の経緯について、後年柳田は「東京へ帰つてから、そのころ島崎藤村が近所に住んでたものだから、帰つて来るなり直ぐ私はその話をした。そしたら『君、その話を僕に呉れ給へよ、誰にも云はずに呉れ給へ』といふことになった」（前出『故郷七十年』全集、三四一頁）と述懐している。

（9）予め断わっておくが、為政者の施政方針が事大主義であったとしても、それが沖縄の人々の思考法そのものを表象するというわけではない。この点については、「『琉球国』という『小王国』も『事大主義』の国であったかのように自嘲的にいった人もあったように記憶する。仮りにそんな傾向があったとしても、それは、その時代の為政者の外交方針で、一般人民とはかかわりないことである」、「『事大』というコトバも、外部から『御前の国は「事大」の誠をつくして甚だけっこうだ』とほめられたり『事大は保身・護国の術だからそうしなさい』と強くかんこくされたことはあるが、自分で事大を主義などといったわけではない」（仲原「事大主義」『仲原善忠全集』三、沖縄タイムス社、一九七八年、五二四頁）とする意見もある。一方、沖縄出身の民俗学者・伊波普猷は、「事大主義」という用語が未だ一般へと普及していなかった大正末期に、すでに故郷沖縄の〝県民性〟を表す語として「事大主義」を用いていることから（伊波「支那の動乱と琉球の態度—事大主義の三変遷」『琉球古今記』一九二六年、『伊波普猷全集』七、平凡社、一九七五年、二六三頁）、あるいは沖縄に冠された「事大主義」は、沖縄人自身による自己表象であった可能性も捨て切れない。いずれにせよ、ここで問題としたいのは、そのことの当否ではなく、柳田は沖縄の歴史の中に、事大主義的性向を看取した蓋然性があるという事実である。

（10）この点については、赤坂憲雄の説明がもっとも説得的である（赤坂、前出『柳田国男の読み方』一九二〜二〇三頁）。それは、主に東北地方北部に色濃く伝承されている「オシラサマ」信仰について、柳田は、これを当初アイヌの神の残滓と見ていたにも拘わらず、一九三〇年前後になると、「日本」の固有信仰の地方的位相として再認識した、という理解である。

（11）民俗学研究所解散までの経緯および当時の関係者の反応については、杉本仁の論考「次代の日本人に」（後藤総一郎監修・柳田国男研究会編『柳田国男伝』三一書房、一九八八年）に詳しい。

（12）詳しくは、柳田国男『民間伝承論』（『民間伝承論』一九三四年、『柳田国男全集』八、筑摩書房、一九九八年）の第一章「一国民俗学」および第二章「殊俗誌の新使命」を参照。

（13）柳田が自宅に民俗学研究所を設置したのは、枢密顧問官在任中の一九四七年三月十三日であった。谷川彰英によると、この研究所設立の主な理由は「（1）民俗学はまだ若く中途であること、（2）間口が広過ぎて、綜合が容易でないこと、（3）目下世の中の要求が差し迫っていること」の三点であり、「ここでいう三番目の『世の中の要求』とは、実は当時新設されることになっていた『社会科』という教科であった。つまり、柳田は社会科という学校の一教科のために、自宅に民俗学研究所を設けたことになる」（谷川『柳田国男と社会科教育』三省堂、一九八八年、三六頁）と述べている。ただし、彼が新時代の要請を感得して件の中央機関の設置を思い立ったであろうことは首肯できるが、社会科ひとつのためだけであれば「社会科教育研究所」でもよかったはずで、やはり社会の要請に応えるための機関に「民俗学」の名を冠したことは、その目的が、広く国語科をも含めた「公民」養成教育に資する民俗学の確立にあったと解する方が自然である。

（14）当時の神島は、民俗学の「方法論の確立」が急務と考えていた研究者であったが、その主張をめぐって、和歌森太郎ら歴史学系の民俗学研究者らは、神島を「おしつぶそう」としたといい、それ以降、彼は「民俗学プロパーからは遠ざかった」と回顧している（神島「「民俗学の方法」をめぐって」『和歌森太郎著作集』九、弘文堂、一九八一年、四五三〜四五九頁）。

（15）一九四七年四月、柳田と師弟関係にあった作家・中野重治が共産党公認候補として参議院議員選挙に立候補した際、柳田は筑摩書房編集者の臼井吉見の要請により中野の推薦人となったが、その折、地方の郷土研究家の中には、自分は共産党は好まないが柳田の名があるので投票した者がいたという（大藤時彦『日本民俗学史話』筑摩書房、一九七三年、二三頁）。これを受け、柳田はその後、選挙への協力・関与は一切おこなわなくなったが、その真意は、彼の周囲が相も変わらず「事大主義」的な性向を示していることに対する嫌気にあったと思われる（室井、前出「柳田国男と教育基本法」）。

（16）杉本仁によると、「外国理論に疎かった『地方の民俗研究者』にとって、石田をはじめとする横文字を扱う民族学者・文化人類学者が、批判を許さない柳田国男とは別な『権威』として出現したと感じたことは間違いあるまい。以後、石田をはじめとするアカデミズムにあった民族学・文化人類学者は『地方の研究者』には批判を許さない『権威者』として浸潤することになった」（杉本仁「切り捨てられた「野の学」─戦後の日本民俗学論争（一九四五〜五八）」柳田国男研究会編『柳田国男・同時代史としての「民俗学」』、岩田書院、二〇〇七年、二五七頁）という。

（17）山口麻太郎の研究とその意義については、拙稿（「「個人」を育む民俗学─山口麻太郎における「政治教育」の実践とその意義をめぐって」『日本民俗学』二五二、日本民俗学会、二〇〇七年）を参照。

稲作民、あるいは日本人としての先住民の「発見」

――続・柳田国男『山の人生』について

影山　正美

はじめに

私は『柳田国男研究年報4』（二〇〇五年）において、次のような指摘をした。柳田の民俗学は、明治四十一年に九州の日向で遭遇した山神祭文が出発点にあった。以降、問題意識の底流に脈々とあり、大正十五年の佐々木喜善『東奥異聞』に載った第二の山神祭文と出会ったとき、祭文の読み方が大きく変わったと。

前稿では神格が男性から女性へと移った点を主に論じたが、神格の変化は山神問題のほんの表面にすぎず、その深部に柳田の民族認識もしくは民族史（歴史）認識の根幹とかかわる、きわめて重大な問題を孕むという事実に突き当たった。本稿は続編として、そのテーマを掘り下げる。

「先住民（山人）」がいかなる「種族」群であったのか。柳田が「無限の興味」（「山人考」）を表明することはあっても、断定的に説明したことはなかったのではないか。[1]「もとより大正六年やそこいらに、成績を発表する所存をもって、取掛かったものではありませぬ」（「山人考」）とも述べる。記紀以前の時代に属するゆえ、実態解明がきわめて難しかったからである。だが、柳田はその困難な課題に挑戦し続けた。生涯を通じて解明を試みたテーマのなかに、先住民（山人、国津神）問題が確たる座を占めていた。なんとなれば、「日本人」像や民族史を描き出すうえで、ぜひとも解き明かさなければならない疑問だったからである。

柳田の民族（民族史）観として、日本人が多様な「種族」の混成であるとの認識は一貫する。(2) となれば、最初の渡来民が上陸し、「種族」混成が始まる起点が大問題となろう。起点は新旧「種族」の出会いであると同時に、列島を舞台に展開する民族史解明の鍵となる。先住「種族」の中に稲作要素が有りや否や。柳田にとっての先住民とは字義通りの「先に住した民」であって、けっして明瞭な存在ではない。先住民認識の在り様は自己認識の在り様を、そして民族（民俗）学の在り様を決定付ける。民族史の起点つまり先住の「種族」に関して相応の確信を得るまで、体系化に向かって踏み出せなかったのは当然である。模索時代とその後を比較して「転換」や「転向」を論じるのは、あまりにも「同情」のない論評法と言えまいか。

個々の先住「種族」のいずれもが非稲作民である。そして、その地に南方から稲作民が入り込んで来た。これが首尾一貫する柳田の仮説である。稲作民を新参と認識する以上、先住民が非稲作民であるのは論理的である。前述の民族認識と矛盾するようだが、ただ資料不足から境界が見えないだけであった。譬えれば、境界とは「あたかも北海の霧が寒暖二種の潮流の遭遇から生ずるように、文化の水準を異にした二つの部曲の、新たなる接触面に沿うて現れやすい」のである。(3) ところが、ある時期に先住「種族」の中に存在する稲作分子に気付いた。換言すれば、稲作民を「発見」したのである。変化の現象面だけをとらえれば、非稲作民から稲作民へと大逆転した。まさに「転向」であり「訣別」である。だが、そうした読み取りは柳田の相対主義的手法を理解しないところからくる行き違いだろう。伝承資料を扱う人文科学においても「発見」という事態が起こり得る。周知のごとく伝承世界にはクロノジカルな時間軸がない。そのため、眼前に残る資料の類型化とそれらの比較を通じて、仮説的な前後関係を求め、現在から過去へと遡及的に歴史を紡ぎ出していく。柳田の方法は相対主義を特徴とするが、弱点を承知しておく必要があろう。その一つは、どこまでも遠い過去に遡って行けるというものではなく、やはり限界がある。遡れば遡るほど残存資料は断片的となり見極めが難しくなる。民族史の起点の解明などは、難題中の難題と言える。弱点の二つは、一片の民俗資料は部分にすぎず、全体を語らせることはできない。同時に矛盾するようだが、新たな資料（部分）の追加によっては容易に全体の位相変化が起こり得る。従前の解釈が変わり、歴史像が逆転するケースがある。場合によっては、たった一点の資料（部分）追加が、認識の全体の変化を引き起こすことがある。本稿で使う「発見」とは、この変化を指す。山神の神格問題や先住民認識の転換などは典型である。

こうした弱点を抱えるゆえに早計な結論を避け、徹底して「事実」を重んじる学風となる。その結果、難解とされ多様な読解を成立せしめることにもなるのであろう。

一　山神祭文と記紀神話――日本人の探求

転機は大正十五年の、おそらく三月下旬から四月上旬にかけてのことと思われる(4)。それまでの柳田の先住民認識・歴史認識がひっくり返った。山神が子を産むという第二の山神祭文と遭遇したのである。柳田が「飛び上がるほど驚いた(5)」「大発見(6)」と表現した出会いであった。この最上級の驚きの核心は、いったい何か。私はこの疑問を解くべく、柳田の著作を読み込んだ。その一端をまとめたのが、先の「柳田国男『山の人生』について――いわゆる「転換期」の作品として、どんな読み方が可能か」である。問題の片鱗が山神の神格にあった点までは気付いたものの、その先はほとんど見えていなかった。尋常ならぬ表現からして、柳田民俗学の根幹にかかわる問題であろうことは予想していた。しかし、正直なところ驚きの核心までは遠く及ばず、前稿では「山人たちの信仰を土台とした『固有信仰』論の展開が可能となってくる」と書くのが精一杯であった。

柳田を飛び上がらせた震源は、その後の著作に間違いなく反映されている。引き続き『山の人生』の最終章をはじめとした、「転換」直後の作品を読む作業を繰り返した。その結果、ひとつの仮定がおぼろげながら見えてきた。それは、先住「種族」群の中に稲作民を「発見」した。これまで蓄積された先行研究を逆なでする仮定となるが、衝撃の大きさが尋常でなかった点からしても、そう受け止めるのが最も自然な理解との結論に至ったのである。

そもそも、柳田は日向で遭遇した第一の山神祭文をどう受け止めたのか(7)。柳田の民俗学の出発点にあるだけに確認しておく必要があろう。だが、明快な説明を意識的に避ける柳田ゆえ、その真意を摑み出すのは容易ではない。論拠不充分との批判を覚悟で推定すれば、記紀にある山彦海彦神話を重ねていたのではないか。山神祭文を伝える民たちが、稲作を携えて上陸した最初期の民と柳田は考えた。これが本稿の推定であり展開の出発点となる。こうした歴史認識の背景に、当時の教科書的な「常識」であった日向朝廷と神武東征史観が横たわっており、柳田の歴史観にも強く影響していたと推測するのである(8)。

柳田の仮定を概述すれば、以下の通りである。日向の山村に暮らす人々は最初に上陸した民の後裔である。彼らはもともと海民（海人）であったが、その一部が山中に入り込んで山民（猟人）となった。山彦海彦神話とは展開をやや異にするが、神の出産や恩寵・懲罰を語るモチーフは近似する。何よりも椎葉が高千穂を連想させる山村で、しかも途中で鵜戸神宮に立ち寄った事実は示唆的である。鵜戸での感想を「海童の宮近し」と記した(9)。柳田は日向の山村に伝わる祭文に接したとき、海民たちが新しい環境に入り込んだ瞬間の心理に共鳴・同情したのではなかったか。時空をワープするような人間的で感性的な対象把握が柳田の特徴である。一見したところ主観的で非科学的な認識方法にも思えるが、「畏怖」を人間の普遍的な心理として措定する。未開地や先住民たちへの「畏怖」を人間生活（人生）の動力と見る。「畏怖」を核に種々の「誤りや戯れ」がまとわりつき、伝説や宗教などの民俗事象が形成されるとする、きわめて合理的で科学的な発想を根底に持っていた[10]。

新しい土地に踏み入った新住民たちの間に、最初に発生した民俗事象がいわゆる山神であった。柳田は椎葉の山神祭文に神話の素朴で、うぶな姿を感じ取った。山神祭文に神話の山島的な展開を見たのではなかったか。柳田は最初の上陸地、いわゆる「高天が原」に始まり現代に至る民族史に魅せられ、その探求に乗り出した。民間に伝わる神話（山神祭文）の読み解きは、既成の史学とはまったく違った手法で歴史を紡ぐ営為である。これが後に「新しい史学」、いわゆる柳田民俗学となって結実する。山神は空間的には新住民と先住民の境界にあって、時間的には民族史の紀元となる。だからこそ柳田にとって、新参者上陸の瞬間に生じた山神信仰が学問の底流に流れる問題意識ともなり得るのである。柳田は、『後狩詞記』（明治四十二年）の「序」で「私はまだ山の神とは如何なる神であるかを知らない」と率直に語っていた。「山の神」は、柳田民俗学を語る際の決定的なキーワードなのである。

こうした前提と認識に立てば、移住（上陸）の時と場所とが歴史、つまり「種族」混成から成る民族史の起点となる。いかなる史観に立とうとも、歴史学は時間軸を分節しなければ成立し得ない。仮説的な定点（紀元）を設け、それ以後と以前とに分けるのが最も素朴な方法であろう。上陸（移住）をもって時間を区切る発想は科学的・学問的な手法と言える。いずれからかの渡来となれば、最初の上陸地つまり「高天が原」が仮定できる。上陸後、山中に入り込んだ狩猟民（海人の後裔）が伝え残した山神祭文は、いたって貴重な資料となる。『後狩詞記』「序」にある「此筋より求入らば更に面白き発見あるべき也」を、こうした文脈で読むと柳田の問題意識の輪郭が徐々に見えて来よう。

最初の遭遇が日向であったのは、実に意味深長である。いわゆる「高天が原」問題が見え隠れする。柳田がその所在を探っていたと推定する根拠のひとつとなる。当時の人類学会では大陸渡来説が主流だったことを考えれば、柳田の南方渡来説は異色であったろう。記紀の記述は文献としては最古で、開闢関連としては無二に等しい。ゆえにその持つ意味は絶大である。民俗資料に対する認識が未確立の時代であれば、なおさらであったろう。柳田といえども資料的な制約を脱しきれなかったのは言うまでもない。柳田の民族史は地理的にも学問的にも九州の日向から出発した。だが、既成史学が描き出した歴史像から出発しつつも、柳田は独自の関心と手法でもって別途の史学を追い求めた。大正期にはフレーザー民族学を意欲的に吸収し、「新しい史学」の構築に向かって模索は続いた。

二　東北出羽の祭文が意味すること――日本人の発見

ところが大正の末期、同一系統の祭文が東北の出羽で発見された。伝承者はマタギを称する狩猟民であったが、この事実から柳田が何を読み取ったのか。「飛び上がるほど驚いた」と言わしめた理由はそこに潜む。山神祭文が東北地方から出たことが、計り知れないほど重い意味を持ったと思われる。西日本もしくは関東地方からであれば、驚きは比較にならないほど小さかったに違いない。理解を深めるためにも、柳田の東北認識を確認しておきたい。

柳田は東北文化の枠組として先住のアイヌを想定していた。アイヌ語地名が多い事実やその位置からしても自然な理解と言える。ある時期まで、オシラ神やイタコをアイヌ文化ととらえていたことは著作からもうかがえる。(11) マタギに関しても、おそらくアイヌ系の狩猟民と予想していた。東北地方は空間的には南方文化と北方文化とがせめぎ合う地域であり、時間軸に変換すれば民族史における最近世史（最も近い世）を構成する。同時に今に残る昔（古代や中世）を多く残す[12]。南方「種族」の渡来と北上を仮定する柳田にとって、民族史解明のための格好のフィールドであったと言えまいか。稲作北限地域に民族の歴史が凝縮されている。日本人の歴史（民族史）を描くうえで、柳田にとって東北は西日本よりもはるかに重い意味を持っていたのである。

その東北の地で、日向と同一系統の山神祭文が報告された。これによって、柳田の東北認識が大きく変わった。要点を整理すれば、以下の通りである。第一は、鍔目が合わず居座りの悪かった女神の出産モチーフが遠方間で一致した。この小さな事実が驚きの出発点となる。交流が想定できない遠方間の一致となれば広範に分布し、しかも古い時代に遡る信仰と予想できる。つまり、先行する土着民たちが共有した信仰と考えるのが理にかなう。「山神が女性であって子を産む」という信仰が山神祭文に先行して存在し、後に狩猟民に取り込まれたとする解釈が成立する。第二に、何と言っても「山神が女性であって子を産む」信仰は豊穣信仰であり、その保持者は農耕民以外に考えられない。最初期の移住民と想定していた狩猟民（海人の後裔）であったが、それに先行する農耕民が存在した。その農耕の民こそが稲を携えて移住し来たった最初期の日本人である。ここに至って、柳田は日本人および民族史の起点を発見したのである。この点が驚きの核心であったろう。柳田が「大手柄[13]」と喜んだ理由でもある。そして、第三は結局のところ日向地方ばかりでなく、奥羽地方にも南方系の稲作民が早くから上陸していた。稲作民の移入ルートは多岐で、日向を初発とする発想（歴史観・民族観）が見直されることになったのである。

早くから、雪国にまで移住・定着し稲作を営む「種族」が存在した。この先住の民こそが日本人の先祖である。柳田は、先住「種族」の中に稲作民の存在を確証した。これによって、稲作文化を基底に持つ「日本」の領域は東北地方までと定まり、それまで「畏怖」の対象であった先住「種族」は稲作民の末裔へと位相を移した。「一国民俗学」の対象と領域が確定することになったが、いっぽうで民族の構成や民族史形成におけるアイヌ的な要素は大きく後退することになった[14]。何よりも重要なのは、最初期の移住民と仮定していた海人（狩猟民）が併行するように位相を変えた点である。後発の移住民、つまり「第二の移住民」となった[15]。柳田民俗学の形成において決定的な意味を持ったのは、北方系のアイヌと言うよりも南方系の海人の位相変化ではなかったか。海人を最初期の上陸民とした大前提は完全に退けられ、「山神が女性であって子を産む」信仰が山神祭文に先行する古い信仰として位置付いたのである。

海人を稲作技術の保持者もしくは「米食人種[16]」と見ることはできても、強烈な農神信仰を伴う稲作民とするには疑義が残ろう。日向の山神祭文にうぶな神話を感じ取った柳田であったが、「大発見」によって祭文よりもさらに古い信仰や社会の存在に確信を深めた。「飛び上がるほど驚いた」のは、それが最初期の農耕民のものであったからではなかったか[17]。出羽の祭文は、精神文化（信仰）まで含めたという意味において純然たる稲作民としての、しかも最初期の日本人を東北の地に発見せしめたのである。これによって、柳田民俗学は定住稲作民（常民）を中心に据え体系化へのスピードをいっきに加速させた。こうした変化を「訣別」や「転向」と説く向きが強かったが、実相は先住民認識の深化であったと提言したい。

日向と出羽とのわずか二点の資料から、「山神が女性であって子を産む」信仰が先住民（相対的先住民）の信仰であり、遥か古い時代から東北地方にまで稲作が持ち運ばれていたことが判明した。誤解してはならないのは、東北地方の先住民が非稲作民のアイヌであるという仮定が間違っていたというのではない。東北地方の時間軸が組み直され、アイヌと先住稲作民との境界線が押し上げられたのである。これ以降、柳田の関心は紀元より彼方へは向かず、現代へと逆流する。その理由の一つは、椎葉訪問以来の難題であった山神祭文の解答を得たからにほかならない。稲を携えて移入し来たった最初期の日本人の一群を捕らえたわけであるから、所期の目的を達したのである。理由の二つは、柳田の関心は絶えず社会に向いており、民族史の解明を唯一の目的としてはいなかった。民族史の解明は社会問題の原因を手繰るための手段にすぎない。原因を過去に遡って求めるのは、柳田が常套とする分析法である。柳田の目的は農村（小農）問題の解決にあり、そのために問題発生の淵源を見極めようとした。民族史の淵源（起源）をたどるプロセスと社会問題の起源を探るプロセスとは重なる。柳田は、農村（小農）問題の起源を稲作民たちの列島定住にまで遡り、後世の日本社会が孕む問題群の起点を摑み出し、社会転成の法則性の推考を可能にしたのである。「大発見」は柳田の民族（日本人）認識を揺さぶっただけでなく、社会観を大きく書き換えた。稲作民の移住様態に関して単系的で征服的な東遷北上説が見直され、小規模で多系的・平和的な移住観へ位相を変えた[18]。この変化も小さいようだが、根っこは深くて大きい。神武東征史観からの完全なる離脱を意味しよう。「訣別」を説くのであれば、むしろこの点に目を向けるべきではなかったか。いわゆる「後期柳田」において、移住や漂泊の視点が後退し定着農耕民が強調されるのは、大胆な言い方をすれば神武東征史観（国史）からの「訣別」によるものである。柳田の常民史観が皇国史観と鋭く対峙するのは、皇国的な東征史観の否定の上に成り立つからだと言えまいか。その結果、稲作の経営組織であり移住集団となる群党（一門・一党）組織、つまり「家」を枠組とする常民史が紡ぎ出される。

ところで、出羽の山神祭文と出会う数ヶ月前、柳田は「雪国の春」（大正十五年一月）で東北地方にまで亜熱帯系の文化が持ち運ばれ、稲作が拡大・定着したことへの感慨を述べている。大正十五年三月・四月での「転換」を説く本稿にあって、同年一月の「雪国の春」は見逃せない。東北地方の稲作を正面から扱っており、出羽の山神祭文がなくとも柳田の「一国民俗学」は最初の一歩を踏み出していたのではないか。こうした疑問や反論が予想される。「大発見」以降の柳田が著書の冒頭に置く作品だけあって、大きな齟齬は見当たらない。残念ながら、柳田の東北認識の深部までを覗き見ることはできないが、多元的な移住観という点からすると次の一文はだいぶ気になる。「われわれの祖先がかつて南の海端に住みあまり、あるいは生活の闘争に倦んで、今一段と安泰なる居所を求むべく、地続きなればこそ気軽な決意をもって、流れを伝い山坂を越えて、次第に北と東の平野に降りて来た最初には、同じ一つの島がかほどまでに冬の長さを異にしていようとは予期しなかったに相違ない」。「南の海端」とはどこを指すのか定かではないが、日向をイメージした表現とも受け取れる。そうでなくとも「地続き」の移動を述べ、一元的な移住観を強く匂わせる一文である。(19)

そもそも、本稿は大正十五年三月・四月を境に、突如として柳田の関心が稲作へ向かったと主張しているのではない。すでに最初期から、柳田は主要なテーマとして秘めていた。日本人は稲を携えて南方から渡来した民族である。この認識は柳田に一貫しており、それゆえに東北地方に暮らす日本人や稲作に「同情」の目が注がれ、「雪国の春」となって結実したと言えまいか。そして、何よりも山神祭文中の女神が豊穣神として解釈されるに至ったのは、稲作への強い関心が引き寄せた結果だと考えるのである。

ジュネーヴからの帰国後、柳田の社会政策的・社会改造的な主張は衰えず、農政学時代からの中農養成の課題を手放していない。中農養成問題を解決するためには、土地や稲作に対する農民の異常とも思えるこだわり（執着心）は、ぜひとも解き明さなければならない疑問であったろう。「雪国の春」は日本文化論として書かれているが、社会政策的な種々の関心を重ねて読む必要がある。ひとつには「日本人」と稲作を結び付けている心意（執着心）、なぜ雪深い東北にまで移り住んでまで稲作を営むのかといった疑問。そして、第二は封建的（中世的）な大農経営が根強く残るのが東北地方である。農政的な小農問題が土台にあり、それを踏まえつつ柳田流の筆致で書き上げたのが「雪国の春」ではなかったか。同じ時期に執筆され、「社会改造」を明記した刊行本『山の人生』（大正十五年）の問題意識と重ねたい。社会改革の意欲が連続するならば、出羽の山神祭文を境にしていったい何が異なるのか。農民たちの土地や稲作へのこだわりの根源を、何に求めようとするのかの違いと考える。「畏怖」に象徴される心理的な視点が後退し、代わって登場する説明原理が「祖霊」である。「祖」を「オヤ」の意とするならば、「祖霊」はオヤコつまり労働組織の結合原理である。[20] 柳田が「大発見」によって「社会改造」の意欲をいっそう強めたのは、社会組織的な視点を獲得し、改革の方途と方向に確信を深めたためではなかったか。

三 先住民の学としての柳田民俗学――日本人の展開 ①

先住民が稲作民であるとの「発見」が、柳田学が体系化へと「進撃」[21] する起爆剤となったのは指摘の通りである。民族史の起点と日本社会の淵源に至ったわけであるから、もっともである。しかも、農政学時代からの蓄積を活かすには願ってもないことで、「大発見」は柳田民俗学成立の決定的な契機となった。もちろん、こうした民族観・民族史観の修正は、それまでの発言や主張との齟齬を含む。柳田の学問の根幹部にかかわるゆえ、公言が憚れたものと推測する。この「大発見」を契機に、柳田は自らの先住民観を手直しすることになったが、それは柳田の基本路線の「転換」や「転向」を意味するのではない。まったくの逆である。基本路線をより鮮明に、より強固にした。後のいわゆる柳田民俗学を特色付け、その体系化を強力に後押しするものとなったと考えるべきである。

柳田の民族観・民族史観の基本的な構図は、後発の移住民と先住民との対立・緊張（征服・被征服）関係を基調とした。両者の間に、ある種の境界線を設ける。絶対的な境界でなく、相対主義に特有の暫定的・仮説的な境と言えよう。稲作分子の「発見」は、民族史の起点を日向朝廷よりも遡らせた。「大発見」は境界線（相対的な時間軸）を一段と古い時代へ押し上げたが、時間軸を組み直しただけであって、多様な「種族」の存在と混交を否定したわけではない。「種族」混交の視点を保持したまま、日本人や日本社会を説明するキーワードとして稲作が座った。以降、柳田の民族（民俗）史は稲作紀元の大道を歩むことになる。

さらに注意しなければならないのは、記紀（日向朝廷）以前から列島に暮らす先住民が主役に座った事実である。後発の新住民（天津神）は純然たる海民（海人）として舞台後方に退き、「第二の移住民」となった。柳田民俗学でいうところの「常民」は、もっぱら先住民（山人）を中核とした概念となろう。大胆な言い方をすれば、「大発見」を機に柳田民俗学は「先住民（山人・国津神）の学」として成立したのである。しかも、固有信仰たる「祖霊」信仰もまた先住民の文化なのである。「山人との訣別」などではない。これまでの通説を根底から否定することにもなろうが、山人（先住民）は主役となって柳田民俗学の真正面に据えられたのである。視界から山人が消えたような印象を受けたのは転換が奥深い場所で起こり、読み手側が予期さえしない方向に進んだからではなかったか。

戦後の対談で柳田は先住民（国津神）問題が軽視される傾向に警鐘を打つ[22]。だが、それに耳を傾けた研究者は皆無に等しかった[23]。先住民＝非稲作民の固定観念に囚われすぎているからであろう。柳田の発言や指摘をあらためて引用し、関心の所在を確認したい。

日本の古い記録を読んでみると、天つ神と国つ神、天神と地祇、神武天皇の詔にもこの二つの信仰があったと認められる。歴史の進むにつれて、地祇が小さくなって、おいおいと天神系に移り変わってきている。……（中略）……非常な勢いで国つ神信仰が衰えている。奈良朝以後には殊に著しい。延喜式の神名帳になると国津神の社の数はずっと少ない。旧信仰がなくなっている。つまりは時代の勢いが、他の一方へ傾いてきたとも見られる。いくらか感情を交えた議論ですが、これをこのままにしておいて古代信仰論、固有信仰論に入って行ってもいいものだろうか……（中略）……私などの考えているのはそれは国つ神の信仰であって、天つ神の信仰にはもう少し複雑したものが残っているかもしれぬ。つまり文化度の高下ですね。民間には今でも原住民の信仰が、たいした進歩もせずに伝わっていようとも、朝廷や大きな神社の奉仕者には、天つ神にふさわしい神学が支配していたかもしれぬ。……（以下略）（―傍点は筆者）

柳田の関心が先住民（国つ神）に向いているのは明らかである。ここの「国つ神」が稲作民を含むのは本稿が指摘した通りである。しかし、こうした先住民（国つ神）観が大正期のそれとニュアンスを異にするのは、大正時代の講演記録「山人考」の次の記述と比較してみるとよくわかる。

わが大御門の御祖先が、始めてこの島へ御到着なされた時には、国内にはすでに幾多の先住民がいたと伝えられます。……（中略）……奈良朝になりますと、新旧二種族の精神生活は、もはや名残なく融合したものと認められます。『延喜式』の神名帳には、国魂郡魂という類の、神名から明らかに国神に属すると知らるる神々を多く包容しておりながら、天神地祇の区別すらも、すでに存置してはいなかったのであります。……（中略）……二通りの犯罪を比較してみると、一方は串刺・重播・畔放というごとく、主として土地占有の侵害であるのに反して、他の一方は父と子犯すといい獣犯すというような無茶なもので明白に犯罪の性質に文野の差あることが認められ、すなわち後者は原住民、国つ神の犯すところであることが解ります。……（以下略）

奈良朝頃までに両者の融合が終ったとする認識は変わらないが、先住民が土地占有観念を持たない野蛮な非農耕的な民として扱われているのがうかがえよう。先住民観の手直し（深化）は、柳田の学問に決定的な影響を与えた。著作を一読した印象によっても判断できるほど顕著な違いを生み出した。これまで多くの柳田研究者によって「転換」論や「転向」論が説かれてきたが、柳田の問題意識をもっと素直に読み取るべきではなかったか。日向から始まる単線的で征服的な移住観が後退し、門党（部曲）組織による開拓的な移住観へと姿を変えた。さらに、移動・漂泊的な民族像が定住農耕的な民族像へと位相を移した。柳田が追究した神観念や霊魂観念もまた先住民観と深く関連する。御霊信仰とそれを支えた漂泊のシャーマン群が勢いを失い、かわって田神・山神とその担い手である農民が主役となった。畏怖的な神観は親和的な神観へと移行した。山神が女性であること、および先住民が稲作民であることの「大発見」は、すでに確認していた田神・山神信仰の全国的な分布現象に確たる説明の根拠を与えた。主要な研究題目は農神の信仰や、農作業の単位・賃金のいらない労働組織としての「家」、さらに「家」の宗教へと移っていった。ここに柳田民俗学の中心テーマとなる、「祖霊」信仰の起点をみることができる。

四　再び『山の人生』を読む――日本人の展開　②

「柳田国男『山の人生』について」の続編らしく、同書にも言及したい。前稿では「自序」にあった「社会改造」の意味を解しかねていた。まずは、この点を新規に補足する。

アサヒグラフ版「山の人生」（大正十四年）は、山麓に暮らす人々の宗教（信仰や迷信）発生を追究した作品と読み取る。これが前提である。同書は新参者の視点から人々が抱いた種々の観念を取り上げ考察を加えた作品である。敢えて山麓を選んだのは、新住民と先住民とが接触する典型的な空間だからであろう。大正期までの柳田は先住民を非稲作民の異「種族」群ととらえており、強烈な「畏怖」の対象と考えた。先住民との接触体験や記憶が核となって、移住民たちはさまざまな信仰や迷信を作り出したとする。普遍的な人間心理に立脚するが、「現代科学」を目指す柳田らしい発想と言えよう。

柳田が目指した「現代科学」の射程は眼前の社会問題を確実にとらえる。そのひとつが小農問題で、農民の異常なまでの土地執着心の解明へと向けられた。中農養成のためには、小農の離農を促進させなければならない。それが日本農業の近代化を促し、ひいては小農の解放にもつながろう。だが、改善の動きは鈍い。貧困に甘んじてまで土地に執着する心理、貧困を貧困と認識しない意識すらうかがえる。柳田にとって頑強な迷信であって、これらを支える心意の解明なくして「社会改造」はあり得なかったろう。土地を侵犯された先住民の怨念＝「畏怖」の視点から、新住民（農民）たちの「土地神の信仰」つまり土地執着心を解き明かそうとした。「土地神の信仰」だけでなく、種々の迷信（信仰・宗教）の発生を民族史（歴史）的に究明しようとしたのが「山の人生」であった。「現代科学」の立場から、宗教など人間の観念の発生を探ろうとしたケース・スタディとして意欲的で独創的な論考と評価したい。

柳田の社会政策（農政学）的な課題が中農育成にあったことは広く知られる。柳田農政学があまりにも時代の先を説いたがために受け入れられず、「挫折」したと説かれたりもする。しかし、西洋流の受け売り農政学に見切りをつけただけのことで、ジュネーブ以降も柳田は中農養成を自己の最重要課題として追究していた。こうした社会政策的な意図は、むしろ「大発見」によっていっそう強まった。「大発見」は改革すべき対象および方法と方向をより鮮明にした。改革にあたって考慮すべき要素が明らかになった。山島の狭い耕地で養成された国民性つまり事大主義と、その産物たる日本社会（群居性）である。柳田が刊行本『山の人生』の「自序」において、「社会改造」なる一語を挿入した理由を以上のように理解するのである。

実は、柳田の「大発見」はすでに刊行本『山の人生』で示唆するところであった。柳田流の迂遠な言い回しになっていて解釈しにくいが、しばしば引用される刊行本の最末尾の一節は、柳田の民族（民族史）観の転換を述べている。冒頭部で「根源には新旧の二系統があった」と断言している点に注目したい。そして、柳田の視線は「旧」の方に注がれる。「土着年久しく住民心をともにして固く」保持されていた「旧来の信仰」は先住民（山人）のもので、「家」や「村」を基盤とした信仰として描いている。「家」や「村」といったキータームが先住民（山人）と一体となって登場したところに、柳田民俗学の本性がうかがえる。少々長くなるが最末尾の一節を引用しておく。

自分の見るところをもってすれば、日本現在の村々の信仰には、根源には新旧の二系統があった。朝家の法制にもかつて天神地祇を分たれたが、のちの宗像・加茂・八幡・熊野・春日・住吉・諏訪・白山・鹿島・香取のごとく、有効なる組織をもって神人を諸国に派し、次々に新たなる若宮今宮を増設して行ったもののほかに、別に土着年久しく住民心をともにして固く旧来の信仰を保持しているものがあった。荘園の創立は以前の郷里生活を一変し、領主はおおむね都人士の血と趣味とを嗣いでいたために、仏教の側援ある中央の大社を勧請する方に傾いていたらしく、次第に今まであるものを改造して、例えば式内の古社がほとんとその名を喪失したように、力めてこの統一の勢力に迎合したらしいが、これと同時に農民の保守趣味から、新たな社の祭式信仰をも自分の兼て持つものに引きつけた場合が少なくなかったらしい。また右の二つの系統が時としては二つの層をなし、必ずしも一郷の八幡宮、一村全体の熊野神社の威望を傷けることなくして、屋敷や一つの垣内だけで、なお古くからの土地の神に、精誠をいたしていた場合も多かった。頭屋の習慣と鍵取の制度、社家相続の方法等の中を尋ねると今とてもこの差別の微妙なる影響を見出すこと困難ならず、ことに永年にわたって必ずしも官府の公認するところとならずとも、家から家へまたは母から娘へ、静かに流れていた信仰には、別に中断せられた証跡もない以上は、古いものが多く伝わると見てよろしい。それというのが信仰の基礎は生活の自然の要素にあって、強いて日月星辰というがごとき荘麗にして物遠いところには心を寄せず四季朝夕の尋常の幸福を求め、最も平凡なる不安を避けようとしていた結果、夙に祭を申し謹み仕えたのは、主としては山の神荒野の神、または海川の神を出でなかったのである。導く人のやはり我仲間であったことは、或いは時代に相応せぬ鄙ぶりを匡しえない結果になったか知らぬが、そのかわりにはなつかしい我々の大昔が、たいして小賢しい者の干渉を受けずに、ほぼうぶな形をもって今日までも続いてきた。例えば稚くして山に紛れ入った姉弟が、そのころの紋様ある四つ身の衣を着て、ふと親の家に帰ってきたようなものである。これを笑うがごとき心なき人々は、少なくとも自分たちの同志者の中にはいない。（『山の人生』大正十五年）

この結句部については言及されることが多いが、これ以外にも「新旧の二系統」の事例として相撲を取り上げている。「民間の風習を採用して国技とせられた」と述べ、中央文化に先行した先住民の土着文化を重視する。

朝廷の相撲召合は七月を例とし、古い年中行事の一つではあったが、いわゆる唐制の模倣でもなければ、また皇室専属の儀式でもなかったらしい。おそらく中央文化の或る段階において、民間の風習を採用して国技とせられたらしいことは、力士の諸国から貢進せられたのを見てもわかる。すなわちいわゆる田舎相撲の方が起源においては一つ前である。佐渡でも今も村々の名を帯びた力士が出て、勝った村ではその年は仕合せ好しと信ぜられたこと、歩射馬駆けなども同じであった。すなわち祈願祈禱を専らとし怪力を神授と考え部落互いに技を競うほかに、常に運勢の強弱ともいうべきものを認めていたのは、背後に大いに頼むところの氏神、里の神の御威光があったためで、しかも彼らは信心の未熟によってこれを傷けんことを畏れていたのである。時代がようやく進んで全民族の宗教はいよいよ統一し、小区域の敵愾心などは意味もないものになったが、それでも古い名残は今だって少しは認められる。（同前）

さらに、民族（民族史）観の「転換」を自己批判的に述べている箇所も見受けられる。「山の人も、米を好みことに餅の香を愛した」と山人が稲作民であることを示唆的に述べ、それに気付いていない学者たちに対して、「いつまでも高天原だけを説いているがよい」と批判を浴びせる。「高天原」から出発する民族史を執拗に追究していたのは、しばらく前までの柳田自身ではなかったろうか。柳田の自己批判であるとともに、神武東征史観との訣別の表明と受け止めることができよう。

始めて人間が神を人のごとく想像しえた時代には、食物は今よりも遥かに大なる人生の部分を占めていた。餅ほどうまい物は世の中にはないと考えた凡俗は、これを清く製して献上することによって、神御満足の御面ざしを、空に描くことをえたろうと思ううえに、更にその推測を確かめるにたるだけの実験が、時あって日常生活の上にも行われたのである。我々の畏敬してやまなかった山の人も、米を好みことに餅の香を愛したのであった。特別なる交際が餅をもって始まったという話は、もちろん話であろうが今に方々に伝わっている。これを下品だとして顧みないような学者は、いつまでも高天原だけを説いているがよい。自分たちは今ある下界の平民の信仰が、いかに発達してこうまで完成したかを考えてみようとするのである。（同前）

おわりに

最後に、「大発見」が柳田の学問に及ぼした影響について、補足を兼ねて整理しておく。

第一は、柳田学の性格を決定付けた。定住の稲作民を民族史の主体に据えることによって、柳田が得意とした農政学の見識を全面的に取り込む通路が開けた。いっぽうで、良くも悪くも日本人の歴史を「農民史」として描くことになる。その結果、漂泊の民が後退するのは必至で、取り上げられる場面があっても補完的な役割しか与えられなくなる。代わって登場したのが労働組織としての「家」や、その宗教である「祖霊」である。この変化は、同時に有泉貞夫の柳田批判を生むことにもなるが、「祖霊」信仰の登場は「差別」とはまったく次元の異なる問題である。柳田の「先住民」問題は、「差別」と似て非なるものである。

第二は、起源論の後退である。柳田は民族史の開闢に関心を抱いており、起源論に固執し続けていた。歴史ロマンに駆られたというよりも、社会病巣の起源を探るためであった。しかし、「大発見」でもって列島最初期の稲作民にまで到達し、起源論自体が学問の目的から消えた。柳田は「我々の皇祖が始めてこの葦原の中つ国に御入りなされたときには、すでに国土にはある文化に到達した住民がいた」と述べる。[24] 自身の先住民観を鮮やかに塗り替え、柳田の民族史は定着農耕民から出発することになったのである。

第三に、伝承資料の役割と価値をいっそう明確にした。先住民（国津神）は、文字を知らない「種族」である。柳田には文献記録を否定するかのような主張が多々見受けられるが、研究の対象が先住民であったことを考慮すれば、その主張はいたって理解しやすい。文献上の手がかりや痕跡がないとなれば、伝承資料を使って過去をうかがうしかない。また、非文字の世界が文字文化の世界を規定するという発想の有効性を再確認することにもなった。

第四に、柳田民俗学の主な舞台（対象）となる「一国」を確定せしめた。柳田の「一国」とは文化的・社会的な概念で、北海道はその周縁に置かれた。「一国」の確定がもたらした最大の意義は、「民族」と「民俗」の差異を明確にした点にあろう。「大発見」によって「種族」問題は解決に至り、民族像の輪郭が出来上がった。これによって、「民族史」の視点は後方に退き、かわって「民俗史」（変化）が登場する。「民族学」は「民俗学」へと衣替えることになった。柳田の民俗学は「変化」を取り上げるが、「変化」の解明は「不変」の探求でもある。「山島」に暮らす人々は稲作とともに移住して来た民で、「山島」で多様な人生を展開した。その適応ぶり（事大性、変化）には驚嘆するものがある。いっぽうで、土地への強烈な執着心・愛着心を培った。その心意の根源に「祖霊」を置くことになる。柳田は、日本社会が抱える小農問題の淵源とその解決の道筋を、民族史や民俗史の研究から明らかにしようとした。その目的と意図の下に創り上げたのが、柳田の民俗学であった。

要するに、大正十五年の三月下旬から四月上旬の「大発見」は、柳田民俗学の成立にとって決定的な契機となった。この点に尽きる。これが、本稿の結論である。

《注》

（1）「文化史上の日向」（大正十四年）では「以前は蛮人の跳梁する致し方のない地方であったので、朝廷でも之をお見棄てなされて、中央部の方へ御引移りになってしまったように、速断した人もあったようだが、荒っぽい物の考え方である。……（中略）……果たして外部の者の想像するように、最初の住民が異人種であったか否かも、実は学術的に証明せられて居らぬのである」と述べる。日向朝廷を念頭に置いての指摘であるのは明らかで、柳田の歴史観や先住民観が凝縮される。

（2）「山人考」（大正六年）で「現在の我々日本国民が、数多の種族の混成だということは、じつはまだ完全には立証せられたわけでもないようでありますが、私の研究はそれをすでに動かぬ通説となったものとして、すなわちこれを発足点といたします」と書く。また、戦後の対談「日本人の神と霊魂の観念そのほか」（昭和二十四年）でも「私は日本民族の構造については、今までだって人種の混交ということを認めている。決して単一な民族が成長したものとは思っていない」と述べる。なお、対談は『民俗学について 第二柳田国男対談集』に収録。

（3）「史料としての伝説」（大正十四年）から借用。「伝説」発生の譬えとして述べる。

（4）佐々木喜善『東奥異聞』の発行は、奥付の記録からすると大正十五年三月二十日である。

（5）「山立と山臥」『山村生活の研究』（昭和十二年）での指摘。

（6）『故郷七十年 拾遺』（定本別巻三）での指摘。

（7）山神祭文の内容は以下である。二人の猟師が山中にて出産したばかりの山神に出会った。産後何も食していないと言って猟師に食物を請う。最初に出会った方（大摩）は産の穢れを嫌って断るが、二人目の方（小摩）は快く応じる。喜んだ山神から広い猟場を賜った。

（8）「山人考」（大正六年）でも「数多の種族の混成」の根拠を記紀の記述に求めるなど、柳田の著作の随所でうかがえる。「山男の家庭」（大正四年）では、「けだしこの点（いかにして米の飯の旨きを知るに至ったか—影山）は山人文化史上最も顕著なる時代を画するもので、われわれが山人を研究すべき必要もそれから出て来るのだ。山人はその本能の要求を満たさんがために、かれらが敵視する日向人の中からその配偶者を得ねばならなんだのである」と書き、「敵視する日向人」は「天孫人種」だと言う。こうした表現はいかにも唐突な感がするが、それだけに柳田の無意識的な歴史認識がかいま見える。

（9）「三四　柳田より松岡輝夫氏へ」『石神問答』（明治四十二年）での言及。また、「自選歌集」『定本第二六巻』所収に、

「人の世にいまはかよはぬわたつみのみや路こひしき波のおとかな」などの歌を載せる。鵜戸は記紀に記載のある上陸地の一つとして比定される。

（10）『妖怪談義』（昭和三十一年）の「自序」でこう書く。「私は幼少の頃からだいぶこの方面にむだな時間を費やしましたけれども、今となってはもう問題を限定しなければなりません。われわれの畏怖というものの、最も原始的な形はどんなものだったろうか。何がいかなる経路を通って、複雑なる人間の誤りや戯れと、結合することになったでしょうか」と。柳田の生涯を通した関心が「畏怖というものの、最も原始的な形」であったと受け止める。その「畏怖」観が「怖れ」つまり恐怖から「畏れ」つまり畏敬に変化したと考える。

（11）赤坂憲雄『漂泊の精神史』（一九九四年）、同『海の精神史』（二〇〇〇年）を参照。

（12）柳田は「東北は国の片はしであったため国の過去が比較的 fresh な単純な姿で我々の前に停止する機会が多いのである。何かこの地方だけにきりないものではなく、国民的な民俗学の練習場として適当なりとしてこれを見るのである」（大島正隆「柳田国男先生『日本民俗学講義』（下）」『日本常民文化紀要　第十六輯』一九九一年）と述べる。

（13）『故郷七十年拾遺』（定本別巻三）での指摘。

（14）「年譜」によれば大正十五年四月十七日、啓明会にてアイヌ問題を取り上げた「眼前の異人種問題」を講演。「大発見」の時期を三月下旬から四月上旬と推測する筆者にとって、この講演もシグナルの一つであったろうと推測している。

（15）「海上文化」（昭和十五年）での指摘。「海人と称する日本の第二の移住民、農民と対立しておった農民以外の生産者」と説明する。また、「童神論」（昭和三十五年）では「我々の先祖の一種族と言われている『わたつみ族』」との表現も見える。

（16）「九州南部地方の民風」（明治四二年）での使用。「米食人種水田人種が粟食人種、焼畑人種を馬鹿にする形であります。此点に付ては深く弱者たる山民に同情を表します」と述べる。同談話の筆録は藤井隆至編『柳田国男農政論集』に収録。

(17)「大発見」直後の執筆と推測される「島の話」(大正十五年十月)は「移住民の二系統」と題し、「或る者は津軽海峡南岸の烏賊漁師の小屋のように、海上生産の根拠地を求めて移住したと同時に、一方には耕地を得るために上陸した者もあったことは事実である」と、海部以外に農業移民の存在を指摘する。タイトルの「移住民の二系統」なる表現に注目したい。また、農業移民の可能性を示唆した最初の論稿が、「海女部史のエチュウド」(大正十五年五月)であったと思われる。「海を越えて来た者は最初から二通りの種族があったか。そうでなければ土の香の柔かい湿り気の中に、故郷を忘れしめるだけの匿れた魅力があるのではないか」と述べる。いずれも発表の時期に注目したい。

(18)「大発見」直後の執筆と推測される「地名考説」(大正十五年五月・七月・九月)には、移住観の転換を示唆する記述が見える。「前住民といわゆる今来の民とが、やや久しい期間平和に共棲していたことが、必ずやこういう解しにくい地名の多く存在した原因でなければならぬ。それと同一の理由から、私のいわゆる標前地名(占有以前の地名―影山)の大多数が、引きつづいて今日まで使用せられているという事実は、わが国の開発が一般に東部ヨーロッパなどと違って、最初からはなはだしく集約的であり、村は自然に各自の周辺に向かって成長して、遠来の移民のはまり込むだけの余地が早くからあまりなかったことを語るものかと思う。すなわち最初の耕作者は、もうその以前から、だいたい付近の土地の事情に通暁して、すでに若干の地名をこれに付与していたゆえに、開墾の後になって特に標後地名を新設するを要しなかったということに帰するのである」と、先住民に対する圧迫・征服的な基調は薄らぎ、開発移住の視点が強調される。

(19) 柳田は「おがさべり」(昭和二年)で男鹿半島は「日本中世史の、一つの縮図」と述べる。「わが民族の妥協性もしくは事大性とも名づくべきものも、こうして海を越えて異郷に移る人々の、必要がこれを養ったのであった。他の一方にはまだ新しい職業を選定して、どしどしと境遇を支配してゆく力も、やはりこの原因から古来のわれわれの長所とならなければならなんだ。男鹿はたまたま地形の然らしむるところ、いわばその試験場の一つ」と書く。半島部への上陸を説く多元的な移住観の一端がうかがえる。「大発見」直前の「雪国の春」と問題意識は重なりつつも、移住形態の描き方は対照的である。

(20) 柳田の「祖霊」論については割愛する。別途「続・有泉貞夫「柳田国男考」に寄す」(仮題)として発表予定である。ここでは「オヤと労働」(昭和四年)が、柳田「祖霊」論の起点に当たるとだけ指摘しておく。

(21) 有泉貞夫「柳田国男考—祖先崇拝と差別—」(一九七二年)での指摘。

(22)『民俗学について 第二柳田国男対談集』(昭和四十年)にある「日本人の神と霊魂の観念そのほか」

(23) 例外的な研究者に川田稔がいる。「柳田国男における山人の問題」『柳田国男—「固有信仰」の世界』(一九九二年)で「山人の問題は、その後も人々の氏神信仰における先住民的な要素、国つ神的な要素の問題として、柳田のなかで、かたちをかえて引きつがれている」と指摘する。しかし、先住民を非稲作民と認識する点では大方と変わらない。

(24)「氏神と氏子」(昭和二十一年)。また、「祈願と敬神」(昭和十九年)でも、「神武天皇の東征に先だって、少なくとも中央一帯の土地には、すでに相応な数の先住民がいたことは、明らかに国史に記されている。彼らがその種族と来住の由緒によって、それぞれに祀っていたのが天津神でありまた国津神」と述べ、「国津神」への敬神を説く。いずれも『氏神と氏子』(昭和二十二年)所収。「アラブルカミ(荒神)」とは「国つ神の中、ことに強硬に反抗せし部分」だと述べていた「山人考」(大正六年)とは、明らかに先住民認識に違いが見える。さらに加えれば、「山宮考」の次の一節。「土地と縁故の深い永住者が、祖先の霊を祭るべき場処は、ここ(山の頂上——影山)より他にはあり得なかったのである。若く尊い天津神を祖先にもつ家と、祭の方式はおのずから異ならざるを得なかったわけである。ところが昔はそういう国魂郡魂の家に、時あって清い美しい玉依姫が生れて、神霊に感じて天上の貴き胤を身ごもったと伝えられた。そうして高山・短山の頂上は、祖神の常住む伊穂利ではなくなって、あるすぐれた天津神の雲を分けて昇り降りしたまう倉梯であるかのように、想像せられるに至ったのである」。国つ神・天つ神二種の信仰の共存と両者の「一元化」を説く。

■柳田国男・主題としての「日本」

〈有史以外の日本〉の探究　(一)

小野　浩

一　はじめに——〈有史以外〉という着想

柳田国男『雪国の春』所収の「豆手帖から」（大正九年）を読んでいて、

「佐々木鏡石君が近頃研究を発表した奥州の座敷童衆も、やはり主として右の樺皮の家に居る。彼等は今日尚小さな足跡を残し後姿を見せ、又は肌の透くような薄絹の袖を顔に当てゝ、灯火の彼方に坐して居ることもある。しかも何が因縁で斯く迄吾々と親しい神に現れるかは謎である。鳥居竜蔵氏等はよく好んで有史以前と云ふ語を使ふ。自分は其よりも世人が今少しく、有史以外を省みんことを希ふ者である。」（『柳田国男全集』三、筑摩書房、一九九七年、七〇六頁。以下、特に断らない限り、傍点引用者）

このくだりの「有史以外」に目をとめた。私が前から追究してきた柳田の探究スタイル（小野浩「山人・漂泊民探究——飯倉昭平編『柳田国男・南方熊楠往復書簡集』を読む一」柳田国男研究会『柳田国男研究⑤柳田国男・同時代史としての「民俗学」』岩田書院、二〇〇七年、五一～五五頁）に通じるものをかんじとったからだ。さらに——〈有史以外〉とい

う着想は、南方熊楠が柳田との書簡のやりとりを始めて半年ほど経った明治四十四年（一九一一）九月十三日朝出書簡で、

「小生、貴下の土俗学研究方法の大体について言辞のみを大本として、故事、古俗を断ずるの不可を述ぶるはずなり。愚見を申し述べんと思うこと久し。しかるに、これは前日の長文などと違い、もっとも精細を要することなれば、名は書翰にて実は科学上もっとも細密なる長論文なるべし。とても只今神社や神林のこと日に逼りおるとき、概略のみをも述ぶることできざるは遺憾の至りなり。」（『柳田国男・南方熊楠往復書簡集』上、平凡社ライブラリー52、平凡社、一九七六年、一四〇頁）

こう述べたことにはじまる一連のやりとりが——唯一の、ではないだろうが——有力な契機だったのではないか、と考えた。その次第をのべよう。

二　『石神問答』のシャグジ探求の手法

南方は上掲書簡までに『石神問答』、『遠野物語』ほか一〇点余り柳田の論考に目を通しているが、上掲の批判は『石神問答』を頭に置いてのものだろうとおもう。[1]

『石神問答』三十四通の最初の書簡一（明治四十二年（一九〇九）九月十五日付山中笑あて）で、柳田は、「諸国村里の生活には書物では説明の出来ぬ色々の現象有之候中に　最も不思議に被存候一事はシャグジの信仰に候　之に就きて何か曾て御取調又は御聞及のことは無之候や伺度候」（全集一、一九九九年、五〇四頁）とはじめ、このシャグジの信仰に因む地名が関東に限らず西国の端々まで分布しているが、シャグジとは「全体如何なる筋合の神に候やらん」と問

う。

そして、「古人前輩の説」を「確たる拠はなきやう被存候が貴見如何に候や」と斥け、「シャグジに因由あるかと存じ候地名」として「精進」、「象頭」、「十三」をあげる。そのあとに、「自分には取留めたる考も無之候へ共　何でも蕃人の神にて　我々の祖先土着の砌彼等との地境に之を祀り相侵さゞるを計りしこと　恰も山の神塞の神荒神など、同じきかと存じ候　それには社の有どころ何よりも研究の必要有之候」（全集一、五〇五頁）と述べる。この列島像とシャグジについての仮説にもとづいて柳田はこのあと自分の考えを説き、先学・友人らから寄せられる見解を検討する。

以下、南方が「言辞のみを大本として云々」と批判する基になったかとおもわれる柳田の書簡を検討しよう。

柳田が最初の書簡一を送った山中笑（共古、一八五〇～一九一六）は、柳田が「呑気なる言草ながら大人を頼りにして此からシャグジの調査に取掛り申度候　何分御助力願上候也」（全集一、五〇五頁）と頼りにした先学だが、書簡二（明治四十二年十月五日付）と四（十月八日付）で、――シャグジは石を神体とする石神だが、「音の通転し易き為に」（全集一、五一二頁）オシャモジ杓子に転じ、これに婦人たちが多くは「子どもの病気殊に咳　又は良縁安産等」を祈願した。江戸高輪のオシャモジの大流行が全国の婦人にひろがったのだ、と論じた。

柳田は書簡五（十月二十八日付）で、山中に反論する。――シャグジは「一般には祈禱の神ではなく　地主、鎮守乃至は産土神の類なるべし」（全集一、五一四頁）と考えていた。（山中のいうように）「婦人の病を祈り又は子を祈り」というような風習が広く行われているとすれば、再考を要する。なおくわしいことを知りたい、と返す。

つぎに、山中がシャグジは「近代の神」、シャグジという語は「流行にて出来たる語」とすることへの反論として、

――「更にずっと古い所を尋ね候へば」と、延喜式の神名帳から「河内高安郡　石神社」ほか七座を引く。そして、「此時代には石神は音読せずしてイハガミ又はイシガミと申せしことは色々証拠有之候」（全集一、五一六頁）と述べる。しかし、これだけで、すぐに佐久神の考察に移る。

柳田は上記石神社列挙のあとに、「併し是と同時に」と前おきして、「甲斐八代郡　佐久神社」ほか四座を引き、そのなかの「近江栗太郡　佐久奈度神社」について、「此地は東国より南山城に入立つべき天然の径路にて　昔の大石関も在りし所なれば　佐久奈度はやはりクナドの神に可有之　然らば頭の『佐』は如何と申さば　サクとクナドの二語同義なるを打重ねたるものと考へ申候」と、「サク」の考証をはじめる。そして、

「佐久と申す地名は信濃の佐久郡を始め諸国に有之　尾張の海上に佐久の島　下野那須野に佐久山も有之　又安房其他に佐久間と申す地名も　其意義今以て不明に候へ共　多分は佐久神と同源かと愚考仕候　日本語にて『遠ざくる』のサクなりとも可申も　現代アイヌ語にてもサクは隔絶の義有之かと存じ候　恐くは古代の生蕃即ち所謂荒ぶる神と新に平野に居を占めたる我々の祖先とを隔絶する為に設けたる一の隘勇線[2]ならんかと愚考仕候が御意見如何承り度候」（全集一、五一六頁）

と述べる。

シャグジが「近代の神」ではないことを示すには、延喜式の神名帳から「石神社」の記事を引いて、「此時代には石神社は音読せずしてイハガミ又はイシガミと申せしことは云々」と述べるだけですむだろう。が、「併し是と同時に」と佐久神社も数座あることを引いたのは何故か。

推測するしかないが、上掲の「佐久と申す地名は云々」と述べるくだりを見ると、柳田は書簡一の終りに述べた自分の列島像をさらに明確に提示しようとしたのではないか。

柳田は書簡一〇（明治四十二年（一九〇九）十一月二十四日付、白鳥庫吉あて）で、道祖神について、「道祖の字義にも誰も解説を試みたる者無之（略）道祖神を行路の神なりと云ふ説は疑はしく候　行路の側にもあれば行路ならぬ所にも祀るが今の習に候」（全集一、五二七頁）と述べ、道祖神にはじめて言及する。

柳田は書簡一七（明治四十三年（一九一〇）一月十五日付、山中笑あて）のはじめに、

「現今諸国の風習として　社宮司、道祖神、山神、荒神、御崎《ミサキ》、御霊等　それ〴〵別箇の神と祭祀致し居候へ共よくよく考へ候へば名の末を以て神々の本原を区別することは漸く困難なりと感じ始め申候」（全集一、五四八頁）

と、弱音ともとれることを述べるが、すぐつづけて、

「和漢三才図会巻七十に『飛騨国益田郡松森村明神社　俗に志也具之乃宮と云ふ　道祖神なり』と有之候　飛州志を見れば此宮在所不明の由に候へども　かかる一説も存在せしことゝ見え申候」（全集一、五四八頁）

と述べる。傍点を付した一例だけが論拠ではないだろうが、道祖神について論じはじめる。

まず、道祖神の来歴と特色を次のように述べる。

「道祖神は（略）本邦固有の神に非ざるに　其帰化の最も古くして且其分布の最も広きこと　恰もかの秦氏《ハタ》又は漢氏《アヤ》等の一族と同様にて　山城の京の始頃より今日に至るまで　頗重大なる影響を国民の生活に及したる神に候　而して此神の特色として最顕著に我々の眼に映じ候は　曾ても甲斐の道祖に付御説示相成候如く　其或ものが石を以て神体とし　又其或ものが石を以て賽物とするの一事に有之候　故に仮に三才図会の説を正しとすれば　シャグジの語義は別問題として　シャグジは即ち石神《イシカミ》なりと称して些も差支無之やうに候」（全集一、五四八頁）

柳田はこのくだりで、書簡一で提起した問い——「シャグジとは全体如何なる筋合の神に候やらん」——に自ら答

――「それは道祖神だ」――を出したことになる。

次に道祖神の機能にまつわるこれまでの通説を検討して自説をくわしく述べる。

「道祖神は神代史に見えたる鼻高き国津神の如く　嚮導の神にては無きやうに心得申候　倭名鈔を始め諸書未だ道祖の字義を解したる者を知らず候へども　道祖の祖は徂の義にも非ず　又祖道（旅立のときに道祖神をまつる祭――引用者）の意味にも非ずして　阻つると云ふ阻ならんかと存じ候　さすれば日本紀の岐神の本号『来名戸之祖神』をクナドノサヘノカミとしたる古訓にも合し　クナドとサヘと同じ神と云ふ諸説にも合し申候　即ち行路の辻などに此神を祀るは　往来の安全を計ると云ふ能動の神徳を仰ぐにはあらで　邪悪神の侵入を防止せんとする受動的の意味合なるべく候　今日とても道祖神の在り所又は其地名の在処を求め候に　必しも道路の側のみならず　往々にして物深き山中なども有之候　右は山に居り山より降り来る邪悪神を阻塞して　邑落の平穏を期するが為の神事と覚え申候　岐神は今日クナド又はフナドと称する少小の地名のみを遺して　殆跡を信仰界に斂めたるが如くに候は　全く右内外二種の神の機能相同じかりし為　容易に習合帰一したるものなるべく候」（全集一、五四八～五四九）

――柳田としては、シャグジとは（「語義は別として」）道祖神のことだとする自説をこれで説きおおせたつもりだろう。(3)

書簡三二（明治四十三年（一九一〇）四月六日、山中笑あて）で、書簡一でシャグジに読みが近いとして挙げた漢語に別の読みを示す。

「シャウジは精進と書き候よりも障子とある方寧ろ原義に近く　即ち延喜式巻三に見ゆる障神祭の障神なるべく

候　此祭は外国人の京に入るに前つこと二日　京城の四隅にて営まれたる朝家の祭に候へども　諸国にて村々の境上に邪神を祭却するの修法は凡て障神祭と唱へしもの　地名となりて山中には残り　平野にては既に地名ありて此名は用ゐられざりしものなるべく候　障子が関と申す地名など思ひ当る所有之候　障神はもと定めてサヘノカミと訓みしこと　道祖神又は塞神と同様なるべく候　漢語にても障と塞とは同じ意味にて　現に史記の朝鮮列伝の始の所などにも鄣塞と有之　共に辺防の城壁にて候」（全集一、五九九〜六〇〇頁）

もう一つ、例にあげよう。

「守公神はもとソコの神即ち塞神なりしを　ソクジともスクジとも申候より　いつと無く『公を守る』など云ふ無理なる文字を附会せしものに候はん　（略）右の如く母音の様々に変じて　セキともサキともソキともソクともなり候を見れば　サクも亦日本語にて辺境のことなりしを想像すべく　現に信州の佐久郡の如き　上毛の渓谷と高からぬ山脈を隔て　もと湖水ありて土著の早かりし地方と見受け候へば　蝦夷に対立して守りたる境線の義なるべく候　従ってサグジ又はシャグジも塞神の義にして　之を古代に求むとせば　式の石神とは直接の連絡無く　却って甲斐などの佐久神と同じ神なるべきか　唯石を祝して神と祀るは相同じく候へば　之を石神と混ずるも亦事実を誤らずと云ふに止るべく候」（全集一、六〇〇〜六〇一頁）

――塞神と列島像が関連あるものとして説かれている。

なんとも要約しづらい文章で長い引用を余儀なくされたがともかく、柳田としては書簡一の末尾に――「自分には取留めたる考も無之候へ共云々」と、自信なさそうにいいながら提示した列島像とシャグジについての仮説を、先学・友人との〝問答〟を重ねることで列島像（書簡五）、道祖神像（書簡一七）、さらには両者の関連――というよりもむしろ、この列島像はこの道祖神像を必要としたこと（書簡三二）などを、ほぼ満足のいくところまで説くことができたのではないか。問題はそれを、もっぱら言葉・文字を自分の意図に合わせて自在に、あるいは強引に使い、読むことによってやろうとしたことだ。そこを南方は「言辞のみを大本として云々」と批判したのだろうとおもう。

柳田も南方のこの批判は認めざるを得なかったのだろう。折り返し、明治四十四年九月十五日付書簡に、

「小生研究方法に関し精細なる御議論の手紙給わるべきよし待遠に存じ候。踊の説（「踊の今と昔」『人類学雑誌』二七巻一〜五号。明治四十四年四月〜八月。——引用者）はあの通りの未成品かつ近ごろのことゆえ、まだどこが悪いとも考え得ず候も、『石神問答』については方法論旨共悔ゆべき点段々有之候。」（『柳田国男・南方熊楠往復書簡集』上、一四四〜一四五頁）

また、研究方法をめぐるやりとりがしばらく続いたあとの、明治四十五年（一九一二）四月十二日付書簡に、

「小生はよくよく外に材料なき場合の外は、言語の比較のみにては仮定説も立てしことなし。（『石神問答』には、少々このコジツケあり。）故に言語を材料として民習の遷移を説く能わずとの御説は同意に候。」（『柳田国男・南方熊楠往復書簡集』下、六八〜六九頁）

と、反省を述べる。

三　『柳田国男・南方熊楠往復書簡集』を読む(1)——柳田の手法をめぐるやりとり

研究方法をめぐる柳田・南方のやりとりを追う前に、南方の言説の基にイギリスのFolk-lore に通じていることがあり、柳田にもこれを受容することを勧め、日本にもFolk-lore Society を設立するよう説くくだりをみておきたい。

南方は明治四十四年（一九一一）六月十二日付書簡に、

「欧米各国みな Folk-lore Society あり。英国には G.T.Gomme もっともこのことに尽瘁し、以為《おもえら》く、里俗、古譚はみな事実に基づけり、筆にせし史書は区域限りあり、僻説強牽の言多し、里俗、古譚はことごとく今を去ること遠き世に創り出されしものなれば、史書に見る能わざる史蹟をみるべし、と。その著書多般なれど、みな里俗、古譚によって英国人民発達の蹟を考えたるなり。（略）わが国にも何とか Folk-lore 会の設立ありたきなり。また雑誌御発行ならば英国の 'Notes and Queries'（略）ごときものとし、文学、考古学、里俗学の範囲において、各人の随筆と問と答を精選して出すこととしたら、はなはだ面白かるべしと思う。」（『柳田国男・南方熊楠往復書簡集』上、七五〜七六頁）

こう述べる。柳田は六月十四日付書簡に「Gomme 氏の著書（G.L.Gomme., *Folk-lore as an historical Science*, 1908―引用者）は御持ちなされ候わばちょっと拝見致したく候。」（『柳田国男・南方熊楠往復書簡集』上、八二頁）と応ずる。

南方は柳田にたいして「言辞のみを大本として云々」と述べたときにはすでに Gomme の著書から吸収したものを頭に置いていたことになる。その後はこれを消化し発展させて柳田の研究方法を批判し、また自分の考えを述べたのではないか。なお、南方はこのあと前後二回、『エンサイクロペディア・ブリタニカ』からフォークロアの項を抜き出して、柳田におくっている。(4)

柳田は明治四十四年（一九一一）十月一日付書簡で、「近世の話三百内外あつめ置」きて（『柳田国男・南方熊楠往復書簡集』上、一六五頁）、「伝説十七種」という書名で本にしたい、と南方にうちあけた。(5)

南方は折返し十月六日付書簡で、「伝説十七種」構想について感想ないし助言を述べたあと、

「スウェーデンかロシアの付属国なんとかいう国の古話、里伝、小唄、諺語を一万か四万集めたる人あり、昨年死せり。また、その辺で篤志の士二人会集して里伝の大著述を出し（よほど著名大部のものと聞く。『大英類典』第一〇板に伝ありしが、その名を忘れたり。第一一板にもあるべきがちょっと見出でず）、欧州第一の書といわるる。何とぞ本邦にも書籍ばかりでなく、実際実地を履み、また諸家と通信によりかかるものを拵えたきことに候。当国なども書籍に洩れおる俚伝はなはだ多し。」（『柳田国男・南方熊楠往復書簡集』上、一六九～一七〇頁）

――〝足であつめろ〟といいたいのだろう。（南方はこのあとも「伝説十七種」に使えそうな話柄を提供し、助言する。）こう述べる理由を――柳田の十月四日付書簡での問いに答えることを兼ねて――十月十日付、十六日夜出二通の書簡で述べる。

まず、十月四日付書簡での柳田の問い。――「ハマイバ」という地名が「東は奥羽より西は周防長門あたりまで」数百分布している。漢字をあてれば「浜井場」と書くのが普通だろうが、「破魔射場」もなかなか多い。「イバ」が「射場」であることはまず疑いない。「ハマ」は弓の的◎この形の木だろう。これを遠くから投げ、横合いから細い竹を投げてこれをとめる遊戯は下総などにあり、自分もこの遊びに加わったことがある。したがって、「ハマイバ」はこの「ハマ」を射る場所という意味だろうが、これが弘く地名となるからには、「ハマ」を射ることが単に子供の遊びとしてではなく、もっと真面目な行事としてだったからではないか。こう考えて、「ハマ」という語の本原をさがして苦心している。何かよき御考えがあれば承りたい。（『柳田国男・南方熊楠往復書簡集』上、一七九～一八〇頁）

次に、これに答える南方の論点は二つ。一つは、日本語には「支那の四声（平声、上声、去声、入声――引用者）」にあたる声の分類がなされていない、との、しいていえば、日本語の欠陥の指摘。――声の分類がなされていれば、仮名でひとしく「ハマイバ」と書かれていても、「葉《上》舞《上》場《上》、破《上》魔《上》射《上》場《上》、飯《平》米《上》場《上》、浜《去》射《去》場《上》」と、声のちがいによって三様に書くことができる。そして、「葉（また破魔）、飯、浜」のいずれが柳田のさがしている「ハマ」という語の本原かもわかるだろう、と述べる。さらに、――この上上上、平上上等は、南方の幼時、和歌山市で行われた音を正音として付けたものだが、多年の間にいろいろと声もかわってきただろうから、いよいよ「原意の同異が分からぬ」だろう（十月十六日夜付、『柳田国男・南方熊楠往復書簡集』上、二二五～六頁）とも。

もう一つの論点は、柳田がこの声の問題を意に介しないとの批判。

「とにかく貴下が言語名称の書いたままのみを抵当にとり珍重して、その声韻を察せず、あの語はこれより出づ、この語はこの義なり、と自分の意をもって自在に迎合するの正鵠を得ざるものなるを申し上げおくなり。

語言をもって里俗、土風、その他人間一切の事相を説くは、はなはだ手軽きやり方なり。しかれども、もっとも間違いやすきことなるは、学者ごとに多少その解説相異あり、少しも一致せぬにて知るべし。故に、ハマイバなる地名中には、浜井場もあるべく、浜射場も破魔射庭も葉舞庭もあることと知るべし。これを片はしから我意に任せ、ことごとく一源に出でたりとするは穿せりというの外なからん。」（十月十日付、『柳田国男・南方熊楠往復書簡集』上、二〇九頁）

と説く。

南方の前掲「本邦にも書籍ばかりでなく、実際実地を履み云々」以下の指摘には「書籍」から里伝を集めてひねくりまわすことに終始するような柳田の研究のすゝめ方にたいする批判ないし危惧の念がこめられていたのだが、柳田には通じなかったようだ。明治四十四年十月十三日付書簡に、あからさまな反撥の言葉をつらねる。

「耳を賎しみ眼を重んずることは大抵よからず。しかし、北欧の民俗学者のごとく炊器と縫針とを背囊に入れ天下を行尽するも、今の世に当たりては得るところ幾何《いくばく》かあらん。書物にももちろん価値の差等あり。俗諺志、里人談の類は伝聞と誇張と多く、古人すでにしばしばその誤を正せり。されども一郷の篤学が生涯を費やして蒐集せる風土志中の古伝は、わずかに今を去ること百年前なりとも、今日の俚談に比して量も多く質もまされり。（略）小生はこれらをも考えて、なるべく地方の風土誌を精読し、かつ甲乙の書の価値を批判するにはもっとも厳重なる秤を有せり。故に書物ばかりから書物をつくることをもさのみむだとは思わず。しかも現在地方に浮動しつつある口碑類をもよく集めうる地位にあり。もし長命せばよほど面白き本をこしらえるはずに候。かかり方の貴下より遅かりしことを残念におもい候。」（『柳田国男・南方熊楠往復書簡集』上、二一五〜二一六頁）

――このくだりの「地方に浮動しつゝある口碑類をもよく集めうる地位」とは、『山島民譚集㈠』（一九一四年）の再版序（一九四二年）に書いていた「千代田文庫（内閣文庫）の番人」のポストのことだろうか。「甲乙の書の価値を批判するにはもっとも厳重なる秤を有せり」とはどういうことか。わからない。

この意気軒昂たる反論が届く前に南方は（これからとりあげる）十月十三日朝出の書簡を書いた。（この往復書簡集を編集した飯倉昭平は、「この時期の書簡の往復は錯綜している」（『柳田国男・南方熊楠往復書簡集』上、二二九頁）という。）そのせいかどうか、柳田にたいする直接の言及はない。しかし、喜多村信節（一七八三？〜一八五六）が『画証録』などに「道祖神考か傀儡師考に似たことを列挙しながら、かくいえばとて必ずこのことはかのことより出でしにはあらじ、事の成り行きとして偶然近似し来たりしならん」とあるのを引いて、「かかる寛和の所断ありたきことに候。」（『柳田国男・南方熊楠往復書簡集』上、二四四頁）と述べる。これは柳田にいいたいことなのだろう。

これにすぐ続けて、

「小生夢を見てこれをみずから思い出しひかえ、分析する法を考え出し、いろいろ試むるに、ちょっとした夢にも無量の源因、出所あり。土俗といい言語といい夢のごときもので、しかも一人の見た夢でなく、千古来に億兆人の夢み想い来たりし結果なれば、一つの土俗、一つの言詞にも、無量の来由ありと知るべし。」(『柳田国男・南方熊楠往復書簡集』上、二四四〜二四五頁)

こう述べる。一見唐突な感じをうけるが、土俗、言語をとらえようもないほど広がりと奥行きのあるものとして考えようとしていることをうかがわせる。

これに類する言語観はほゞ半年後にあらわれる。

南方は明治四十五年(一九一二)四月十日午後二時前出の書簡に、かつて滞英中、大英博物館で東半球と西半球の諸語を調べていて気付いたとして、大略以下のように述べる。——西半球の諸国を新世界とよぶのは、コロンブスによる発見以来東半球人にとって目新しいからだが、実は西半球にも古くからいろいろの開化があった。中米等の「大故墟」が非常に古いものであることは、欧州人が来たころすでにそれを誰が作ったか一切「伝なかりし」ことでわかる。また南米ブラジル等で古い火山岩や氷河の下から「人の遺骸化石」が出たことすらある。今その地は大熱地だ。が、かつてそこまで氷河が届くほどの世の前にすでに人がいたのだから、西半球は新世界どころか、実は東半球よりも古くから人がいたのかもしれない。こう考えて、「わずか三、五百年来かき留めた語彙をあてにして、かれこれ語の伝来など論ずるは無用と思い、言語をもって事を判ずることは一切止め申し候。これに加うるに、言語にはそれぞれ韻あり、響あり、字で書かば一つながら実際まるで違うこと多ければ、あまり古いことは言語で論じ得ぬこと多し。」(『柳田国男・南方熊楠往復書簡集』下、六四〜六五頁)

続けて、もうひとつ言語観を述べる。——神社合祀反対の件も、「まずは中村氏の長演舌で事すんだらしいから」[6]最近は家にこもって顕微鏡をのぞいてばかりいる。妻と子二人、下女一人で至って無事平穏だ。ところで、朝起きてから夜戸を閉めるまでの間、「一家族経歴の事項を一々記し置き、その原因、沿縁を見るに、なかなか二、三百頁で書き終わり得ず。一日のうちにわづか四人の家内すらかくのごとし。いわんや原始より今日に至る諸邦人民の履歴においてをや。これをわずかに二、三の言語や三、四の用器作法に取りて、これはかれより出づ、かれはこれより出づという今日の学者の所為は、みな大間違いに徒労するものと存じ候。」（『柳田国男・南方熊楠往復書簡集』下、六五頁）

さらに、――「おさがめという海亀」は大海に生じたものだが、やがて陸に近く棲むようになり、現在はまた大海に棲むようになった。この「沿革を証すべき痕跡をその甲に留めおる由」を例にあげて、「いわんや言語など申すのは誰も慰み半分まねしたがり、またもっともまねし移りやすきものに候。（どもりのまねして真のどもりになる人多し。）されば、多くの言語の中には、此方に生じて他方へ移り、また他より此方へ輸入せしこと幾度も重なりしもの多かるべしと存じ候。」（『柳田国男・南方熊楠往復書簡集』下、六六～六七頁）――ながながと引用したが、要するに、言語――したがって、それを用いた記録というものは時間的、空間的に有限で、しかも浮動しやすいものだ、といいたいのだろう。

これは柳田にたいする批判の域を超えた言語観だが、柳田には通じただろう。折返しての書簡（明治四十五年四月十二日夕出）に、「小生はよくよく外に材料なき場合の外は、言語の比較のみにては仮定説も立てしことなし。（『石神問答』は少々このコジツケあり。）故に言語を材料として民習の遷移を説く能わずとの御説は同意に候。」（『柳田国男・南方熊楠往復書簡集』下、六八～六九頁）と述べる。「同意」しないわけにはいかなかったのだろう。

四　『柳田国男・南方熊楠往復書簡集』を読む(2)――南方の民俗学材料論

「言語をもって事を判ずることは一切止め申し候」と〝宣言〟した南方は、何を材料として「民習の遷移を説く」だろうか。

柳田は大正二年（一九一三）一月二十一日付書簡に、

「小生計画の雑誌は三月末または四月始めより出すことと致し候。一号御覧の上御気にかない候わば、随時御寄稿をねがいたく、初号は高木と二人にてかくつもりに候。（略）小生はとにかく独力にて文章報国の事業に着手致すことにきめ申し候。多く出ると否とは世の人の果報次第に有之べしと存じおり候。」（『柳田国男・南方熊楠往復書簡集』下、一四二～一四三頁）

と、『郷土研究』刊行（創刊は三月十四日）にかける意気込みを述べ、南方にも寄稿を誘った。

南方はこれに応じて、まず一月二十四日夜八時半出の書簡で、前に柳田に送った『紀伊新報』に連載の「悪眼の話」[7]を引き合いに出して、自分の書くものについて考えを述べた。

「『悪眼の話』等は、主として田舎人が、民俗学など何のことか分からず、瑣末の土風などを筆記して多きに誇ると心得たる輩に、一国一事物の沿革を徴するに民俗学の必要なること、はるかに虚偽多き古人の伝記や官府ばかりで得手勝手に作った官人大衆の履歴書より優れるを示す一法として出したるものに有之。（略）その上少々なりとも従来三文の価値なきもの、世の開進に害のみありて益なしと一概に思われおりたる屑譚俚俗中に、それぞれ地方民固有の系図を暗示しおる明珠あるを知り、十把一《ひと》からげに伐り去るべき古樹の一本も残り、捨て去らるべき古碑、古什の二、三も保存さるるに至りしは、右等の話を出す方が出さぬに優れる証拠に御座候。」（『柳田国男・南方熊楠往復書簡集』下、一四三～一四四頁）

——これは、民俗学の〝材料論〟だ。

その後、南方は「南方随筆」を寄稿した。ところが、この一篇だけで「三十五、六頁になり、一号分の過半」を占めるほどの長いもので、柳田は高木敏雄と相談の上、「二または三回に分載」することにした。――柳田の大正二年（一九一三）六月二十二日付書簡は、以上のことを説明して南方の諒解を得ようとしたものだが、後段で、

「小生等が陰《ひそ》かに貴下等に報ずるところありと信ずるは、目下すでに多く集まり今後も続々集まるべき諸国古伝、状態等の書籍に出でざる記事に候。これらは今のうちに大急ぎにてあつむる要あり。この雑誌はその共通の手帖に候。（略）このたびの随筆を深く有難がり候も、雑誌の原稿としては今一段と『紀州俗伝』の方がありがたく、さらに『市長の猫』または『燕石考』のごとき、一つにまとまりたるものを熱望致し候。」（『柳田国男・南方熊楠往復書簡集』下、一七〇～一七一頁）と〝註文〟をつけた。

柳田は翌大正三年（一九一四）四月十日付書簡で、高木敏雄が『郷土研究』の編集から手を引いたことを告げて、「無責任な話なれども、そのため続刊を見合わす決心つかず、小生大多忙の中にて今後やって行こうと存じ候。この上は一層の御援助を仰ぎ候。」（『柳田国男・南方熊楠往復書簡集』下、二〇二～二〇三頁）と述べ、具体的に六項目をあげた。その第五項に、「フォクロアの研究法とでもいうべきものを御書き下さるまじくや。これは地方の後進に対し大なる誘掖にて、兼ねてこの学問を盛んならしむる所以かと存じ候。」がある。――南方は四月十四日午前四時出の書簡でこれに応じた。「民俗学入門ともいうものは、小生久しく心がけおり、七十日もかかればちょっとしたものは出来申し候。これはたしかに収益の見込みあらば作り申すべく候。（略）外国のフォークロールの書目解題、これはKeitlとか申す人のフォークロール書目解題あり、そのうち取り寄せ見るべく候。」（『柳田国男・南方熊楠往復書簡集』下、二一一～二一二頁）と乗り気を示した。

南方の四月十四日午前四時出書簡にはもう一つ、古語、伝説、民俗について南方の見方を示した注目すべきくだりがある。

「(柳田の要請に応じて) もし今後小生が論文らしきものを出すこととなると、小生は、民俗とか神誌とかいうものは仮想や詩想や寓意に出でしものにあらず、その当時の人の理想や実験説をのべたもので、ラジウムの発見なかりし世の化学者は諸元素は不変のものと固く信じ、米国南北軍のとき北軍は黒人も白人も同祖と信ずれば南軍は異源のものと信じたるごとく、これも分からぬ、あれも分からぬではすまぬゆえ、実際分からぬなりに分かったつもりで述べたもの行なったものが、古話、伝説、民俗という見様を主張す。」(『柳田国男・南方熊楠往復書簡集』下、二〇九頁)

こう述べる。

これ自体一つの主張として通用するが、実は前段で、「高木氏がみだりに『日本紀』の文を、これも竄入、これも竄入というは、実に杜撰な説に候。たとえば、鮫は魚にして神にあらず、鮫に人を供するは犠牲にあらずなどいわれ候。(略) 鮫は魚にして神にあらずと理窟が分かる世の人は、すでに犠牲はせず候。」(『柳田国男・南方熊楠往復書簡集』下、二〇七頁) と、高木の研究法を批判したことにつながっている。

さらに、――高木とは民俗などにたいする考え方を大きく異にする自分の論考が『郷土研究』誌に載ることが前からの読者をとまどわせることになりはしないかとの懸念が南方にあって、こう書いたのだろうとおもう。

この一ヵ月後、大正三年(一九一四)五月十日朝六時出の南方の書簡は、――ほかの話題もまじえてではあるが――民俗学の材料について説く、書簡集でも有数の長いものになった。ほゞ一年前、『郷土研究』創刊間もない六月二十二日付書簡に、柳田が、これは「諸国古伝、状態等の書籍に出でざる記事」を「今のうちに大急ぎであつむる」

ための「共通の手帖に候」と述べていたことは前に引いたが、創刊から一年の間の様子をみていると、そのあたりが怪しくなってきた、とみたからではないか。

この長文の書簡から、民俗学の材料について述べたくだりを抄出しよう。

「伝説とか古話とかには、うそ多く新出来も多く、（略）それよりも土地に行なわるる諺語や、洒落詞、舌擾《したなら》し（『嬉遊笑覧』に謂うところの早口）、また土地のものが左までに思わぬ些々たる風習、片言等に反って有益なる材料多し。」（『柳田国男・南方熊楠往復書簡集』下、二二一頁）

「一国の植物群を精査せんには、いかなるありふれた植物でも諸地方よりことごとく集めた上のことなるごとく、関西地方にありふれたことも、仙道に至っては微かに存し、東京辺には全くなき等、民俗の分布を知るには、かかる些事些言の蒐集がもっとも必要なり。縁起経や神誌や伝説ばかり集むるは面白いが、そは比較文学に似たことで、民俗学唯一の事業にあらざるなり。小生は、民俗学は社会学の一部なるごとく、話説学《ストリオロジー》は単に民俗学の一部に過ぎず、と主張す。」（『柳田国男・南方熊楠往復書簡集』下、二二一～二二二頁）

「上方に『法師さん』という戯あり。（略）この戯れの詞、いろいろ土地によって異なり。（略）しかるに小生知るところでは、この戯れの詞に、異同の有無どころか、この戯れのこと記せしもの一つもなし。むかし花見等の宴に、必ず盲法師を伴いしときの遺風らしいが、何という戯れやら名も知らず。吾輩いずれもただただ『法師さん』をやろうというを聞きしのみ。世にあまりにありふれて、しかも文章に関係なきことなるがゆえに、一向文献に残らぬもの、この類のもの多し。これらは、諸方諸国より『紀州俗伝』ごときものあまねく集まる内には、多く後代へ書き残し得ることと存じ候。かかる些事些語は、小生一代にも全く亡びて記憶にのこらぬもの多し。きわめて普遍で筆するに足らずと看過するによるなり。」（『柳田国男・南方熊楠往復書簡集』下、二二二～二二三頁）

「材料の報告もっとも必要にて、書籍に載せた話の比較などは、実はあとまわしたるべし。ただし、比較の議論を多少載せぬと、俗人は小児の話を列ねた目録を雑誌にして出すようなものと受け取るべし。故に論文は、通常何でもなきこと、何のむつかしくもなきことと思わるるものにも、それぞれ深い理由と久しい伝歴あるということを示すよう、諸邦の例と比較して書かねばならぬ。」（『柳田国男・南方熊楠往復書簡集』下、二二七頁）

「当紀州辺で普通なことを、奥羽で伝えたのを『郷土研究』でみると、多少のちがいがある。このちがいを研究することすこぶる必要なり。それをするには、ぜひ諸方からつまらぬことどもを集めざるべからず。かかるつまらぬことは、世が進むに従い何ののこるところなく消失す。」（『柳田国男・南方熊楠往復書簡集』下、二二八頁）

「原理原則は万国を通ずるものなれば、一国のことを精査して見出だし得べし。現に欧州の学者が比較比較と縁もなきことまで探しあるくに反し、米国の学者は蓄音機まで用いて目今失せつつある諸些譚、些語まで蒐集しおる。材料豊富ならずば真の比較はなりがたし。ただし、小生は書籍のみに拠らず、なるべく俚間の実際について材料を多く集むるがもっとも必要と思う。書籍には面白い所のみ筆するゆえ、実際必要なことはぬけておること多し。」（『柳田国男・南方熊楠往復書簡集』下、二三〇頁）

――「南方語録」のようなことになってしまったが、材料は「些事些言」。これをことごとく集め、比較して、「それぞれ深い理由と久しい伝歴」があることを明らかにするのが民俗学の研究だと、材料から方法にまで及ぶ。

柳田はこの長文の南方書簡を受けとってすぐ筆を執ったと思われる五月十二日付の書簡に、次のように述べた。

「かの雑誌は民俗学のための雑誌のようたびたび仰せられ候には迷惑仕り候。前回幾度も刊行の趣旨を申し上げしことあり。小生専門はルーラル・エコノミーにして、民俗学は余分の道楽に候。かつ雑誌は田舎の好学の徒をして地方研究の一般の趣味を感ぜしむるにあり。故に雑駁なるは致し方なきのみならず、云々」(『柳田国男・南方熊楠往復書簡集』下、二三六頁)。

これを読んだ南方はすぐに筆を執って、「『郷土研究』の記者に与うる書」(末尾に「五月十四日午前三時出す」と付記)を柳田に送った。(この間のくわしい経緯は小野浩「柳田国男・その発想の根源を探る」『ソシオロジスト』六、武蔵大学社会学部、二〇〇四年)

この後も大正六年(一九一七)一月十六日付の柳田書簡までやりとりは継続されたが、本稿でとりあげるべき内容のものはない。

以上のやりとり、とりわけ南方の言説が柳田の営為にどう利《き》いてくるか、それを次に課題としよう。(未完)

《注》

(1)南方は明治四十四年(一九一一)三月二十六日付書簡に、「小生合祀反対のことにて未決監に入監中、貴下の『石神問答』さし入れもらい、監中にて初めて読み申し候。また『遠野物語』はその後一読致し候。」(『柳田国男・南方熊楠往復書簡集』上、二一頁)と述べる。「未決監に入監中」は明治四十三年九月七日までの十七日間。『石神問答』刊行後三ヶ月ほどのことで、明治四十四年(一九一一)九月十三日朝出書簡はそれから一年余だから、「愚見を申し述べんと思ふこと久し」に照応する。

(2)「清代から存在した平地住民側の先住民族に対する防御線。平地人側が境界としたいところで帯状に樹木を切りとり、要所に『隘寮』と称する哨舎をおき、これに『隘勇』ないし『隘丁』と称する警備兵を配置した。日本統治期にはさらに場所によっては地雷を敷設したり、電流を通じた鉄条網を張ったりした。」(若林正丈編『矢内原忠雄「帝国主義下の台湾」精読』

岩波書店、二〇〇一年、六四頁）

右のように、「隘勇線」は、もとは台湾固有の施設の呼称だが、柳田は（日本）列島もかつては台湾のように先住民と渡来民（＝われわれの祖先）が対峙していたと考えたから、両者の間の境界線も「隘勇線」としたのではないか。

（3）『神道大辞典』第二巻「サエノカミ」（平凡社、一九三七年）の項に、（『古事記』上巻の「サエノカミ」と『日本書紀』「一書」の「クナドノカミ」と、ともに）「同様の神威を有するところから、両神はいつしか混交一致するに至った。『日本書紀』に「来名戸之《くなどの》祖神《さへのかみ》」とある如きその一例である。のち支那に於ける道路神の影響によって道祖神《さへのかみ》と書くこととなり、中古以来主として用ひられてゐる。」（九三頁）とある。柳田はこれに類することをすでに知っていて、祖《さへ》を同音で意味の近い阻にしたのかもしれない。

（4）南方から明治四十五年（一九一二）一月十七日夜出の書簡で「わが国にも独立して俚俗学 Folk-lore Society の建立ありたきことに候。」（『柳田国男・南方熊楠往復書簡集』下、一七頁）と促された柳田は、二月九日付書簡で、「フォルクロアの学会は今年は打ち立て申すよう、乏しき有力者連を説きおり候。」（『柳田国男・南方熊楠往復書簡集』下、一八頁）とこたえた。

これに関連して、南方は二月十一日午後二時出の書簡で、

「次にフォークロール会のこと、これはちょっと難事ならん。しかし、うまくいかば考古学会や人類学会は乾燥無味の土器や古器の図録のようなものにひあがり、フォークロール会はなかなか俗人が見ても珍談ばかりで面白きものとならん。名称は実にむつかしく候。民族学会、伝説学会、里伝学会、いずれも不適当なり。そのうち一考致すべく候。（略）『大英類典』一昨年刊行の分により、英国にて学者がフォークロールの範囲内とする事項、左のごとく申し上げ候。（『柳田国男・南方熊楠往復書簡集』下、二五頁）

こう前置きして、「第一 Belief and Custom 信仰と風習」、「第二 Narratives and Sayings 話伝、言句」、「第三 Art 巧芸」の三分類を示す（それぞれの細目は省略）

二回目は、大正三年（一九四五）五月十日朝六時出の書簡。『民俗』第二年第二報に出された「『郷土研究』の広告、資料を求むる要件綱領」が大いに不完全だから、として、「民俗学（フォルクスキュンデ）に関する諸項を左に一一板『エンサイクロペジア・ブリタンニカ』より抜き列し候間、さらにそれによって概略を序《つい》でられたく候。（この分類は作者トマス氏自身も決して区画判然のものとは言わず。また民俗ごとき交互錯糅せるものに区分判然たるべきはずなし。）」（『柳田国男・南方熊楠往復書簡集』下、二二六頁）

こうのべる。三分類は、「①信念および風俗」、「②譚説および言辞」、「③巧技」（細目は省略）。訳語に変更がみられる。

（5）「十七種」のうち、「川童駒引」、「神馬の蹄」のテーマで集めた話が「河童駒引」「馬蹄石」の標題のもとに『山島民譚集㈠』として、大正三年（一九一四）七月に刊行された。昭和一七年（一九四二）七月に再刊され、その「再刊序」に、柳田は「ちやうどこの本を書いた頃、私は千代田文庫の番人（兼任内閣書記官記録課長——引用者）をして居た。さうして、色々の写本類を勝手に出し入れをして見ることが出来たのである。斯んなにまで沢山の記録を引用しなくとも云々」（全集二、一九九七年、「解題」五二四頁）と書いている。

（6）編集者飯倉昭平の解説を引く。

「神社合祀反対については、三月一二日の衆議院で、和歌山県選出代議士の中村啓次郎が、南方の資料を使って、一時間にわたる質問演説を行った。」（『柳田国男・南方熊楠往復書簡集』下、一二頁）

（7）地元紙『紀伊新報』に、大正元年九月三日〜十月十三日、十六回連載した随筆

■柳田国男・主題としての「日本」

作意された民俗
――宮本常一「名倉談義」を読む

杉本　仁

はじめに

宮本常一の『忘れられた日本人』は、網野善彦の解説をもって出版された岩波文庫版によって多くの人に迎えられ、一般化したといえよう。その「解説」で網野は、この書を「野心的な（略）、強烈な個性を持った宮本氏の民俗学の、最も密度の高い結晶で（略）そして宮本氏の名を不朽のものとした」（網野善彦「『忘れられた日本人』解説」岩波文庫、一九八四年、三二三頁）と高く評価し、その内実を「無限の宝庫を秘めた最良の民俗資料」（同上、三三〇頁）としながらも、その一方で「本書のすべてを文学作品とうけとることもできる」（同上、三三〇頁）と、「民俗学」と「文学」の双方に乗り入れが可能な書と位置づけた。ここで「文学」というのは、フィクションという意味合いで使っているのであるが、民俗学が事実を基に法則性を求める学問（社会科学）であるならば、この二つは明確に峻別すべきであろう。しかし、その狭間に、あたらしい「学問」の発生する要因があるということもまた否定できまい。「土佐源氏」は、この境界で煩悶する宮本が作り上げた著述・作品といってよいであろう。しかも、それはたんに「土佐源氏」のみではなく、『忘れられた日本人』の論考の幾つか（「対馬にて」や「名倉談義」）にもいえることで、この裂け目に入り込み、あがいていた宮本の煩悶や葛藤を知ることができる作品でもある。その意味では、「宮本民俗学」の形成過程を知る絶好のテキストといえよう。

すでに、この『忘れられた日本人』をめぐる問題点については、柳田国男研究会編『柳田国男・民俗の記述』（年報3、岩田書院、二〇〇〇年）で、井出幸男が「学問としての資料的価値を厳密に据えて」「土佐源氏」を詳細に論じ（「『土佐源氏』の成立」）、また拙論で「対馬にて」の寄合の実態を取り上げ（「寄合民主主義に疑義あり」）、永池健二がその民俗学の「表現者」としての本質に迫った（「物語作者の肖像」）。今回の拙論も、井出と永池から多大な示唆を受けつつ、『忘れられた日本人』に収録されている「名倉談義」を検討し、再度、この時期に宮本民俗学が、どのような問題をはらみながら、どのような状況で発生したかを追究することにした。

一　「名倉談義」の構成

『忘れられた日本人』（岩波文庫版、一九八四年）に収録されている「名倉談義」は、三部からなっている。「一」は、調査の経緯と名倉の概観ということになろう。この序章というべきものである。名倉は、「今日の日本の農村としては理想に近いような村を作り上げて来た」（同上、六〇頁）、伊那街道と飯田街道に挟まれた海抜六〇〇～七五〇メートルほどの高原の村である。ここを名古屋大学のスタッフを中心に、在地の郷土史家らの協力を得て総合調査が行われ、宮本常一も参加した。とりわけ宮本が心に銘記したのが、出征兵士を村人が送った「万歳峠」と、その村人が自由に村のありようを語った「談義」の印象的な部分であった。

「二」は、その村人による座談会で、この「名倉談義」の中心をなす。談義とは、「道理をよくわかるように説き聞かせること」で、仏教では説法の意味で使用され、説教ということになる。通常、この手の話し合いを収録するときは、人と話し合いをする「談話」ないし、気ままな話し合いほどの「雑談」としてもおかしくない。あるいは、自由気ままに話す「放談」、ないし文字通り座ったままで気楽に話し合う「座談」と、すべきではなかったか。教訓じみた「談義」を宮本が、なぜ表題に選んだのか、民俗学が村人（古老）からものを学ぶという意図を強調したかったためであろうか。

さて、この「談義」の中心となる「座談会」への参加者は、五人であった。沢田久夫、金田茂三郎、後藤秀吉、金田金平、小笠原シウの面々であった。ただし沢田の発言は一回のみで、「座談会」はのこり四人の雑談で進んでいった。聞き手である宮本の発したであろう語り口も、この「座談会」を設定した郷土史家・沢田久夫の存在も後退し、また場を提供した大蔵寺の住職・中村宗修（本名修）は声も姿もない。

四人の座談は「村の変化」からはじまり、自由闊達に展開していくわけである。話題は、村道、日露戦争から太平洋戦争まで入営兵士を送った万歳峠、駄賃馬、馬子歌の上手な駒サ、駒サの女房の話から女性の月のものへ、さらに運送馬車に戻り、ついで食うもの、着るもの、灯り、農具、共同作業、勤労と続き、宮本が感動した仕事を妨げないようにあかりを灯していた場面に行きつく。そのあとは、怠け者、厄介者、夫婦げんか、夜這い、嫁いじめ、区長役、生業、養蚕と続き、締めくくりは交通である。みごとに話題ははじめにもどり、「バスが通ると、田口へはすぐ出られるし、そこからは電車もある。買物も新城を通りこして豊橋へ出る。万歳峠の見送りもいつの間にかなくなりました。」（同上、八六頁）と結んでいるわけである。

この話をただ宮本が漏らさず聞いたままを記述した仕立てになっているのが「二」の「座談会」なのである。民俗調査というと、われわれは、聞書を連想する。調査者が、話者に関連事項の質問をする形式が一般的であろう。しかし、ここには宮本と話者（古老）とのやり取りはない。放談が自然に展開し、おしゃべりが連関性をもって進んで行った形式をとっている。みごとな展開で、仕上がりのいいストリーというほかない。

この「座談会」を補足したのが「三」で、村の長老である松沢喜一からの聞書である。「二」の「談義」が行われた翌一九五七年五月の「補足調査」のおり、聞いた話をまとめたものであろう。その松沢家には、宮本の日記（『宮本常一写真日記集成』上巻、毎日新聞社、二〇〇五年、九六頁）を紐解くと、五月十四日の午後、十五日の夕方から深夜十時まで、十八日朝と、三回出むき話を聞いている。内容は「二」の大蔵寺の「座談会」を補足する形で、展開している。ここは四つの小話からなっている。

「その一」は、小笠原シウさんにまつわる働き者のつれあいのこと、もらい子のこと、本分家の関係などが語られている。「その二」は、やはり「座談会」出席の金田茂三郎の人物像の補足で、易者の能力をもっていたこと、その師事した法印である古川弥兵衛の村に定着した経緯を述べたものである。「その三」は、村の二軒の家の栄枯盛衰にまつわる話、そして「その四」は村の発展をのべるくだりである。すなわち、労働はただ牛馬のように働くだけでなく、改善の必要性、たとえばオイコ（背負子）の導入にまつわる話、さらに区長をはじめとするムラ役の輪番制、夜ばいの習俗と婚姻の自由、その結果として家の格式とか財産とかをやかましくいう家のなかったこと、村が仲ようしてきたことが述べられている。その一方で明治末期から家格や財産が重要視され、村に変化が生じたことを松沢喜一翁から宮本は聞き出し、時代批判を漂わせ、末尾で「この家には名主の帳箱もおいてあります。昔のことがいろいろ書いてあります（略）貧乏したことがかいてあるそうでありますが、それでかえって仲ようしてきたのでありましたろう」（同上、九九頁）とまとめている。

上手なストーリー仕立てといえよう。その宮本を見出した編集者・谷川健一は、「宮本氏が民俗学者である上に、たぐいまれなストーリー・テラーであった」（宮本常一『女の民俗誌』「解説」岩波現代文庫、二〇〇一年）と称したが、村人の放談や談話が宮本にかかると、このように制御された、起承転結の利いたみごとな筋立ての物語になるのである。

さて、「名倉談義」の登場人物のプロフィールを紹介しておこう。まずは、沢田久夫（一九〇五～一九八五）である。沢田は、宮本が文中で「大へんな郷土史の百姓学者がいて、村人から尊敬せられているが、この方が調査に際して実によくお世話下さった」（前出『忘れられた日本人』六一頁）と敬意を込めて紹介している。また後述する「名古屋大学報告書」にも、「名倉村の調査において、他の地域のそれに比較して容易であったのには、当村に熱心な郷土史研究家（沢田久夫氏）が居り、その人の集めた資料を参考にし得た上に、同氏の協力によって、村役場、部落への接触が容易に行われたことが大であった。」（村松常雄編著（人間関係総合研究団）『日本人―文化とパーソナリティーの実証的研究』黎明書房、一九六二年、四四七頁）と書かれている。この沢田の存在が「名倉調査」をみのりあるものにした要因であったようだ。

沢田は、宮本より二歳上の一九〇五（明治四十）年で、若い頃から学問好きであったが病弱であったため遊学ができず、山持ちの百姓を受け継いだ。しかし、その一方で一九三一年七月に創刊された『設楽』の発行元、設楽民俗研究会に当初から名を連ね、名倉の青年団が発行したガリ版刷りの団報なども手がけていた。この団報が、日本青年館の理事長田沢義鋪の目にとまり、そのガリ版技術を買われ、一九三三年に東京青山の日本青年館に就職した。しかしながら上京して半年ほどで結核にかかり、帰郷を余儀なくされた。戦時中は翼賛壮年団長、戦後は公職追放となり、皇国史観を自己反省し、民衆の歴史に主軸をおいた新たな郷土史『三州名倉』（名倉村、一九五一年）を編纂した。その一方で郷土伝説に材をもとめた戯曲を書き、青年演劇の指導にも情熱を注いだ。肩から鞄を下げ、カメラを携え、ノートをつねに持ち歩き、またよくしゃべる研究者として評判であったという（木村哲也『「忘れられた日本人」の舞台を旅する―宮本常一の軌跡』河出書房新社、二〇〇六年、二〇三～四頁／斎藤卓志『世間師・宮本常一の仕事』春風社、二〇〇八年、一七～八頁／沢田豊美、二〇〇八年二月九日談）。

さて、「座談会」の面々については、「地元」（愛知県安城市在住）で足繁く名倉に出むき聞書を重ね、また宮本常一に熱く師事した斎藤卓志の『世間師・宮本常一の仕事』から引用しておこう。

まず猪ノ沢の金田茂三郎。この人は百姓のかたわら木曾御嶽山に人々を案内した御嶽行者の先達であった。また頼まれると蠟燭に火をつけ、太鼓を叩きながら占うこともした。周りからは茂三郎とは呼ばれずに茂三ガミサマで通っていた。

社脇の金田金平。金平サは一町五反を持つ百姓で、分家を出す時に、まかない一歩手前の家の水田四反と山一枚を、当時貴重だった米十俵と交換するほど資力を持った人だった。まかないとは、家のやりくりができなくなると借財を返すため家屋敷家財一切をセリにかけて売って金にすることをいい、そうなると村におれずに町に出た。また次男の家を先の後藤治夫の住む清水に建てるとき、朝五時には金平サの顔を見たという。金平サの社脇から清水までおよそ五キロ、その道を歩いて通って来たというほどの精分家として知られた人である。精分家というのは、肉体労働をして初めていわれるほめ言葉であった。（一八～九頁）

関係人物についての引用であるが、斎藤卓志は、この著書では宗教家の金田茂三郎と、金持ちの金田金平の二人のみで、後藤秀吉と小笠原シウの紹介はない。そこでこの二人についても、簡単に紹介しておこう。後藤は大久保集落の人、社脇集落の小笠原シウは、戸籍上では「小笠原しやう」で、「しょうさん」とか「じょーさん」、「おじょねー」などと呼ばれていたという。一八八三（明治十六）年生まれで、「名倉談義」の座談会が行われた翌年（一九五七年）に亡くなられた（賀曾利隆「『名倉談義』探訪記」佐野眞一責任編集『道の手帖　宮本常一　旅する民俗学者』河出書房新社、二〇〇五年、参照）。なお「補足調査」のおりに話を聞いた松沢喜一は、社脇集落の人で、学問があり村役場の出納長を勤めたほか、農業にも秀でており、和牛の種付けや乳牛の飼育などにも尽力した、村の指導層（重立ち）の一人であった。

二　名古屋大学名倉調査

さて、この「名倉談義」であるが、名倉調査は宮本個人で行われたものではなかった。名古屋大学医学部の村松常雄教授をトップに、文部省の科学研究費を得て、精神医学者、臨床心理学者を主体に、二、三の社会学者を加え、総勢一〇人ほどの体制で、一九五一年からスタートした。その後、アメリカ（Connecticut）からの研究費助成なども得て、研究対象や調査員も拡大していった。研究課題名も当初の「精神病理学と文化的背景」から「文化像とパーソナリティとの関係（Relationship of Cultural Patterns and Personality）」と改められ、調査地も「名古屋から余り遠距離でない場所に農村、山村、漁村の候補地域を求めて」（前出『日本人』一頁）、結果的に平野の農村として岡山県吉備郡高松町新池（現岡山市）、山地農村として名倉村、島嶼の漁村として愛知県幡豆郡一色町佐久島里と拡大していった。[1]そして、調査対象者は約三〇〇〇人、調査方法も多岐にわたっており、社会科学班等の用いた特殊調査票が四種、また心理学・精神医学班の用いたテストが七種、そのほか付随的に行った諸調査、諸テストなどもあり、その資料は膨大におよんだ。

調査者も、専門家の数だけで七八名に達し、これに補助員の約二〇名を加えると、総数一〇〇名弱になっている。協力した研究機関も大学九校、研究所二ヶ所に上った。そして、「全体会議、班会議、その他の討議が繰返され、時には数日間にわたる缶詰作業や、徹夜討論も行われ、文字通りの綜合研究が行われ」(同上、二頁)た。

宮本常一は、この綜合調査の一端を依頼されたのである。「文化人類学・民俗学」班の「特別協力者」として、「主として日本村落の民俗的研究」のテーマを委任された。この欄には Erwin Henry Johnson の名があり、彼は宮本の日記にも出てくる人物(ジョンソン)で、「主として名倉村の文化人類学的研究」を依頼された。ジョンソンは名倉村に一九五六年九月から一九五八年四月まで約一年半の間滞在し、名倉村の文化人類学的研究を行っていた米国の研究者であった。

調査結果は、編著者人間関係総合研究団代表村松常雄『日本人―文化とパーソナリティーの実証的研究』として、一九六二年九月に名古屋市の黎明書房から発刊された。総頁六六三におよぶ大著なものである。宮本の執筆は、「Ⅵ－1文化像に関するデータ　D．名倉村3部落について」(同上、三二一～三四〇頁)であるが、中田実[2]との共同執筆になっている。中田は、「社会学班」の調査者で、所属機関は「名古屋大学医学部精神医学研究員」となっており、「地域研究・家族研究」担当であった。その「D．名倉村3部落について」は、まず「はじめ」で名倉の地理的概略と村制の変遷を述べたあと、「(1)名倉の歴史」では、藩政村時代の一八の村(猪之沢・社脇・大久保など)の戸数、家の継承や苗字分布などの系譜関係、山地の所有関係と利用方法でのムラ同士の対立、水田農業を基本にした生業形態、副業としての山林、駄賃や馬の飼育、養蚕などの歴史を分析し、「身分的な平等の存在」(同上、三二五頁)をあきらかにしているが、「しかし農家経済において山林の占める位置が大きくなると、この不均衡が農民階層の分化に大きな意味をもってくることが考えられる」（同上、三二六頁）と結んでいる。

「（2）名倉の社会構造」では、三部落の人口（二六七人）、戸数（猪之沢一三、大久保一六、社脇一三）、家族構成、職業、土地所有、耕作地、経営規模、山林所有などの詳細のデータとその分析が行われ、それに基づいて「農家階層区分」などの表が作られている。この分析では、家族員、労働人口、年間労働日数、耕地面積、山林所有面積、専業・兼業、自作・小作、本・分家、経営方針・経営状態、年雇用労働日数、ムラでの役職経歴、農業機械の所有、家畜の所有などの要因から、階層を「中層農（上）」、「中層農（下）」、「下層農（上）」、「下層農（下）」の四段階に区分している。

さらに以上のデータ分析によって、「（3）村落社会の生活」では、三部落を含む名倉を「村落内に血を同じくする二、三戸程度のグループがあっても、本家の力が特別に強いということはない。本分家の間に序列はあるにしても、本家の権力が絶対的である例はない。（略）つまり、血縁的なつながりよりも、地縁的なつながりの強化が村としての共同性を高めることになる」。だが、「西日本に多く見られる年齢階梯的なものは稀薄であり、東日本に濃厚な家父長制に近いものがあるが、家父長制にともなう同族結合は強くないのである。（略）この村では貧農が富農に隷属しなければならない機会と条件とは少なく、こうしたことから、村落内における相互間の地域共同体的な意識は、古くからのものが比較的こわれないで今日に至っているとみられる。このことは村人の日常生活の中にも生きており、葬式や子供が生まれたときの行事は部落全体で行われる。また共有林の下草刈りは区長（部落長）の命令で区のものが交替で出役する」（同上、三三六～七頁）とまとめている。

宮本は、この階層差の少ない、村共同性の強固な名倉の形態を、「今日の日本の農村としては理想に近いような村」

（前出『忘れられた日本人』六〇頁）と見なした。しかし、この調査では、「『部落はみんないっしょ』という共同意識が、農業労働の順序や遅速を規定してきた。そして、以前には生産＝生活上必要であった共同労働も、生産力の発展と農業外就業機会の増大とともにむしろ桎梏となり、村落内部に、一時的にでも賃労働の販売者と購買者が出現するという、いわば近代的な状況を呈するようになっている。こうした関係は、さらに借金などにも生じ、親戚や近隣から借りることによって変な『義理人情にしばられたくない』から『しかるべきところから、利子をちゃんと払って借りる』という声」（前出、『日本人』三三七頁）となり、ムラ共同性が弛緩しはじめている様子も伝えている。

青年団活動への参加も少なく、「団の運営や方針そのものに問題があることは確かであろうが、同時に、地域の共同社会的性格の後退を示すものにほかならない。また同調査の「名倉中学校卒業生」（一九五六年度）の動向を見ても、すでに名倉に居住しているのは七人の高校進学者を含めても十一人、一八％に過ぎない（同上、三三八頁）。すでに過疎化の波が押し寄せ、村共同体の弛緩がはじまっていたのである。

三　名倉調査の行程

この名古屋大学の総合調査では、宮本は前後三回にわたって現地名倉に入り、調査を行っている。あたかも「名倉談義」の構成に対応するかのように、宮本の調査も三段階で行われたわけである。そこでここでは今日、民俗調査一般に用いられている「予備調査」「本調査」「補足調査」というタームを便宜上使うことにし、その行程を見てみよう。

宮本が調査のためにはじめて名倉に入ったのは、一九五六（昭和三十一）年十月六日から八日であった。これがいわゆる「予備調査」ということになろう。宮本の日記（『宮本常一　写真日記集成』）では、十月六日、「朝6時すぎ豊橋着、飯田線で奥に入る。田口まで電車、それよりバス。田口の町は台地の上、本屋が3軒もある。名倉へバス、役所へいって資料を見せてもらう。8日に町村合併とあわたゞしくしている。夕方沢田氏をたずねる。サクラヤへとまる。夜、ジョンソン氏とはなす。」十月七日、「沢田氏の案内で清水の古文書を見、清水城址をおとずれ、更に川口の鈴木さんの家へゆき、日がくれる。宿まで沢田さんとかえって夜10時ごろまではなす。」十月八日「昼まで役場で写しものをして、11：43分バスで名倉をたつ。」（同上、五八頁）となっている。この調査では、名倉に精通した郷土史家である沢田久夫と鈴木冨美夫を訪ね、またアメリカから文化人類学調査のために滞在していたジョンソンとの意見交換がなされた。名倉の景観を見、概観把握の日程といえよう。このあと同様に名古屋大学調査地であった三河湾に浮かぶ漁村・佐久島に渡るが、「夜半よりモウレツな下痢、ついに便所にねる」（同上、五八頁）、と凄まじい日程での調査をこなした。宮本の印象では、「朝おきてから西浦まであるいて写真をとる。西浦はおもしろそうである。」（同上、五八頁）と、名倉より西浦（佐久島）への興味をそそられたようである。

その一ヶ月後の十一月五日の終バスで、再び名倉入りし、「夜沢田サンノ家へアイサツニユク」（同上、五九頁）、そして十三日までの八泊九日の「本調査」が開始された。翌六日朝から夜十一時までは、壬申戸籍を含む役場資料調査、七日も同様に役場資料調査、八日は「鈴木氏の家で宗門帳を見せてもらう」と文書調査が中心であった。本書の中心をなす村人による座談会が行われたのは、そのさなかの八日の晩であった。宮本の日記には、「沢田氏来る。古屋野氏夕方のバスでたつ。夜大蔵寺で老人たちと座談会。はなしなかなかはづみ、つくるところを知らず」（同上、五九頁）と記されている。場所は、大久保にある寺院（大蔵寺）であった。住職は中村修、ここに郷土史家沢田久夫も同席した。

「補足調査」は、翌一九五七（昭和三十二）年五月十三日から二十一日まで八泊九日で行われた。この調査では、話者からの聞書が中心になっている。案内役の沢田久夫、鈴木冨美男の郷土史家、および大蔵寺住職をのぞき、松沢、小笠原、加藤良吉、貞登、英雄、土屋伊一郎、園原ともえ、喜一、土屋義睦、後藤、種一郎、安藤、木原らから聞書を行ったことが、宮本の『日記』（同上、九六頁）に記されている。なかでも、「名倉談義」の最高場面の演出には欠かすことのできない社脇（集落）の家々は、悉皆調査並みの密度で行われた。そして、「名倉談義」の後半部をなす「松沢喜一」個人からの聞書は、この調査のおりのものであった。

さて、この前後三回の調査で宮本が、もっとも感銘を受けたのが、「本調査」のおりの座談会で、村人によって話された熱心な労働と村人同士の思いやりの光景であった。

小笠原　あんたはほんにこの村一番の働き手でありました。あんたの家の田が重一さの家の下にある。あんたが、下の田ではたらいているときに、重一さの親が、今夜は戸をたててはいけんぞ、金平さが仕事をしておるで、というて、表のあかりが見えるようにしておいた。
金田金　へえ、そうじゃったかのう。わしはまた、あの家はいつでも夜おそうまで表にあかりをつけてくれているので、鍬先が見えるもんだから夜おそうまで仕事ができてありがたかった。（前出『忘れられた日本人』七六頁）

この話に感動した宮本は、ダメ押しをするかのように、「名倉談義」の前文でも、重複してこの場面を再現しているのである。

そのとき、きいていて大へん感動したのは、金田金平さんが夜おそくまで田で仕事をする。とくに重一さんの家のまえの田では夜八時九時まで仕事をした。重一さんの家はいつもおそくまで表の間に火がついていたので、そのあかりで仕事ができたと言ったら、小笠原シウさんが、それはいつもおそくまで火をつけていたのではなくて、今日は金平さんが仕事をしているから、また夜おそくなろうと、わざわざ明るくしてやっていたとはなし、しかも、この座談会でそれが語られるまで、一方はその好意を相手につたえておらず、相手の方は夜のおそいうちだと思いこんでいたという事実である。村共同体の中にはこうした目に見えないたすけあいがあるものだと思った。無論それと反対の目に見えないおとしあいもあるのであるが……。」（同上、六二頁）

相互を思いやる村人同士の感動的な光景である。だが末尾には「無論それと反対の目に見えないおとしあいもあるのであるが……」と、逆の足の引っ張り合いのあることも示唆している。このムラ共同体のマイナスを暗示する文節に、読者のなかには、宮本の多面的複眼的な観察の台詞だと評価する向きもないわけではない（前出『世間師・宮本常一の仕事』一二頁）。だが、私には何か唐突な感じがしてしまい、宮本の常套句のように思われてならない。

ところで、このシチュエーションに間違いないのであろうか。どうも、登場人物に「誤謬」があるようなのである。「カラクリ」といってもいい。該当する人物（重一）の存在を調べてみると、この人物が存在しないのである。登場人物を女性に転換すれば、特定できる人物がいないわけではない。私の聞書調査に間違いがないとすれば、宮本は女性を男性に転換したということになる。当然、なぜ、という疑惑は生じる。

まず、考えられるのは宮本の単なるミスである。一字違いで女性を男性に倒置したごく単純なミスとかたづけてもいい。だが、宮本は、この「座談会」が行われた前後に役場の戸籍簿の調査も行っており、個々の家の家族構成までも的確に把握していたはずである。また、今日の調査では手にすることがむずかしい戸籍簿なども、「予備調査」と

「本調査」で時間をかけて役場で閲覧しているのである。そのうえ「補足調査」では、場面となった社脇で悉皆調査に等しいほど綿密に各家々から聞書を行っているのである。このような経緯と緻密さをもって行われた調査であるついうっかりという見過ごしなどあるまい。

さらに名古屋大学での研究者間の意見交換や討議にも参加し、レポートをも提出しているのである。それらを総合した報告書（『日本人―文化とパーソナリティの実証的研究』）には、階層、家族員数、労働人口、耕地面積、所有山林面積、専・兼業、自作・小作、本・分家、役職経験、農業機械・家畜所有などの指標に基づく詳細な「農家階層の区分」表さえ添付されているのである。ミスがあれば、このような席上で他の調査者や研究者から指摘があったであろうし、また校正段階でも気づいて当然である。[3]ということは、明らかに宮本による「作為」と考えた方が自然ということになる。

では、なぜ宮本は女性を男性に仕立てたのであろうか。村人側の事情を考慮したといえなくはない。だが、そこにことの本質があるならば、「名倉談義」のすぐ後に収録されている「子供をさがす」論考同様に氏名や地名などの固有名詞を伏せればこと足りるであろう。「子供をさがす」のテーマは、「共同体の制度的なまた機能的な分析はこの近頃いろいろなされているが、それが実際にどのように生きているか」を扱ったもので、「名倉談義」と同様に村共同体の助け合いの美談を描いた共通性を持っている。にもかかわらず、ここでは場所は確定せず、「周防大島の小さな農村」（前出『忘れられた日本人』一〇〇頁）となっており、姿を隠した子供も父親の名も出てこない。さらに感銘を受ける、「一番さびしく不便な山の中」まで探しにでかけ、「子どもに人気があった」（同上、一〇四頁）主人公の名前さえも伏せられているのである。

とするならば、「名倉談義」でも、場所の確定も実名も不必要といえよう。もし村人の勤労精神とそれを支える村の共同性を描くならば、『忘れられた日本人』の後半部の「梶田富五郎翁」や「私の祖父」、「世間師」で試みた宮本市五郎や増田伊太郎、左近熊太のように個人のライフヒストリーのような描き方もあったであろう。ここで実名をあげたのは、「今はすでに故人になっている」ので顕彰を試みた結果ともいえなくはない。そのことは首肯しても問題ない。しかし、「名倉談義」では、現に生身で生活している人々の談話である。それをあえて実名で収録したわけで、なぜという疑問と、そのうえ女性を男性に変換したのは、なぜだという疑義は残ってしまう。

四　『忘れられた日本人』の構造

ところで、「名倉談義」の収録されている『忘れられた日本人』は、一九六〇年七月に未来社から刊行されたものである。それまで民俗学では、実名を記すことを避けてきた経緯がある。『忘れられた日本人』所収の論考においても、実名を用いたものとそうでないものが混合している。その意味では、この本のなかにも「過度期」をみることができよう。次頁の図表は『忘れられた日本人』所収の論考を、発表年、発表誌、場所、調査地、人物（名）、内容などの項目でまとめたものである。

収録された十三論考の構成は、村共同体での話し合い（寄合・政治）、村の美談（「名倉談義」「子供をさがす」）、男女の性（「女の世間」「土佐源氏」）、山村・漁村の生活（「土佐寺川夜話」「梶田富五郎翁」）、村外の世界（「私の祖父」「世間師（一）」「（二）」）、そして村内部の知者（「文字をもつ伝承者（一）」「（二）」）と、村内部から村外の世界へ、そして村内部へと戻り、村の変遷そして改善・改良への道筋が示されている。

細部の検討に入れば、『忘れられた日本人』所収の十三論考で、実名が出てくるのは、七点である。そのなかで後

	発表誌（発表年月）	場所（調査年）	人物（実名）	性描写	内容・備考
対馬にて	『民話』（1959-2）	長崎県対馬（1950 ～ 51）	村人（なし）	あり	対馬の寄合と巡礼
村の寄りあい	『民話』（1959-6））	全国各地	村人（なし）	なし	全国の寄合（合議制）光景
名倉談義	書き下ろし	愛知県名倉村(1951 ～ 52)	村人（松沢喜一ほか）	あり	村人の共同性
子供をさがす	『教師生活』（1960-1）	山口県周防大島	村人と余所者（なし）	なし	村人の紐帯
女の世間	『読書新聞』(1959-8)	山口県周防大島	村の女性（なし）	あり	共同体と世間での女性／四国巡礼
土佐源氏	『日本残酷物語』（1959）／『民話』（1959-8）	高知県檮原（1941）	馬喰（なし）	あり	「土佐檮原の乞食」として発表
土佐寺川夜話	（未発表）	高知県寺川（1941）	村の老婆（なし）	あり	老婆からの聞書と見聞
梶田富五郎翁	『民話』（1959-4）	長崎県対馬(1950 ～ 51)	梶田富五郎	なし	移住者の村開拓
私の祖父	『民話』（1958-12）	山口県周防大島	宮本市五郎	なし	祖父の伝記
世間師（一）	『民話』（1959-12）	山口県周防大島	宮本市五郎／増田伊太郎	あり	出稼ぎ先での体験談
世間師（二）	『民話』（1960-2）	大阪府（河内長野市）高向村（１９３６）	左近熊太	あり	旅の遍歴／『河内国滝畑左近熊太翁旧事談』に書かれている人物
文字をもつ伝承者（一）	『民話』（1960-4）	島根県邑智郡（１９３８）	田中梅治	なし	学問ある篤農家
文字をもつ伝承者（二）	『民話』（1960-6）	福島県北神谷（1940）	高木誠一	なし	篤農家の民俗学者

半部分「女の世間」以降は、ライフヒストリーといえるもので、実名があげられている。だが、「女の世間」や、この著書の中心をなす「土佐源氏」では、名は特定できるが、記すことをしていない。にもかかわらず、前半部では「名倉談義」のみ実名を採用しているのである。

発表誌の関係であろうか。十点が『民話』に発表されたものである。残りの三点が、すなわち「子供をさがす」が『教師生活』、「土佐寺川夜話」が筐底にあったもの、「名倉談義」が書き下ろし、ということで発表雑誌との関係はうすい。発表年月を見ても入り組んでおり、関係がなさそうである。ということで、「名倉談義」そのものに秘密を探った方が無難ということになろう。

では、「名倉談義」の調査はどのようにはじまったのであろうか。『忘れられた日本人』の「あとがき」に詳しい。

これについての私の方法はまず目的の村へいくと、その村を一通りまわって、どういう村であるかを見る。つぎに役場へいって倉庫の中をさがして明治以来の資料をしらべる。つぎにそれをもとにして役場の人たちから疑問の点をたしかめる。同様に森林組合や農協をたずねていってしらべる。その間に古文書のあることがわかれば、旧家をたずねて必要なものを書きうつす。一方何戸かの農家を選定して個別調査をする。私の場合は大てい一軒に半日かける。午前・午後・夜と一日に三軒すませば上乗の方。仲間をたのむと、その人たちはもっと能率をあげる。

古文書の疑問、役場資料の中の疑問などを心の中において、次には村の古老にあう。はじめはそういう疑問をなげかけるが、あとはできるだけ自由にはなしてもらう。そこで相手が何を問題にしているかがよくわかって来る。と同時に実にいろいろな事をおしえられる。「名倉談義」はそうした機会での聞取である。（同上、三〇八〜

九頁）

この宮本の調査方法（村の外観・景観→文献・古文書→聞書）は、彼の「日記」でも検証でき、事実関係において問題はない。さらに宮本は、その調査目的を、「私の一ばん知りたいことは今日の文化をきずきあげて来た生産者のエネルギーというものが、どういう人間関係や環境の中から生れ出て来たかということである。」（同上、三〇九頁）と民衆の生活文化の解明に置いている。そのために宮本は、「相手の人が私の調子にあわせるのではなく、自分自身の調子ではなしてくれるのをたいへんありがたいと思うし、その言葉をまたできるだけこわさないように皆さんに伝えるのが私の仕事の一つかと思っている。」（同上、三〇九頁）と述べているのである。

となると、話のあまりのおもしろさに手を加えず、そのままのスタイルで発表した「名倉談義」こそ、宮本の円熟した調査方法による、最高傑作ということになる。そのために話者の名も記した。それで問題はあるまい。だが、そうであるならば、故意に女性と男性を倒置する必要もあるまい。宮本には、こうせざるを得なかった何かがあったとすべきであろう。まず考えられるのが、一般論としては、話者側の話の内容に公表してはならない問題が存在している場合である。であるならば、話者名や登場人物の名がわからないような方策を講じればこと足りるはずである。「名倉談義」も、全員の名を伏せれば問題は解決されたはずである。でも、宮本はそのような一般的な処置をしていない。リアリティーが削がれることを畏れたのであろうか。それも一理あろう。だが、それのみでは解決できない何かがありそうなのである。

五　問題の所在

1　学者として不遇

『忘れられた日本人』は、宮本にとって転機になった書物である。刊行されたのは、一九六〇年で、この書は宮本の名を一挙に高めることになる。それまでの宮本は、研究者としても、学者としても、けしてその実力相応の待遇を受けていたとは言い難い。早くから柳田国男に接し、『民間伝承』誌などへの投稿、さらに戦時中・戦後は渋沢敬三の「食客」として全国を旅し、民俗事象・知識の採訪・採集に努めていた。しかし、その実力は日の目を見ることはなかった。一九五〇、五一年に行われた六学会連合対馬調査においても、最大級の働きをしたにもかかわらず、その肩書きは民俗学会の調査員ではなく、民族学会のそれも渋沢敬三の「助手」であった。肩書きで仕事をするわけではないが、学界の処し方は冷酷そのものであった。

たとえば、『世間師・宮本常一の仕事』のなかで斎藤卓志は、竹田旦の次のような言葉を引用している。一九五〇年七月十二日、対馬の曲という海村でのことであった。

　質問はもっぱら宮本さん。まず曲における伝統的な漁法と漁期から入っていく。海女の村だから鮑採りの話が中心になり、イリコ網（地引き網）・建網・ブリ網などの網漁業、イカ釣・サバ釣や延縄などの釣漁業、ついで漁業組合や信仰に進み、ときどきは関連事項のため、年中行事や通過儀礼などに質問が飛んだりする。私は終始聞き役で、宮本さんと古老の間のやりとりをただ息をつめて聞き入っていた。（略）

宮本さんの質問は、まるで川の流れの如く、時には急に、時には緩やかに、緩急織りまぜながら、とどまる所を知らなかった。また、この日のインフォーマントの答えぶりもみごとであった。二人の応対は、さながらお寺の山門の仁王が一体は口を開いて阿、もう一体は閉じて吽の姿をしている。その阿吽の状況を相互に再現しているみたいであった。そのくせ、宮本さんは民俗学上重要な点については、そのつど確認することを忘れない。たとえば海女が腰に締めるわら縄をハツコナウと呼ぶと聞くや否や、海女の開祖伝説をたずね、初子姫という名が現れるかどうかを念押しするのであった。初子姫という名が伴えば、それだけでまず筑前鐘崎系の海女と見てよいと、その場で解説して、当のインフォマントや並居る一同を驚かせるのであった。このように知識の一部を披露して、それにからまる伝承をさらに深く聞き出そうとするのは、民俗調査のテクニックとはいえ、宮本さんの場合は、それがきわめて自然で、わざとらしさが少しもうかがえなかった。（九四～五頁）

この竹田の文を引用した斎藤がいうように、宮本の「豊かな知識と経験」と相手に「違和感を抱かせない」（同上、九五～九六頁）服装や人なつっこい笑いをたやさない人柄が、調査に大きく影響を与えたのであろうが、宮本は調査者としての「天性の能力」を持っていたようである。これに対して「権威主義」をかざし調査をしていた民俗班の学者もいたようである。

ところがなかには、古老が問いつめられて、答えようのなくなっているのに、「こうだろう、ああだろう」としつこく聞いているフォクロリストもあったようで、「あれでは人文科学でなくて訊問科学だ」といっていた人もあった。私はそういう人が調査を行った直後を歩いたことがあったが、私が話を聞きにゆくと「私のようなばか者はとても話ができんから」といってことわられたこともたびたびあった。調査されるということが、よほど身にこたえたらしい。しかし話しているうちに私の立場をわかってくれて、いろいろ教えてくれた人もあったが、なかにはとりつくしまのない場合もあった」（宮本常一「調査地被害」安渓遊地・宮本常一『調査されるという迷惑――フィールドに出る前に読んでおく本』みずのわ出版、二〇〇八年、一八頁）。

このことは対馬調査だけではなかった。

対馬調査から数年後のことであるが、私は国東半島を歩いていた。そのあたりの古い信仰習俗についての調査が目的だった。それ以前にもこの地方に、立派な民俗学者が来て調査したことがあるということだった。その学者に土地の人が「こういうことはないか」と聞かれて「ない」と答えると大変不機嫌で「ないということはないはずだ。あったのが消えたのかもわからないし、あなた自身が体験していないだけのことかもわからぬ」と叱るような調子でいわれたという。調査というのが、あたかも百姓が侍に叱られているような有様であった。このことはよほど身にこたえたようで、私が訪れると「もう調査されるのはこりごりだ」と話していた。（同上、一八頁）。

この民俗学会の権威者たちに比して、この時期の宮本は、その学識に見合った処遇を受けることがなかったのである。その宮本が世間で認められるきっかけは、『風土記日本』（全六巻、一九五七～五八年）と『日本残酷物語』（全五巻・現代編二巻、一九五九～六一年）の仕事であった。平凡社が企画したこのシリーズは、「民衆の学」としての民俗学の評価を高め、アカデミズムの学問として確立を図ろうとする民俗学に強い衝撃を与えた。編集には、のちに民俗学者として活躍する谷川健一らがあたり、監修者であった宮本みずからも「土佐源氏」の原型である「土佐檮原の乞食」などを載せ、民衆の貧しくともたくましい生き方や、民衆の養ってきた生活の仕組みである「民主的な寄合」の様子などを報告した。

さらに劇作家の木下順二や国文学者の益田勝実らと宮本は『民話』（一九五八年）を創刊し、ここに『忘れられた日本人』所収の「土佐源氏」などの諸論考を載せた。この雑誌は、「民俗学的・歴史学的研究」に基づく「民衆の知恵としての民話」の発掘に努め、門外漢と思われる埴谷雄高・丸山真男の対談や日高六郎、藤田省三などの作品を掲載した。そしてまた、土着的な視点から時代状況に先鋭的な批判を行い、「大衆に向かっては断乎たる知識人であり、知識人に対しては鋭い大衆であるところの偽善の道をつらぬく」（谷川雁「工作者の死体に萌えるもの」『原点が存在する』新装版、現代思潮社、五六頁）ラジカルな変革者・谷川雁の作品（「観測者と工作者」）なども収録した。ここには、まさに「左翼知識人」と連携を密にする宮本の姿があった（前出、拙論「寄合民主主義に疑義あり」参照）。

2　宮本の身辺と弟子

そのほか宮本は、この時期に「弟子」を持つことになる。肩書きも十分でない、渋沢敬三宅に「食客」として間借りをし、収入も生活も安定しない宮本が「弟子」を持つことになるのである。彼らは宮本の学識と人柄にひかれ、なかば押しかけで「弟子」になったようなもので、宮本が認知したわけではないかもしれない。『宮本常一著作集』の編集を行っている田村善次郎も、そのひとりで、最古参の「弟子」ということになろう。田村と宮本の出会いは、一九五五年の埼玉県東吾野の調査のようであるが、明確に宮本を師として意識したのは一九五七年五月の名倉（「補足」）調査の時からであったという（佐田尾信作『風の人　宮本常一』みずのわ出版、二〇〇八年、一四六頁）。「名倉でまいったのは、夜、話を聞いて帰るでしょう、そうしたらまだ先生帰っていないんだよ。（略）先生が帰ってこないのに、若い俺が早く帰ったら悪いじゃんという気になって。（略）こっちは、いいかげん聞くことなくなっちゃうわけよね。それをいかに引き延ばすかというので、粘って夜中まで話を聞く。少し話を聞くのが上手になったかもしれないね。あれはしかし、勉強になった」（同上、一四六頁）。宮本の精力的な調査が、田村らをして、宮本の人柄と学識に引き寄せられていく一因になったわけである。

神保教子は、その田村よりはやい「弟子」であろう。結核が再発療養した宮本の体をいたわり、やはりこのおりの名倉の「本調査」にも参加している（前出『宮本常一写真・日記集成』五九頁）。宮本と神保の出会いは、神保からの聞書をもとに『世間師・宮本常一の仕事』を刊行した斎藤卓志によれば、以下のようである。

> ここで内輪話を聞いた神保教子について記しておきたい。大正九年（一九二〇）年、周防大島生まれ、大島郡久賀のお寺の一人娘、東京の浅草寺病院の勤務医と結婚、浅草観音近くに住み子どもを三人もうけるが夫を広島の原爆で亡くす。宮本との出会いは、地元大島の指導農場で宮本の講演会があり、たのまれてお茶を出したのがきっかけだった。（略）神保は（略）講義を特別にたのんで教室のうしろの方で聴いた一人だ。講義には妻のアサ子も来ていた。妻のアサ子は講義に通う神保を見て、『あなたの話をあんなに熱心に聴いた人はいない。全身で聴いている人がいる』と宮本に言った。（略）お茶を出したのがきっかけで一生のつながりになっていく。（二九～三〇頁、傍点引用者）

その神保に宮本が、調査地名倉から出したハガキ（昭和三十一年十月八日消印）をやはり斎藤卓志は、この自著に載せている。

六日豊橋から飯田線で山中に入ってゆきました。(略)電車は更に谷のきれいな流れにそってゆき、田口というところで終点です。そこからバスでまがりくねった坂をのぼると、高台の上に出ます。そこに田口の町があります。信州伊那への道すじです。そして山の上のさゝやかな町です。そこからまたバスで目的の名倉へ来ました。名倉は田口と大きな谷をへだてた、北の台地の上にあります。標高七〇〇米ほど。もう秋もふかまろうとしています。田は黄、周囲の山はスギの美しい植林、七日はその村の中を自転車で方々見てあるきました。平和でおちつきのある村です。今日は山を下って佐久島へゆきます。東京へは十一日の朝かえります。

宛先は、「東京都港区赤坂福吉町二　全国離島振興協議会　神保のり子様」。差出は、「東京都港区芝三田綱町一〇日本常民文化研究所　三河名倉にて　常」(一一七〜八頁)であった。

斎藤卓志のコメントは続く。

五円の郵便はがきの消印は、豊橋三十一年十月八日となっている。これは宮本四十九歳のときの葉書である。宮本の一生を通じて、もっともよい時期の旅ではなかったろうか。文面から落ち着いたたたずまいを見せる山村の姿が彷彿として、昭和二十年代を遮二無二やってきた宮本の次の段階への移行期であることを思わせる。常の一字も決まっている。はがきにある三田綱町は、師である渋沢敬三の自宅。居候としての生活だった。(一一八〜

九頁）

ちなみにハガキ文面の佐久島は、当時、名古屋大学人間関係総合研究団が、名倉との比較調査地に選んでいた愛知幡豆郡一色町佐久島の漁村であった。このハガキを受け取った神保は、一ヶ月後の十一月の五日から十三日までの「本調査」には、突如十一日から参加し、住宅の間取り図などの調査にあたった（前出『宮本常一写真・日記集成』）。この時、神保三十六歳であった。神保は、宮本の妻・アサ子から「主人（宮本）は女の弟子は育てないと直に言われた」といったという（前出『世間師・宮本常一の仕事』二七三頁）。だが、神保は名倉調査に出向き、また宮本が事務局長（一九五四年五月）に就任した全国離島振興協議会の事務局職員として、さらに宮本が教授（一九六五年四月）として勤めた武蔵野美術大学では、研究室の秘書兼事務員として働き、東京にあって宮本の仕事を生涯にわたってサポートし続けた(4)。

六　『忘れられた日本人』の描く世界

では、学者としての社会的地位、日常生活での経済的逼迫、さらには「女の弟子」問題などで悩んでいた宮本は、その悩みを昇華するかのように『忘れられた日本人』を上梓したのだろうか。

この本のテーマは、ムラ共同体の文化探究ということになろう。具体的には一つ目が、ムラ共同体内部での話し合いによる政治、すなわち「寄合」の文化である。二つ目は男女のつながり、「性」の問題である。三つ目はムラ共同体にあたらしい「文化」を吹き込む人びと、すなわち「世間師」の営為である。

「寄合」は、人間の共同性とその在り方を問いながら、六〇年安保闘争期の現実政治から影響を受けつつ書きあげ、「性」は男女間の幸せを「民衆」の生活史に見出そうとしたものであった。「世間師」は、ムラ内部の在り方に刺激を与え続けた外部文化を引き入れた人びとの役割である。すでに「寄合」については、拙論「寄り合い民主主義に疑義あり」で、宮本の「政治性」を谷川雁と共鳴した「工作者」であると言及したので、ここでは触れない。

二つ目の「性」の問題は、宮本の戦前からの知人で柳田民俗学批判の先駆者であった栗山一夫（赤松啓介の別名）が、赤裸々にみずからの「性」の遍歴をリアルに描いたものが、民俗学では先駆的な業績であったが、その「性」を宮本は、ここでは正面からとりあげ、赤松啓介同様に、それを窮屈な、独占された営みとしては描いていない。人々の自由奔放な「性の遍歴」を「民衆」の世界に求め、歴史の中に探ったといえよう。だが、ここには宮本みずからの「体験」は、赤松のように直截には述べられていない。宮本が、みずから経験した性の営みを描いていないかというと、そうではない。宮本の著作の中には、妻アサ子との「関係」を描いた箇所があり、全面的に否定することはできない（宮本常一「萩の花」『宮本常一著作集』第6巻、一九六七年）

だが、『忘れられた日本人』のなかには、宮本の性体験が赤裸々に表出された箇所はない。しかし、直截的な表現ではないが、次の箇所に作者（宮本）の性への意識や女性観の投影を見ることはできよう。

どんな女でも、やさしくすればみんなゆるすもんぞな。（略）どういうもんか女だけはわしのいいなりになった。わしにもようわからん。男がみな女を粗末にするんじゃろうのう。それで少しでもやさしうすると、女はついて来る気になるんじゃろう。そういえば、わしは女の気に入らんような事はしなかった。女のいう通りに、女の喜ぶようにしてやったのう。（略）あんたも女をかまうたことがありなさるじゃろう。女ちうもんは気の毒なもんじゃ。女は男の気持になっていたわってくれるが、男は女の気持になってかわいがる者がめったにないけえのう。とにかく女だけはいたわってあげなされ。かけた情けは忘れるもんじゃアない。（前出『忘れられた日本人』一五六〜七頁）

ここには作者宮本の心づかいを彷彿させるものがある。これが宮本の女性観（性意識）なのであろう。だが、ここには何か湿っぽい「性」が付着し、開放的な健康さが感じられないのである。「性」の本質がどこかに陰湿さを秘めているものかも知れないが、「土佐源氏」で宮本が描いた「性」もそこから抜け出てはいない。どこかに、女性に対しての贖罪意識が漂っている。それゆえにか、末尾で「かまうた女のことを思い出してのう。どの女もみなやさしいええ女じゃった」（同上、一五八頁）と、みずからの意識を贖罪し、昇華するかのように結んでいるのである。

さて、「名倉談義」に戻ると、この「座談会」でも、「性」は「夜ばい」の体験談として語られている。三、四里もある恵那地方へまですきな娘を求めて夕飯をすませて山坂越えて通ったこと、近所の娘と遊んだことなどが語られ、さらにはその仔細にまでおよぶ。「はァ、女と仲ようなるのは何でもない事で、通りあわせて娘に声をかけて（略）夜になれば押しかけていけばよい。こばむもんではありません。（略）布団の中へ入りさえすれば、今とちごうて、ずろおすなどというものをしておるわけではなし……。みなそうして遊うだもんであります。ほかにたのしみというものがないんだから。そりゃァ時に悲劇というようなものもおこりますよの、しかしそれは昔も今もかわりない事で……。」（同上、七九〜八〇頁）と続く。

しかし、話は急にとぎれ、これ以上つづかずに話題は「しうとめの嫁いじめ」へと転換してしまうのである。

「……」は、沈黙が続いたのか、話がもっと展開したのか、わからない。前者であるとすれば、沈黙を打ち消すために、聞書側の宮本が、口を挟み、話題を転換したことになる。しかし後者の場合には、もっとスキャンダラスに展開した可能性がないわけではあるまい。そうなると宮本が「放談」を切断したことになる。だが、これは推測の域を出ない。しかし贖罪をふくむ宮本のやさしい女性観（「とにかく女だけはいたわってあげなされ」）からすると、醜いスキャンダルは削除すべきものとなる。同様に「座談会」での男女の取り替えも、このことと関係があるように思えてならない。宮本が意図した「談義」の説教的ストーリーからは、女性より男性にする方がより「倫理的美談」にしやすかったのである。そのため宮本は故意に装飾を施し、男女の入替えを試みたのである。

七　宮本民俗学の方法

さて、三つ目の「世間師」の問題である。宮本民俗学を規定するおり、使用されるタームである。「世間師」は、基本的にはムラ共同体内部の人間である。事情があり、ムラを出奔し、旅に出て、外の文化を見聞きし、またムラに戻り、ムラ文化に刺激を与えた人物である。この「世間師」には、ムラ内部でムラの文化を継承してきた「常民」を描いた柳田国男の民俗学、ムラ内部の文化に漂泊者として外から刺激を与え、ムラを活性化させてきた「マレビト」の役割を描いた折口信夫の民俗学、その両者を融合する視座があった。宮本が描いた「世間師」は、柳田の「常民」のようにムラ内部にどっしりと腰を下ろし続けた人物ではない。また折口の「マレビト」のように漂泊者として、ときおり現れ外からムラへ豊饒をもたらす人物や「神」でもない。ムラ内部にあって、外側の世界、すなわち世間を見聞きし、その見識をもってムラの文化形成に果たした人物の役割である。この「世間師」の位相こそが、宮本民俗学の独自の視座であり、それはまた宮本自身が選択した生き方そのものでもあった。それは祖父市五郎や父親善十郎の生き方を踏襲したもので、在所をあとに世間を知るため出稼ぎなどの長期間の旅に出て、世間を知ったうえで帰郷し、在所で暮らす生のあり様であった。

その「世間師」であった父親は、宮本が故郷を出奔するおり「一〇項目の人生訓」を与えている。その訓は「（1）汽車へ乗ったら窓から外をよく見よ（略）駅へついたら人の乗りおりに注意せよ、（略）（2）村でも町でもあたらしくたずねていったところはかならず高いところへ上がって見よ、（略）峠の上で村を見おろすようなことがあったら、お宮の森やお寺や目につくものをまず見、（略）そして山の上で目をひいたものがあったら、そこへはかならずいって見ることだ。」（宮本常一『民俗学の旅』文藝春秋社、一九七八年、三七頁）などであった。まず外から、すなわち景観からの観察の重要性を訓示したことになる。

さらにこの「訓《おしえ》」に、渋沢敬三の「薫陶」が加わったといえよう。渋沢は柳田の民俗学に対して、その領域外の事象をフォローした人物である。すなわち、宮本が渋沢を論じたのに従えば、「柳田先生が長い間かかられて、そうしてりっぱな日本の民俗学という学問に生命を吹きこまれたのですが、ただ横から拝見しておりますと、心理現象なり、あるいは言語なりに重点を置かれて、マテリアル・カルチュアの方面が多少おろそかになっているように思えましたので、まず民具を集め出したのが最初であります。」（『宮本常一著作集』第50巻「渋沢敬三」二〇〇八年、二四二頁）というように、渋沢からは、もの（民具）に即してものを正しく見て、また人とものがどのようにかかわりあっているかを見ることを諭されたことになる。すなわち、外からの観察の優先であった。

この父親と学問の師・渋沢から受容した方法は、宮本民俗学の方法として醸成され、宮本民俗学の特色になっている。ものに依拠する、しかしそのことは逆に人々の心の襞に入り込むとき、妨げになることもあろう。柳田の民俗学が、信仰や俗信、ことばなどの精神や心理的な事象に比重を置いたのに対し、宮本民俗学は現実にある形あるものに依拠しながら民衆の生活文化へ測鉛を下ろしていった。それゆえにといおうか、宮本の膨大な著作は、「外からものを見る眼」、比較をもとにした「観察眼」には優れているが、それに対して人物の内面の「考察眼」には見劣りするものがある。すなわち景観観察には優れているが、人物描写は定型的なものが多い。例えば、生け垣の相違から武蔵野平野の開発歴史を見抜く鋭さ（『私の日本地図　武蔵野・青梅』未来社、二〇〇八年。同友館、一九七一年）や、あるいは戦前戦後の話しことば（語彙）の変遷を指摘する鋭敏さ（「方言は生活語」一九六八年『宮本常一著作集』第12巻「村の崩壊」未来社、一九七二年）などには、宮本民俗学の面目躍如たるものがあろう。

しかし、人間観察とりわけ女性観察、それも男性に対峙した在り方においては、宮本のすぐれた表現能力をしても、すでに述べたように定型通り画一的解釈しかできないのは、不思議というほかない。「旅人の学問」の欠点といってしまえばそれまでである。「寄留者」として一ヶ所に長く留まり、住民と親しく交流すれば、住民の心の襞までたどり着くという類のものでもなかった。宮本の感性や能力というより、その方法に問題があったといえよう。これは、宮本民俗学に信仰などの無形な「心意現象」に関する考察が少なく、それに比して有形なもの、比較の可能なもの、すなわち景観や民具類について卓越した考察が多いのもそのことと関連しよう。その方法が、異性である女性の考察に顕著にあらわれ、通り一遍の画一的な表現になったといえるのである。

この研究方法は、柳田民俗学の方法ではなかった。宮本の民俗学が対象にした「民衆」の内実と、柳田国男の描いた「常民」を対比するとより明瞭になろう。宮本の描いた「民衆」は、実在する名を持った人々である。その人びとの名を確定することはむずかしくない。まさに実体ある人びと、あるいは概念といえよう。それに対して柳田の「常民」は、その人物を確定することは困難である。柳田の「常民」は、宮本の「民衆」が幾重にも重なり、抽出された概念なのである。名をあげ、実体を明確にするのはむずかしいといえよう。通時的・共時的に重層的に生活した人々の集積なのである。その意味では抽象的な概念ということになる。過去に幾多となく積み重ねられた経験を私たちは生きているのである。それゆえに他者の内面を自己のものとして関知し、ある時には共鳴することができるわけである。民俗学とは、まさに自己の内部に沈殿している多くの人びとの経験の集積を、他者の内部のなかに見出しながら、歴史をたどる学問といえよう。

私が宮本の書いた「民衆」に違和感を覚えるのは、個々の人間は状況によって変化するはずで、その生身の人間を定型化して見せつけられると、ついつい疑訝が生じてしまうためであろう。そのうえ、柳田民俗学には、外からの視線はあるものの、どこまでも村落共同体の内側から「内視鏡」で襞を見るがごとくすすんでいくのであるが（吉本隆明「柳田国男論」『吉本隆明全集撰4』大和書房、一九八七年、参照）、宮本は民俗学といいつつ、外側すなわち「外視鏡」で村落を観察しているわけである。これは民族学の方法であって、民俗学のそれではない。宮本の民俗学は、日本列島の民俗事象を中心に展開されたものであるが、その方法は、外部からの観察という視点で貫かれている。その点で景観等の比較は他の追随を許さないものがある。また、人物も同胞ということでみずからの視線を延長することで齟齬をきたすことは少なかった。とくに同性である男性の心理観察や描写は支障をきたすことはなかったといえよう。だが、女性の内面となると「内視鏡」観察ができず、内側の襞の多様をキャッチできず、視座もぐらついた。その結果が、「かまうた女のことを思い出してのう、どの女もみなやさしいええ女じゃった」（前出『忘れられた日本人』一五八頁）というような通俗的・画一的な心理描写となって結実するのである。

八 「日和見」の視座

宮本の調査・記述方法について、もう少し考えてみよう。宮本の二者択一の選択をしない「日和見的性格」ということに関してである。民俗採訪や調査をするうえで、対立は極力避けなければならない。調査者は、民衆からあくまで「教えていただく」客体であり、対等であってはならない。そのように訓練されている。よき調査者は、対象者の内面に巧みに入り込み、同調し、共鳴を得て、聞書を仕上げなければならない。そのためには相手への理解度の高さと深い同情が必要になってくる。聞き手側は謙虚に耳を傾け、己をむなしゅうすることが必要となろう。その場の雰囲気、空気の流れなどを読まなければならない。まさに「日和見の知恵」が求められるゆえんである(5)。

宮田登の言説によれば日和見とは、日を知る聖から発生したことばで、刻々と移りゆく時間・季節を的確に把握する能力だという。たとえば海岸での「日和見」とは、海の状況を瞬時に把握し、豊漁をもたらす知見ということになる。それは「人々の生活体験の積み重ねなりが生活の知恵として結晶したものであり、その中でとりわけ卓越した能力」（宮田登『日和見　日本王権論の試み』平凡社、一九九二年、一八四頁）ということになる。その日和見が、政治用語として使われ、筒井順慶などのように戦況を見つつ有利な方に加担する優柔不断な性格をいうのに使われ、今日ではもっぱら状況に左右され権力に有利な方向、ないしは原理原則に忠実なあまり、権力に利する行動をとる勢力を糾弾する意味で使われるようになったというのである。

宮本もまたすぐれた「日和見」であったといえよう。調査者としての宮本の優秀さは、状況を的確に把握する「日和見」の能力によるものであろう。宮本もそのことを伝えている。「調査に参加し協力してくれた地元の人の数は実におびただしい。しかもどうゆうものかほとんど妨害せられたり反対せられたり拒否せられたりした経験をもっていない。無論反対している人のところへ押しかけていくのであるが、どうにもならなくて手をあげたという場合はすくない。これは私が前時代的な古風な人間だからであろうと思う。そして相手の人が私の調子にあわせるのでなく、自分自身の調子ではなしてくれるのをたいへんありがたいと思う」（前出『忘れられた日本人』三〇九頁）。

　これは調査方法の一般論ともいえるが、聴きたい項目を矢継ぎ早に聞きただす調査ではなく、相手のペースを尊重し、多面的に話を引き出す、ゆるやかなすぐれた調査者ということになろう。この根底にあるものこそ「日和見の能力」ということである。

　この「日和見」は、ときには他者と他者との対立を極力避けることにもつながる。宮本の親しい友人高松圭吾もいう。「激しいものを心に蔵していたが、宮本さんはケンカをする勇気を持たなかった。少々廻りくどい表現になったが、要するにケンカになりそうな場合は彼は逃げた。逃げるが勝ちといったことではない。ケンカのない世界へいってしまったのである。従って、彼自身は逃げたとも敗北とも思ってみなかっただろう」（「定礎」宮本常一先生追悼文集編集委員会『宮本常一―同時代の証言』日本観光文化研究所、一九八一年、一五頁）。だが、その性格が宮本の作品にも露呈し、「彼の作品や彼の話は大てい、私はこういう事実を見たということで展開する。これは相手に反論の余地を与えない。まさにケンカをせずにすむ方法」（同上、一五～六頁、傍点引用者）となって表れているというのである。確かに、「私はこういう事実を見た」と宮本常一にいわれてしまえば、反論することは不可能に近い。多くの人は「事実」をもとに論争などできないことになる。

　そのうえこの宮本の「日和見」癖は、ときに時代の趨勢や政治状況に適用され、六〇年前後では、宮本は左翼知識人側にシフトを変え、谷川雁と共鳴し時代の「工作者」に変貌したのである（前出「寄合民主主義に疑義あり」）。すなわち対馬での「寄合」を、議会制民主主義を破壊する六〇年安保への反措定として上梓させたのである。同様に、「名倉談義」も高度成長期とともに失われていく「ムラ共同性」への「郷愁」として書き下ろされたといえよう。そのため「一字」を操作し、男女を入れ替える「事実」を作意することで、「美談」が「工作」されたのである。

ところで宮本は、小説家に匹敵するすぐれた表現者であり、ストーリー・テラーでもあった。このことは一九六一年にエッセイストクラブ賞を受賞したことからも窺い知れよう（『日本の離島』一九六〇年）。その宮本が、インフォーマントから聴いたままを一字一句正確に記したのが、宮本の著作などと誰も思うまい。ときには削除もしてストーリーを作りあげたと見るのが自然であろう。となると、「表現者」としての宮本の人となり、その本質を考えなければなるまい。宮本のみずからの内に秘めていた諸問題の顕在化が、少なくとも宮本の作品、なかんずく『忘れられた日本人』となって成立したということである。宮本が感じた「不純なもの」や「汚いもの」は削除され、「おおらかなもの」や「大切なもの」を「忘れかけようとしている日本人」に教訓として、すなわち高僧がする「説経談義」のように、結実したのが「名倉談義」といえなくもないのである。

であるならば、「名倉談義」を含む『忘れられた日本人』は、実証的な学問・科学としてでなく、宮本が作りあげた作品ということになる。そして、この著書こそは、一九六〇年前後の時代とともに、そこに佇んで苦悩している宮本の在りようの投影ということになる。すなわち、みずからが置かれた学問的・経済的・社会的・身分的状況を振り返りながら、実生活での諸問題を昇華するために民俗を転位させて書かねばならなかった「作品」ということになる。

となると、では民俗学とは何か、という問題になる。「土佐源氏」を「学問」と「文学」の問題として追求した前述の井出幸男は、「宮本が並々ならぬ意欲をもって、自らの経験と観念とに基づいて『性』をテーマにした『文学作品』を生み出したということは、間違いのない事実として確認できる」（前出「『土佐源氏』の成立」四七頁）とし、そのうえで「ひとたび虚構を交えてしまった『作品』の学問としての真実を見極める道は更に険しい」（同上、四九頁）と学問的意味では否定的に論じた。

だが、実証的に「事実」をどこまでも積み重ねていけば法則が見出され、本質へとたどり着くことができるのか、という問題設定も可能になる。ここで取り上げた「名倉談義」も要諦のところでたしかに技巧が施され、「作意」がなされている。その意味でいえば、井出が前出「『土佐源氏』の成立」で論証し、また「対馬にて」を論じた拙論（「寄合民主主義に疑義あり」）でも明らかにしたように「事実」に基づいた著述ではないといえよう。となると、これは「事実」を基に「真実」を明確にする科学としての「民俗学」の著述ではないということになる。だが、「民俗学」とはどのような学問か、と再度問うたおり、他者をしてその生のなかに自己の生を見出すことを第一義としている学問という以外あるまい。言い換えれば、幾重にも重なり合う人びとの「生」のなかからみずからが体験したり、見聞したことの「追体験」にほかならないわけである。宮本が「名倉談義」で男女を倒置させたのは、そこにみずからの在り様を重ねるとともに幾多の人間の生の在り様を見たためであろう。

しかし、ここには「学問」としての危険性も潜んでいたことは確かである。宮本はその危険性を侵さずに、民俗学を民衆の埋もれつつある生活を描く「生活誌」の方向へと向けてしまったが、もしこの道を進んでいたならば、民俗学はもっと毒を含んだ危険極まりない学問として定立していたといえよう。宮本の『忘れられた日本人』は、その岐路に定置していた民俗学の書なのである。その意味では、宮本民俗学のみならず、社会・文化人類学の台頭に戦々恐々とし、「学問」として、「科学」として整合性を求める余りにアカデミズムのなかに急速に吸引されていった一九五〇年代後半以降の日本民俗学（拙論「切り捨てられた『野の学』」『柳田国男・同時代史としての民俗学』岩田書院、二〇〇七年、参照）を引き戻し、改めて野性の力に満ちた「野の学」として再構築するためにも、もっと詳細に論じる必要があろう。

《注》

（1）佐久島については、一九三八年に同じく三河湾内の日間賀島調査を行った瀬川清子による調査報告が、「島の三老人の話」（『村の民俗』岩崎美術社、一九八二年八月）として残されている。また神崎宣武にも「佐久島」（『あるくみるきく』一五一号、一九七九年九月）がある。それによると島の開発の違いから気風などは東西二分になっていることなどが記されている。

（2）中田実（一九三三～）には『地域分権時代の町内会、自治会』自治体研究会　二〇〇七年）などの著書がある。

（3）なおこの名古屋大学の名倉調査中「一部に調査を受け公表をはばかる家内事情をを持った家族等が現われ、調査班が入ることについて多少の抵抗が見られたことはあった」などと記され、慎重さが求められたようである。（前出『日本人―文化とパーソナリティーの実証的研究』四四七頁）

（4）『旅する巨人―宮本常一と渋沢敬三』（文藝春秋、一九九六年）のなかで佐野眞一は、「妻を裏切り、別の女性と旅をつづける」という表現で、宮本の妻・アサ子との往復書簡を資料に、この間の事情について述べている

（5）「日和見」に関していえば、これも柳田が生涯を傾けて撲滅しようとした日本人の「事大主義」、すなわち「寄らば大樹の陰」、「長いものには巻かれろ」的生き方と底通するものであろう。柳田民俗学の本質をこの「事大主義」に求め、論を積極的に展開している室井康成の営為に「同情と内省の同時代史へ」（『柳田国男・同時代史としての民俗学』岩田書院、二〇〇七年）などがある。

岡田武松と柳田国男

伊藤　純郎

はじめに

平成二十年（二〇〇八）十一月、柳田国男ゆかりの地の一つである千葉県我孫子市布佐に「近隣センターふさの風」が開館した。同館は、大正十二年から昭和十六年まで中央気象台（現気象庁）長を勤め、昭和二十四年に文化勲章を受章した、布佐出身の気象学者岡田武松邸跡地に建設された、同市内で九館目にあたる近隣センターである。「ふさの風」という名称は、岡田が命名した台風にちなみ、「布佐の町から風を起こす」という意味を込めてのものという。同センター一階ロビーには、「岡田博士顕彰コーナー」が設けられ、写真・パネル・著書など岡田ゆかりのものが展示された。また、「ふさの風まちづくり協議会」のなかに岡田博士研究部会が結成され、岡田の業績を故郷である布佐の場から研究する動きも始まった。(1)

周知のように布佐は、柳田の長兄松岡鼎が明治二十六年（一八九三）二月、利根川対岸の茨城県北相馬郡布川町（現利根町）から移転して居を構え、柳田の両親ともども永住の場とした地である。柳田は、柳田家に入籍する明治三十四年五月まで、千葉県南相馬郡布佐町（現我孫子市）に鼎が新たに開業した淩雲堂医院を寄留地とした。柳田にとって布佐は、松岡国男として送った青春時代の故郷であった。

岡田が、利根川沿いに走る成田街道をはさみ、淩雲堂医院から数軒おいた斜め向かいの地に、父母のために邸宅を新築したのは大正五年で、昭和五年には洋館が建て増しされた。母ひさが亡くなるまで住み、中央気象台退職後布佐に帰郷し、「博士」と親しみをこめて呼ばれた岡田が晩年を過ごした邸宅跡地に、地域住民交流のための社会教育施設がこのたび建設されたのである。

ところで、岡田と柳田の交流については、『故郷七十年』や『岡田武松伝』のなかに記されている。しかし、そこでの記述は、第一高等学校・東京帝国大学在学時のいわば青春時代の断片的な思い出であり、一年違いで東京帝国大学を卒業し、中央気象台と農商務省で社会人生活を始めた後のふたりの交流に関する記述はない。そして、後述するように、岡田の結婚を契機に、ふたりの交流は〝疎遠〟となったという指摘すら存在するのである。

そこで小稿では、「近隣センターふさの風」の開館、「岡田博士顕彰コーナー」の開設、岡田博士研究部会の結成という形で盛り上がる布佐での岡田武松研究をうけ、岡田と柳田との学問的交流について考察する。ふたりの故郷である下総布佐の風土が、ふたりの思想形成と学問的交流にどのような影響を与えているのか素描してみたい。

一　岡田へのまなざし

柳田は、岡田との交流について、『故郷七十年』のなかで、次のように述べている。

茨城県布川に仮住いしていた長兄は、やがて利根川の対岸の、千葉県布佐に移住した。播州へ帰る宿望を実現せずに、ついにはそこが永住の地となってしまった。

ところで、その布佐の家のごく近いところに、偶然にも播磨屋という古着屋があった。その家が後に気象学者になった岡田武松博士の生家なのである。みなが「播磨屋、播磨屋」といっているのに、その播磨には気づかずに、ただ岡田君としてつき合っていた。

岡田君は親類か縁者かを頼って東京に出て、一中に入った。そのため私はただ夏休みに一、二度彼と会う程度に止っていた。それがいよいよ私も東京に出て高等学校に入ってみると、一つ上の級に武松君がいるのである。いっしょに旅行しようといって、茨城の辺を旅行したことがあったが、これが私の旅行というものの面白味を感じた最初であった（「岡田武松君との初旅」）。

布佐の播磨屋の息子であった岡田武松君は、文科系統の学科もよく出来た。家へ行ってみると、いつでも家の人たちに学科の話をしている。ドイツ文学の説明をしていることもあれば、理科や数学の話をしていることもあった。いよいよ文科に行くか、理科に行くかということになった時、岡田君は大変奇抜な決め方をした。火箸かステッキかを地面に立てて、それの倒れた方向で理科行に決めたというのである。ドイツ文学はいつまでも趣味でつづけるが、職業としては数学を本位とする理科に進むというのが彼の説明であった。それを聞いて若い私は大いに尊敬の念を抱いたものであった。

お母さんが若くていい人で、二人の妹があった。夏休みには必ず会っていたが、そのうち、布川で長兄一家が厄介になっていた家主の小川さんの孫娘を細君に貰ったので、かえってこちらの方できまりが悪くなって、あまり会わなくなった。この小川の小父さんは四十そこそこで若死して、後は大変難儀をしたらしい。その娘が海老原という家にお嫁に行って産まれた外孫が、岡田君の細君になったわけであった。

晩年の岡田君の世話をしていたのは、甥と老妹夫婦とであったが、どちらかというと寂しい生活であったようである。甥というのは家業を継いだ兄の子で、やはり岡田君と同じ気象学の方に進み、気象台の布川出張所の所長をしていたから、叔父さんの世話をしやすかったのであろう（「関東の播磨人」）[2]。

『故郷七十年』に収録された「岡田武松君との初旅」や「関東の播磨人」の記述から、ふたりは、柳田が布佐に移住した明治二十六年に出会い、当初は「夏休みに一、二度」会う程度であったが、第一高等学校（明治二十七年六月、高等学校令により高等中学校を高等学校と改称）・東京帝国大学（明治三十年六月、京都帝国大学設置にともない帝国大学を東京帝国大学と改称）在学時には「夏休みには必ず会」うほど、交流を深めていたことがわかる。

こうした学生時代の交流について、岡田も後年、次のように述べている。

第一高にいた時のことである。今は民俗学の大家である柳田国男さんのお宅が布佐の老生宅に近かったので、夏休みなどに時折英文の輪講などをやった。柳田君は旧姓は松岡氏である。スコットの「湖上の佳人」なども一冊読み上げて仕舞った。だが何しろ柳田氏は文科、老生は理科で一寸太刀打ちが出来なかったが老生には大変に利益になった。[3]

しかし、その後のふたりの交流は、学生時代のような「夏休みには必ず会っていた」関係でなかったようだ。なぜなら、前引したように、柳田は『故郷七十年』のなかで、布川で長兄鼎一家が厄介になっていた家主の小川さんの孫娘を岡田が細君に貰ったので、「かえってこちらの方できまりが悪くなって、あまり会わなくなった」と記しているからである。

この一節に関しては、柳田の青春時代の文学と恋愛の観点から、すでにさまざまな指摘がなされている。[4] なかでも、井出孫六は、日本の気象学と気象事業の草分け的存在で、「梅雨論」を卒論にえらんだり、東北凶冷の研究にくわしいところなど、「柳田の関心と深く交叉するはず」なのに、岡田と柳田の「学問的交わりがうすかったのは、どうしてなのだろう」という疑問の考察にあたり、右の一節を引いたのち、以下のように述べている。

やはり、岡田武松夫人になったのは、布川で幼いころから国男の親しかった海老原みつであったことがここで判然とする。海老原みつが「今小町」と評判をとる美しい少女だったことはすでにふれたところだ。たんなる幼なじみであったならば、柳田の性格からすれば二人の結婚を祝福して、より親密になっていくのが自然な成りゆきだと考えられるが、そうではなかった。「かへつてこちらの方できまりが悪くなつて、あまり会はなくなつた」というくだりには、八十三歳の老境にありながらなお岡田武松と海老原みつの結婚に対する柳田のこだわりがふくまれていると思えてならない。[5]

右の指摘の適否はともかく、『故郷七十年』をはじめ柳田の文章のなかで、結婚後の岡田との直接的な交流を記したものは意外と少ないことは事実である。

こうした傾向は、岡田の本格的な伝記である須田瀧雄『岡田武松伝』にもうかがえ、柳田に関する記述は、『故郷七十年』を引用した「竹馬の友」に関するものだけである。[6] このため、「青年時代の二人の交遊は記録にあるものの、およそ資料を漏らすことなく当たったと見られる前出の須田氏による岡田武松伝には、私的な関係とはいえ、その後柳田に触れる記述はいっさい登場しない。それは何故か、筆者は、とくに中年期以降の二人の交友関係がどのようなものであったかに、強い関心を持たざるを得ないのだが、大胆に推測すれば、極めて疎遠、または途絶したのではあるまいか、と考えている」[7] という指摘すら存在する。

しかし、筆者には、東京帝国大学卒業後のふたりの問題意識には重複するものが多く、学生時代のように布佐で直接会う機会は減ったにせよ、むしろふたりの交流は、社会人として「経世済民」を実践するなか、よりいっそう深まったように思える。岡田武松邸と凌雲堂医院の距離が暗示するように、ふたりの学問的な交流は終世続いたのではないかと考えるのである。

そこで、次節では、生誕から死去にいたるふたりの歩みに着目しつつ、ふたりの交流の一端を考察する。

二　岡田と柳田の歩み

年表から明らかなように、岡田と柳田の人生には、学齢（満六歳）未満の小学校入学から中学校・高等学校・帝国大学と続くエーリートとしての学歴、東京帝国大学卒業生（学士）としての就職、「経世済民」の志、文化勲章受章など、共通する点が多い。

こうしたふたりの歩みのなかで、ふたりの学問的交流の観点から筆者が注目するのは、次の五点である。

第一点は、明治二十七年（一八九四）三月の「筑波山登山」である。これは、柳田が第一高等中学校生徒となって初めての春休みに、岡田に誘われて筑波山に登り、水戸・磯崎・鉾田をまわって「利根の汽船に乗って布佐に帰った」旅で、『故郷七十年』のなかでは「これが私の旅行というものの面白みを感じた最初であった」と記している。

周知のように、柳田にとって旅行は「学問形成に重要不可欠な意味をもった[8]」ことをふまえれば、「初めて旅らしい旅をしたのは、明治二十七年三月で、筑波を越えて北常陸の海岸を幾日もあるいた。同行者は今の海洋気象台長の岡田武松君であった[9]」と「旅行略暦」にも記すこの旅は、柳田の旅行の原点であり、いわば柳田の学問の原核に位置づけられるものではなかろうか。

第二点は、ふたりの就職である。明治三十二年七月、岡田は東京帝国大学理科大学物理学科を卒業し、中央気象台

岡田武松・柳田国男年表

年代	岡田武松	柳田国男
明治　七年	八月一七日南相馬郡布佐村に由之助、ひさの次男として誕生。	
明治　八年		七月三一日神東郡田原村辻川に松岡操、たけの六男として誕生。
明治一二年	六月六日布佐小学校入学（満四歳一〇ケ月）。	九月中下旬昌文小学校入学（満四歳一ケ月）。
明治二〇年	九月府立尋常中学校に入学。	二月長兄鼎布川町に開業。八月末上京。
明治二二年		九月両親と二弟が長兄宅に同居。
明治二三年		上京、次兄井上通泰宅に同居。
明治二五年	七月府立尋常中学校卒業、九月第一高等中学校入学。	
明治二六年		二月鼎布佐町に移住。九月第一高等中学校入学。
明治二七年	三月柳田国男と筑波山登山。	
明治二九年	七月第一高等学校大学予科第二部科卒業、九月帝国大学理科大学入学。	
明治三〇年		七月第一高等学校卒業、九月東京帝国大学法科大学入学。
明治三二年	七月東京帝国大学理科大学物理学科卒業、中央気象台予報課に就職。	
明治三三年		七月東京帝国大学法科大学政治学科卒業、農商務省農務局に就職。
明治三四年	二月布川町の海老原みつ（光子）と結婚。	五月柳田直平の養嗣子として入籍。
明治三七年		四月柳田孝と結婚。五月布佐の両親の墓参り。
明治三八年	日露戦争で日本海海戦の予報を担当。	一〇月鼎、次弟静雄らとともに竹内神社に戦勝記念碑を建立。
大正　八年		一二月貴族院書記官長辞任。
大正　九年	八月海洋気象台初代台長	八月東京朝日新聞社客員
大正一二年	七月中央気象台長兼海洋気象台長。	
昭和一一年	一月岡田武松校訂・鈴木牧之編撰『北越雪譜』（岩波書店）刊行。	
昭和一三年		一一月柳田国男校訂・赤松宗旦『利根川図志』（岩波書店）刊行。
昭和一六年	七月依願免本官。布佐に居住。	
昭和一七年	自宅裏庭に児童用文庫（岡田文庫）開設。	
昭和二四年	一一月真島利之、志賀直哉、谷崎潤一郎らとともに文化勲章受章。	
昭和二六年	二月妻光子死去。妹長島みつと生活。一一月文化功労者。	一一月光田健輔、斉藤茂吉、武者小路実篤らとともに文化勲章受章。
昭和三一年	九月二日死去（八二歳）。墓所は布佐町延命寺。	
昭和三八年		八月八日死去（八七歳）

（『岡田武松伝』、『柳田国男伝』、『柳田国男・民俗誌の宇宙』より作成）

予報課に〝技手〟として就職した。就職に関する事情は、『岡田武松伝』のなかで「宿願の職場―中央気象台へ就職」と題して、次のように記されている。

東京帝国大学理科大学物理学科の学業を卒えた岡田武松は、強固な意志をもって、大いなる希望実現を目指して実社会に乗り出し、念願どおり、中央気象台へ就職し予報課勤務となった。その前途には、超えなくてはならない多くの山や川が、彼を待っているかも知れない。

その頃中央気象台は、規模の上から言えば希望者をすぐに採用できるほどではなかったが、後に述べるように、困難でしかも待遇が悪いということで大学出が落着かない職場であったので、彼のような勉強家は直ちに採用されたのであろう。事実、その前年には、後に空中電気学で名を挙げた本間義次郎《ママ》は第一高等学校の教授に転職している。岡田には待遇は二の次ぎで、「人のために」生涯を捧げるに最もよい職場として選んだ決意は変らなかった（一七～一八頁）。

右の文章から、岡田が「強固な意志をもって、大いなる希望実現を目指して」念願の中央気象台に就職したことがうかがえる。事実、岡田の甥で晩年の岡田の世話をした岡田群司は、岡田は「常々、ただ単に立身のために学問をするというのではなくて、利根川が大水になったのを見て、どうしたらこの大水を事前に察知できるかと、そういう何か世の中のためにどうしたらいいか、自分が何ができるのかということを、少年時代から考えていた節がありますね」というNHK記者の質問に対し、「われわれの間では、利根川の洪水のあの経験から、それを守るために気象庁へ入ったという話になっている」(10)と断言している。たしかに、利根川河岸の町である布佐はしばしば洪水に見舞われた(11)。岡田の生家も明治末から大正初期にかけて行われた利根川堤防の大改修により移転を余儀なくされている。岡田にとって中央気象台は「宿願の職場」であった。

筆者が岡田の就職に注目するのは二つの理由による。一つめの理由は、岡田にとって中央気象台への就職は「宿願」であったとはいえ、〝技手〟としての就職は当時の東京帝国大学理科大学卒業生にとっては異例であったことである。なぜなら、当時、理科大学を卒業した理学士の多くは「大学院に進むか学校教職員となって学校体系の内部に留まる者がほとんど」であったからである。すなわち、各年度の平均卒業生数が四〇人以下という「希少な理学士」の場合、「典型的な経歴」は、大学院進学→外国留学→帝国大学・高等学校・高等師範学校などの教職員であった。岡田が理科大学を卒業した前年の明治三十一年から三十五年までの五年間の理科大学卒業生の進路は、卒業生一一二人（年平均二二人）のうち学生（大学院）と学校教職員があわせて九〇人（八〇・三％）を占め、官庁技術員・会社技術員は一七人（その他は兵役一人・未詳四人）に過ぎない。こうした傾向は、その後、京都帝国大学をはじめとする帝国大学や高等教育機関の拡張によりいっそう強まり、学士の就職先が多様化する大正中期まで続くのである。事実、『東京大学百年史』通史編二において、岡田の進路は「学校体系の外へ就職」した「稀な」事例として紹介されているのである。[12] こうした事情をふまえれば、岡田が「学校体系の外」である中央気象台に就職した理由には、利根川や布佐の洪水防止のほかに、もっと大きなものがあったのではなかろうか。『岡田武松伝』には明治十九年十月におきたノルマントン号沈没事件が「少年武松の心に強烈な印象」を与え「「人のためになること」をしたいという方向に武松の希望が育てられて行った」（六〜七頁）と記されているが、故郷のためというよりも国のためという意識のほうが強かったように思われる。

二つ目の理由は岡田の就職が柳田に与えたと思われる影響である。柳田は、みずからの農商務省への就職について、『故郷七十年』で次のように記している。

大学はせっかく法科へ入ったが、何をする気もなくなり、林学でもやって山に入ろうかなどとロマンチックなことを胸に描くようになった。しかし林学はそのころいちばん難しい実際科学で、大変数学の力が必要であった。私は数学の素養が十分でないので、農学をやることにした。両親も亡くなり、もう田舎に住んでもかまわないくらいの積りであった。そこへ松崎蔵之助という先生が、ヨーロッパ留学から帰り、農政学（アグラール・ポリテイク）ということを伝え、東京大学で講義をしておられた。新渡戸博士が東大へ来る以前の話だが、そんなことから、私も農村の問題を研究して見ようかということになり、三十三年七月に大学を出てから、農商務省の農政課に入り、三十五年二月までそこにつとめた。仕事は産業組合のことと、農会法が主であった。

農商務省には、私の大学にいたころまで、高等官は一人もいず、局長の下はみな技師で、一人の事務官もいなかった。そこへちょうど産業組合とか農会法とかいう農業関係の法律が一時にたくさん出たため、岡野敬次郎さんの口利きで、われわれ法学士が四、五人も同省へ入った（「就職」）。

岡田と柳田の就職―理学士と法学士の就職事情―を一概に比較はできないが、岡田の中央気象台への就職は、両親の死去により気力を失いかけていた柳田に「私も農村の研究をして見ようか」という気持を抱かせるきっかけの一つとなったのではあるまいか。学士とは無縁の「学校体系の外」に就職したことや農村の問題の研究など「実際科学」の世界を歩もうとしたことなど、ふたりの就職には共通するものが感じられる。

第三点は、岡田の結婚である。岡田の結婚について、『岡田武松伝』では「その人は小町娘」の見出しで、以下のように記している。

わき目もふらず予報の現業や研究にいそしむ岡田に、郷里から縁談が持ち上がった。

候補は、布佐とは利根川の対岸にある布川町の海老原精一の長女みつ（通称光子）であった。海老原家は旧家で当主は医者で検見川で開業していた。彼女も東京の府立第一高等女学校出の才媛ということで、仲人の中野治四郎などは熱心にすすめたが、岡田家の老人たちは、年廻りが悪いからと反対した。はじめあまり乗気でなかった岡田は、これを聞いて、「それは面白い」と言ってこの縁談に賛成した。年廻りなどという不合理なものは納得できなかったのであろう。合理性は、彼の一生を貫く一本の柱であった。その上、彼には天の邪鬼という反骨のような気風もあった。岡田の気分を知る周囲の人々はただ面白がっただけであったが、後に見られるように何ごとにも慎重な彼が、一生の伴侶を「それは面白い」と軽々しく決める筈がなく、あるいは、すでに何らかの方法で光子のことを充分調べ、〝この人こそ〟と固く心に決めていたのかも知れない。テレ屋の彼にとって、〝年廻り〟の一件は、いいきっかけを提供した訳である。光子は岡田よりも十歳の年下であった。

結婚式は、明治三十四年二月二日、郷里で行なわれた[13]（二七～二八頁）。

ここから、岡田の結婚に関して、縁談は郷里から持ち上がったこと、岡田家は「年廻りが悪い」ことを理由に当初縁談には反対であったこと、結婚を決めたのは岡田自身であったことなどがわかる。利根川を挟む布佐と布川出身のふたりがどこで出会ったのか、結婚をきめるまでにどのようなつきあいがあったかなどは定かではないが、「すでに何らかの方法で光子のことを充分調べ、〝この人こそ〟と固く心に決めていたのかも知れない」という記述は、真相にちかいものと思われる。

さて、結婚後の岡田との交流について、前節で触れたように、柳田は『故郷七十年』で「かえってこちらの方できまりが悪くなって、あまり会わなくなった」と記している。この事情についてはさまざまな推測がなされているが、ここでは、その後もふたりの交流は続いていることを、次の文章で確認しておきたい。

▽ことし十歳に成る内の長女は、何の奇瑞も無くて生れた人間であるが、既に今から七年以前に、古来今往何人も企て及ばざることを為し遂げて居る。

▽桜と蒲公英の花盛りの日であつた。此児と母を連れて中央気象台の岡田博士を訪ね、旧天主跡の風速計の処へ登ると、急に乳を吞むと言ひ出して何としても聴かなかつた。あの気象台も遠からず一橋内へ移ると云ふ話である。さうすれば永久に御所の内で、同じ名誉を荷ひ得る児は終に無い筈である。
▽併し彼よりも岡田先生は更にえらい。兎に角将軍籠城の用意の為に鑿られた銀明井の水を汲んで、此十九年の間手を洗ひ湯に入り、更に其下水を注けて菜や里芋を作つて居られる。あの何十尋とも知れぬ石垣に臨んだ官舎で、城下百万の甍の波を眺めながら本を読む楽みは、是亦太田道灌の嘗て望んで達し得なかつた理想境である。(14)

明治四十二年二月に生まれた長女三穂が三歳の頃というから明治末年の頃のことであろう。柳田は妻と長女を連れて岡田の官舎を訪問しているのである。中央気象台は、大正九年に一橋に移転するまでは現在の西の丸公園付近にあり、旧天主閣台上に風速計が設置されていた。岡田は、明治三十七年から母のために布佐に邸宅を新築する大正五年まで「母ひさの希望で同居」しているから、(15)この時柳田は、「若くていい人」と後年回想するひさとも会ったと思われる。

右の文章は、この後、「岡田博士が十九の年、まだ我々が武さんと呼んで居た頃」、先に引用した文科と理科の選択の話に及び、「小さな紙を四五枚切り、字を書いて短い観世捻をこしらへ、それを炉の側へぱらりと播いて其一つを拾つて見ると、気界物理と云ふ文字がちやんと書いてあつた。自分は其翌朝此事を聞いたが、残りの紙片には一つは確かに独逸文学とあつた筈である」と述べられている。

第四点は、岩波文庫『北越雪譜』と『利根川図志』の校訂である。岡田は、昭和十一年一月、鈴木牧之編撰・京山人百樹刪定『北越雪譜』を校訂し、岩波文庫として刊行した。岡田によると、「北越の雪に関する事項や伝説などが面白く描かれてあつて、読み出すと巻を措くことが出来ない」『北越雪譜』は、古河城主土井利位が著述した『雪華図説』とともに、「我々測候仲間は、是非持つてゐなくチヤ恥になる古典」で、「何とかして反刻の機があればよいと思つてゐた」[16]と考えていたという。『北越雪譜』は、「時たま古本で出るが、時価十七、八円もする」ことから、岡田の要望により岩波文庫として刊行されたのである。

一方、布川に移った柳田が「大いなる好奇心を以て、最初に読んだ本」である赤松宗旦著『利根川図志』は柳田の校訂により、昭和十三年十一月に『北越雪譜』と同じく岩波文庫として刊行された。柳田が記した「解題」には、著者の赤松宗旦一家をはじめ、布川や布佐の変遷などが、青春時代の思い出と重ねつつ記されている。[17]

第五点は、岡田が中央気象台長を退官後、帰郷した布佐の邸宅裏庭に開設した「岡田文庫」と称された児童用の図書館である。筆者が「岡田文庫」に注目する理由は、岡田の脳裏には布佐文庫があったと考えるからである。布佐文庫は、布佐町の学務委員や布佐尋常高等小学校の校医をつとめた鼎が、町民の知識向上のため、町民に蔵書の寄贈・委託を呼びかけ、明治四十一年四月に布佐尋常高等小学校が暴風雨による倒潰のため仮校舎としていた勝蔵院に開設した図書館である。明治四十四年五月、布佐文庫は布佐尋常高等小学校へ移転し、名称も従来の私立布佐文庫から町立布佐文庫と改められた。[18]岡田と柳田はともに布佐文庫の寄贈・委託者に名を連ねている。柳田の署名のある本は、『明智光秀』（一八九七年）、田尻稲次郎『銀行論』『公債論』（ともに一八九八年）、阪部熊吉『植物と農芸』（一九〇六年）、松村任三『植物雑話』（一九〇七年）、横山又次郎講述『天文学叢話』（一九〇八年）で、いずれも自分の蔵書を寄贈している。なかでも『公債論』は、全文にわたり朱ペンで書き込みがされ、農商務省便箋のメモもはさんであり、布佐文庫の開設当時、農商務省から法制局参事官兼宮内書記官に転じていた柳田の農村や経済問題に対する関心の高さがうかがえるという。[19]

布佐文庫の図書は、昭和十年代に和漢書・洋書をあわせて一二〇〇冊以上を数えたが、戦後、多くの蔵書が占領軍との関係から処分された。「岡田文庫」は、戦時中は布佐文庫を補完し、戦後は布佐文庫に代わる児童・生徒向けの図書館として開設され、日曜日の「午前は低学年、午後は高学年が利用し」、戦後教育の花形であった社会科学習のさいには布佐中学校の生徒も利用したという。[20]

以上の点をふまえれば、岡田の結婚後もふたりの学問的交流は続いたものと推察され、「学問的なまじわりはうすい」「極めて疎遠、または途絶」という指摘は再考の余地があるように思われる。

三　柳田へのまなざし

それでは、岡田自身は柳田にどのような想いを抱いていたのだろうか。この点に関して、筆者が注目するのは、次の二つである。

一つは、昭和十年（一九三五）十二月、国学院大学方言研究会より柳田の還暦記念の形で出版された『風位考資料』に寄せた岡田の序文である。同書は、昭和五年から翌年にかけて『愛媛県周桑郡郷土研究彙報』に五回にわたり連載された「風位考資料」（一）から（五）をもとに、岡田の「序」と国学院方言研究会が全国各地の風の呼び方について整理を行った資料を付して刊行したものである。柳田が執筆した「風位考」の「イナサ・エナサ」の項では、「関東に来てから、始めて私たちの耳にした語」である「イナサという風の名」について、「自分は少年の頃に利根川の岸の村に住んで居て、頗る印象深くこの新らしい語の内容を学んだ」と、布川での思い出から筆を起こしている。[21]

この『風位考資料』に、岡田は、次のような「序」を寄稿しているのである。

この間藤原博士から、国学院大学方言研究会の方々が「風位考資料」と云ふものを著述されたから、一読の上、

> 序文を書いて貰ひたいとのお話があつて、校正刷を戴いた。その後に会の方が御来訪になつて著述の由来をお話しになり、同会の恩師の柳田國男先生の還暦の御祝の記念として奉献する心持ちの著作だとのことであつた。柳田さんならば老生青年時代からの友人であつて、常々敬服してゐる方であり、その方の御祝の記念出版なら、頼まれなくとも何か書かして戴く可きであるから、二つ返事で受合つたものの、偖考へて見ると平素文筆に親しんでゐない老生なぞには何を書いてよいかさつぱり判らないので大いに困つて仕舞つた。仕方がない。何か風の名に縁のあることでも記して御勘弁をお願ひしようと決心をした。[22]

文中の藤原博士とは、昭和十六年八月、岡田のあとをついで第五代中央気象台長に就任する藤原咲平のことである。岡田が、柳田の還暦記念として刊行された『風位考資料』に序文を記した理由は、藤原からの依頼に加え、『風位考資料』が「我々の様な風に縁のある学問に従事するものは勿論のこと一般の言語の学問に非常に為めになる好著述」であること、「イナサ・エナサ」のように利根川に関する記述があることなどが考えられる。「柳田さんならば老生青年時代からの友人であつて、常々敬服してゐる方であり、その方の御祝の記念出版なら、頼まれなくとも何か書かして戴く可きであるから、二つ返事で受合つた」という一節から、第一高等学校時代からふたりの還暦にいたる現在まで交友が続く柳田に対する岡田の素直な想いがうかがえる。『岡田武松伝』では、「岡田はこの幼な友達のために序文を書き、柳田が全国を歩いて苦心して調査した風の呼び名を貴重な資料であると紹介している」（四〇一頁）と記している。

『風位考資料』は、その後、関口武「風の地方名の研究」を併載し、柳田編『増補風位考資料』として昭和十七年七月に明世堂より刊行された。柳田は同書に「資料とその利用」と題する、次のような論考を新たに寄稿した。

> 自分は旧友岡田武松君の学風を知り、又気象学の本来の使命が、到底他の文化諸学の是までのやうに、国土を

対象とせず常民の生活に接触すること無しに、達成せられるべきものでないことを理解して居た。さうしてあの方面にも必ず我々とは独立して、既に此問題の調査に手を下した人が、多いであらうといふことをさへ推測して居たのである。その若干の労苦は、恐らくは我々の相助によつて省かれ得ると考へて、何とかして測候所に働かる、人たちに、此資料の存在を知らせたいと苦心もしたのである。それが念願の通りに、このいち早い提携を見ること、なつたのは、我々の学問の更に躍進すべき瑞相として、心からなる欣びを感ぜざるを得ない。(23)

「測候所に働かる、人たちに、此資料の存在を知らせたい」「このいち早い提携を見ること、なつたのは、我々の学問の更に躍進すべき瑞相として、心からなる欣びを感ぜざるを得ない」という一節から明らかなように、ここには、「風位考資料」を通じて気象学と「我々の学問」である「民間伝承の会」との「提携」(学問的交流)を喜ぶ柳田の姿がうかがえる。

もう一つは、岡田が「布佐町誌」の刊行を考えていたことである。この点に関して、鼎の次男で帰郷後の岡田の主治医となった松岡文雄は、次のように述べている。

先生は、布佐の町に町史がないと。史誌が何もないと。何かそういう記録をとどめておきたいというので、当時の古老たちを月に一回ぐらいずつ自分のところへ集めて、そういう座談会を催されて、昔話をいろいろと問われる。もちろんそうしておいて、先生もノートをとられたんです。そのとられたノートを手元に置かれて、なかなか発表なさらない。たまたまそういうことをやっておられたのは戦中の厳しい時代だったんですが、私は戦後こっちへ帰ってまいりましてその話を聞いて、先生に、そういう記録を先生はお持ちなんだから、いまのうちに私がそれをお手伝いするから、ガリ版でも何でもいい、ひとつ書こうじゃありませんかという話をしたときに、これは子供のときからの友人の柳田國男がいるんだから、この原稿は柳田國男君に見てもらってからでなければなかなか発表できないと。柳田校閲にするほど大げさなものではないから簡単に出しましょう、いや、簡単には出されないよ。ということで先生と二人で冗談を言いながら、とうとう亡くなられるまでその原稿は出していただけなかった。その点私は非常に残念に思うんです。[24]

岡田が、布佐の古老たちから布佐の歴史や生活・信仰・昔話などについて座談会や聞き取りを行ったのは、おそらく戦時中から戦後にかけてのことと思われる。退官後の岡田の眼に映った布佐はかって河岸の町として栄えた商業の町でなかった。

「これは子供のときからの友人の柳田國男がいるんだから、この原稿は柳田國男君に見てもらってからでなければなかなか発表できない」という言葉から、岡田が執筆しようと考えていた布佐の「史誌」とは、布佐町の歴史だけを記した「布佐町史」ではなく、布佐の人びとの生活や習慣・信仰、さらには伝説・昔話などを含む「布佐町誌」「布佐町志」のように思われる。それにしても、この二年後には文化勲章を受章する「気象学の大家」が、「民俗学の大家」である柳田の「校閲」を経たうえでなければ、たとえ故郷の郷土誌である「布佐町誌」といえども世に出せないと答えるところに、互いの学問を尊敬しあうふたりがうかがえよう。

おわりに

小稿は、「近隣センターふさの風」の開館、岡田博士顕彰コーナーの開設、岡田博士研究部会の結成という形で盛り上がる岡田の故郷である布佐での動きをふまえ、かねてから関心をもち、筆者も専門委員として参加した我孫子市史近現代篇編纂事業で試みながらも果たせなかった岡田武松と柳田国男の交流の諸相について若干の考察を試みたものである。限られた史料のなかでの考察のため緻密な論証は出来なかったが、岡田の結婚を契機に〝疎遠〟となったとされるふたりの交流が生涯つづいたのではないかという見通しだけは示せたかと思う。

現在、我孫子市教育委員会は岡田家関係者から委託された岡田武松関係史料の整理作業を行っているという。この作業によりふたりの交流に関する新たな史料が公開されることを期待したい。

《註》

（1）布佐における岡田の足跡に関しては、吉田芳夫「故郷の岡田武松」（『我孫子市史研究』第七号、我孫子市教育委員会、一九八三年）を参照。

（2）柳田国男『故郷七十年』（のじぎく文庫、一九五九年。神戸新聞総合出版センター、一九八九年）二一六～二一九頁。以下、本稿で『故郷七十年』から引用するときは、見出しのみを本文中に記す。

（3）岡田武松「英文を学んだ頃の思い出話」（『東葛高校新聞』第二〇号（一九五三年十二月二十四日）千葉県立東葛飾高等学校）。

（4）①小田富英「和歌から誌へ」「新体詩人から「うた」のわかれへ」（後藤総一郎監修・柳田国男研究会編著『柳田国男伝』三一書房、一九八八年）、②岩本由輝「柳田国男の初恋」（岩本『民俗学と天皇制』吉川弘文館、一九九二年）、③岡谷公二『殺された詩人―柳田国男の恋と学問』（新潮社、一九九六年）、④井出孫六『柳田国男を歩く―遠野物語にいたる道』（岩波書店、二〇〇二年）など。

（5）前掲（4）井出『柳田国男を歩く』一四〇～一四三頁。

（6）須田瀧雄『岡田武松伝』（岩波書店、一九六八年）九～一四頁。以下、本稿で『岡田武松伝』から引用するときは、書名とページのみを本文中に記す。また、『岡田武松伝』の基礎史料の一つである堀内剛二「第四代中央気象台長岡田武松事蹟」（Ⅰ）～（Ⅵ）（『天気』第四巻第一号～第六号、日本気象学会、一九五七年一月～六月）にも、岡田と柳田の交流に関する記述はみられない。

（7）馬渡巌『寸描岡田武松博士―近代気象事業開拓者の知られざる横顔』（岡田武松博士を顕彰し語り継ぐ会、二〇〇四年）一七～一八頁。

（8）谷正人「民俗への旅」（前掲（4）『柳田国男伝』）四九九頁。

（9）柳田「附記（旅行略暦）」（『定本柳田国男集』第二巻、初出は「遊海島記」、『現代日本文学全集』第三六篇・紀行随筆集、改造社、一九二九年）四七七頁。

（10）岡田群司「岡田武松博士の足跡を訪ねて」（前掲（1）『我孫子市史研究』第七号）二七二頁。

（11）中尾正己「近代布佐の水害」（『我孫子市史研究』第五号、我孫子市教育委員会、一九八一年）二四〇～二四五頁。

（12）東京大学百年史編集委員会編『東京大学百年史』通史編二（東京大学、一九八五年）一八二～一八四頁。

（13）前掲（6）堀内「岡田武松事蹟」（Ⅰ）では、明治三十四年十月二十五日に「婚姻、同日入籍して家庭を持った」（三頁）と記述されている。

（14）柳田「新式占法伝授」（『柳田国男集』第二五巻、初出は『同人』第二八、一九一八年十月、同人発行）。三二一頁。

（15）母ひさは六女つねの通学のため小石川水道端町に仮寓していたが、つねの病死（明治三十七年五月十日）後も東京居住を続け、岡田と同居した（前掲（6）堀内「岡田武松事蹟」（Ⅱ））二五頁。

（16）岡田「北越雪譜と雪華図説」（岡田『続測候瑣談』岩波書店、一九三七年）一八八～一八九頁。なお岡田『測候瑣談』は、岩波書店出身の小林勇が社主をつとめる鉄塔書院から一九三三年に出版された。

(17) 柳田「解題」(赤松宗旦『利根川図志』岩波書店、一九三八年)三～一四頁。
(18) 伊藤純郎「布佐文庫の世界」(我孫子市市史編集委員会近現代部会編『我孫子市史近現代篇』、我孫子市教育委員会、二〇〇四年)二九九～三〇二頁。
(19) 金子ひとみ「布佐文庫」(前掲(11)『我孫子市史研究』第五号)三四三頁。
(20) 足立俊領「「はかせ」と呼ぶのは一人だけ」(ふさの風まちづくり協議会岡田武松研究部会編『岡田武松博士を偲ぶ』ふさの風まちづくり協議会、二〇〇八年)二一～三三頁。
(21) 柳田「風意考」(国学院大学方言研究会編『風位考資料』一九三五年)一六八頁。
(22) 岡田「序」(前掲(21)『風位考資料』)一頁。
(23) 柳田「資料とその利用」(柳田編『増補風位考資料』明世堂、一九四二年)三～四頁。
(24) 松岡文雄「岡田武松博士の足跡を訪ねて」(前掲(1)『我孫子市史研究』第七号)二八六頁。

■調査報告

日蓮宗の信仰と講集団（上）
――鴨川市小湊妙蓮寺の歌題目・ひげ題目をめぐって

西海　賢二

はじめに

千葉県安房郡天津小湊町（二〇〇五年二月十一日に、隣接する鴨川市と合併し、新たに鴨川市となったため消滅した）教育委員会の依頼により、同町内の小湊一二九－一、日蓮宗妙蓮寺（日蓮が父母の追善のために建立）にて行われている「歌題目・ひげ題目」の調査をする機会を得た。調査報告をするにあたり天津小湊町域だけでなく今日の鴨川市域かつ日蓮宗の地域的展開も視野におきつつ千葉県内とくに勝浦市周辺の調査も併せて行い、報告内容も妙蓮寺のみの信仰・芸能に終始するものではなく、できる限り千葉県内の日蓮宗の地域的展開と関連させながら報告する。

なお、本稿はあくまで調査報告であるが、鴨川市小湊は日蓮聖人の「生誕の地」、「得度修行の聖地」、「立教開宗の聖地」として、聖人にまつわる多くの事物に恵まれていることから、日蓮宗の地域的展開や民俗的視点も併せて報告する。

一　女人講と仏教民俗の諸相

近世以降の女人講と仏教民俗をめぐる研究は、近年のジェンダー論とも関わりながら高まりをみせつつある。とくに九学会連合の綜合調査によって、千葉県とも深いつながりをもつ、利根川流域の女性集団の取り組み方が変化したことは特筆される。なかでも民俗学の立場から共同調査に参画した鎌田久子が一九六〇年代に利根川流域の上流と下流域の産泰講と産育儀礼を紹介した（「産育習俗」『人類科学』二〇号、一九六八年、「利根川流域の産神について」『人類科学』二二号、一九七〇年）ことがその後の研究視野を拡大させるきっかけとなっている。

鎌田以前にすでに柳田國男・大藤時彦らの古典的な研究、とくに東北南部から北関東に集中して分布する犬供養行事と産育儀礼に関わるものがその出発点であったことはいうまでもないが、これらはあくまでも民俗学からのアプローチであった。

柳田・大藤・鎌田の基礎的なデータを媒介として北関東農村、とくに利根川流域の犬供養信仰をめぐって産育儀礼との関わりを論じた菊池健策の一連の研究（『日本仏教』『成田市史研究』など）、西海賢二の研究（『筑波山と山岳信仰―講集団の成立と展開』崙書房、一九八一年）があり、これらの所論は単に産育習俗と女人講との関わりを論じるものではなく、広く東アジアにおける犬の信仰との関わりで比較民俗学的視点からの展開もみられた。

また、菊池の研究とほぼ並行して宗教学・社会学からのアプローチとして日蓮宗、とくに千葉県内の題目講と産育習俗との関わりを論じた内野久美子の研究（「七里法華と子安講―その習俗と信仰」『日本仏教』四五号、一九七八年）や一九七〇年代に入って仏教民俗学研究会を主催してきた坂本要の研究（「利根川中流域における念仏行事の分析」『仏教民俗研究』一号、一九七五年。「利根川流域の民間信仰和讃—特に安産祈願和讃について」藤井正雄編『浄土宗の諸問題』雄山閣、一九七八年）にもみられるが、これらの所論もあくまで利根川流域を中心にした地域の民俗調査からの報告であった。

民俗の諸相を事例ではなく、女人講の問題として近世当時の支配体系（所領）の在り方、人口問題などと絡めて論じたのが西海賢二である。西海は生殖神としての筑波山信仰の展開過程で、土浦藩（江戸時代土屋氏九万五千石の城下町）・佐倉藩（江戸時代堀田氏十一万石の城下町）を中心とした近世村落の構造、さらには人口動態や年齢階梯制にともなう女性集団の展開を民俗事象との関わりで論じている。

それが

①「筑波山信仰の受容と組織」（地方史研究協議会編『茨城県の思想・文化の歴史的基盤』所収、雄山閣、一九七八年）
②「筑波山信仰とダイドウ講」（『日光山と関東の修験道』所収、名著出版、一九七九年）
③『筑波山信仰の成立と展開』（崙書房、一九八一年）
④「江戸時代の女人講」（戸川安章編『仏教民俗学体系7　寺と地域社会』所収、名著出版、一九九二年）
⑤「近世の女人講をめぐって—常総地方を中心にして—」（『千葉県社会事業史研究20号』千葉県社会事業史研究会、一九九二年）

などである。

一方近年ではこうした先行研究をほとんど視野に入れない女性と仏教民俗をめぐる研究が盛となっているが、それが民俗学もしくはジェンダー論の延長にある女性史である。このうち民俗学的な研究がいずれも利根川流域に集中しているのも前掲の研究史と連繫していることはいうまでもない。そこで一九九〇年代以降の研究をいくつかあげてみよう。

中川美穂子『オハナミ』のこと（1）・（2）―銚子の事例を中心に」（『女性と経験』二十二、二十三、女性民俗研究会、一九九七～九八年）は、女性が氏神の神社祭祀などに積極的にかかわり、その場でオハナミといわれる歌を太鼓に合わせて歌う行事があり、これを女性の年齢集団（年齢階梯制）で行い、その最終段階の女性の仕事がこのオハナミであることを紹介している。

さらに中川は、「女オビシャについて―女年寄りの在り方を中心に」（『日本民俗学』二一二号、日本民俗学会、一九九七年）でも利根川流域における女性の神祭りの調査報告をし、安産祈願を子安の神に行なうことから十九夜講が女年寄りの集まりになるとしている。こうした報告は一九七〇年代からも多くの人が指摘していることだが、民俗学では今もって民俗事象のみを把握する傾向があり、なぜ女性たちがこうした集団化をしていったのかという時代状況には立ち入ったものは少ないようである。

丸谷仁美「利根川下流域の犬供養―塔婆送りの習俗に注目して」（『民俗学論叢』十四号、相模民俗学会、一九九九年）は利根川流域の雌犬の死と産死者との供養方法の類似を指摘し、塔婆送りをムラの災厄を払うための装置であると論じる。しかもこれがほとんど女性の集団であることを強調している。丸谷にはこのほかに「女人講の組織とその変遷―千葉県香取郡大栄町の事例を中心に」（『常民文化』二十　成城大学大学院日本常民文化専攻院生会議、一九九七年）などの論考がある。丸谷の一連の研究は中川の研究方法と同一であり、この地域の歴史的経緯はほとんど無視している。とくに人口動態や寺の住職などが女人講と深い関わりをもったことなどについての言及はほとんどない。このほか利根川流域のとくに茨城県内の報告として、大森政美「日立の女人信仰と講」（『茨城の民俗』三十八号、茨城民俗学会、一九九九年）も安産を中心とした女性の信仰を報告し、具体的に遊山講・地蔵講・弁天講・十九夜講・子安講を紹介している。これも中川・丸谷の研究とほぼ同じ方法による調査記録で、かつ結論も同内容であるのは残念である。それに対して結論は同内容だが分析方法（手段）が若干異なる報告もある。それが近江礼子「牛久の女人講」（『茨城の民俗』三十八号、茨城民俗学会、一九九九年）である。近江は、女人講の歴史的経緯を石造物の銘文から読み取り、女性の建立によるものから月待塔、子安塔への移行、女人信仰の変革期の中心は文化・文政期であることを結論としたものである。しかしこの化政期に利根川流域の女人講が質的変化をしたことは、すでに一九七〇年代の西海による筑波山信仰の展開をめぐる諸論文や、千葉県社会事業史研究に何度なく紹介されていたことであり、やはり歴史学や民俗学など隣接学問との学際研究が図れればという思いが募る。

次に天津小湊町の日蓮宗信仰の展開を紹介する際に、千葉県を中心にした関東地方の日蓮宗の展開を、近世以降の問題と絡めて、題目講の状況をその概略だけ紹介しておく。近世以降の題目講の展開ということはいうまでもなく庶民仏教としての日蓮宗との在り方とも深いつながりがある。千葉県内では日蓮宗地帯を歩くと「カタボッケ」という集団組織に遭遇する。さらにこの「カタボッケ」に関わって日蓮宗不受布施派の存在に到達する。

千葉県香取郡多古町に「島」という一〇〇戸ほどの個数をもつ集落がある。かつては一面が湖水であったのを、江戸時代になってから干拓して出来上がったといわれる田園のなかに、わずかに隆起したような、まさに湖上に浮かぶような集落が姿を現す。これが「島」集落である。

周囲から孤立したこの集落には中世以降千葉氏という領主が城を構えて一帯を支配していた。十六世紀の後半この千葉氏が滅亡すると、周辺の村々から農民がここに移住して農業に従事したといわれている。この集落を始めて訪ねる人たちは、訪ねるべき家を探すのに難儀することで評判である。昭和三十年の半ばころまでは高い垣根と曲がりくねった道に往生したという。その集落の最も奥まった所に日蓮宗不受布施派の正覚寺がある。

正覚寺には僧が独居していて、日常の業務に携わっている。島集落の家々はすべて正覚寺の檀家であり、そのうち信心も深く信望の厚い長老が、本山から「入道」という称号をいただいて、寺の実務にあたっている。また「島」の集落の家々は地域的に一番講社から八番講社の八つのグループに組織されていて、当番制で朝方より寺へゆき、境内の掃除や僧侶の身の回りの世話をするシステムができあがっていた。

集落の人々は、本人たちが日蓮宗不受布施派の熱心な信者であることを悟り、団結の固い事を誇示している。数年に一度の割で、岡山県内（岡山市金川）にある本山の妙覚寺をはじめとする宗門ゆかりの地を訪ねることが団体で行なわれている。

島集落は、当地を訪れた不受布施派の僧侶たちが忍ぶ「かくれ家」などの受難の昔日を語るには事欠かない地でもある。不受布施は江戸幕府禁制の宗教だったのである。「島」集落の人々は、江戸幕府から禁じられた宗教をひそかに信じ、人目を忍んでやってくる僧侶たちに供物をあたえながら信仰のために命を捨てた殉教者もいたのである。

春の四月十日には、「島」の人たちは正覚寺に参集して、「再興会」（サイコウエ）という法要を行なっている。この日は、不受布施派が十七世紀の半ばに弾圧されて二百年後、明治九年（一八七六）四月十日に明治政府によって再興が許可された日だという。法要が終了してから、生くさいものが一切許されないこの寺の掟に従い、精進料理の祝宴となる。再興のために東奔西走した日正という僧を追憶する漢詩が吟じられたりするのである。

近世における不受布施は、まことに大きな問題を秘めており、ある意味では近世の日蓮宗の基層の信仰実態を表象していたものである。不受布施派の派祖とされるのは、仏性院日奥（一五六五〜一六三〇）であるが、彼は日蓮宗から離脱して一派を簇生していこうとしたものではなかった。それは彼の宗教実践によるものであった。というのは信仰の態度をめぐっての論争の中から、権力者側から一派をなしたとみなされ、非合法化されたのにほかならない。

不受布施の思想は日蓮宗そのものの教義ではなかった。日蓮の教義をどのように解釈して、これをどう現実化していくかという、いうなれば信仰に基づく行動様式そのものであり、行動の理念でもあった。日奥のめざした不受布施の思想とは、日蓮は末法の世における真実の教えとして、釈迦の説いた多くの経典の中から、法華経ただひとつを選び取り、この法華経に対する信仰を主張したのである。

日蓮の教義に従う限り、日蓮宗における法華経信仰以外のすべての宗教は徹底して否定すべきものであり、他宗との安易な交流はすべきものでないとした。日蓮宗ではこれに対して他宗の信者を仏教を誹る者として糾弾し、日蓮宗の信者でも他宗の人と交わる者を、謗り者として決め付けたのである。日蓮宗のこうした非妥協的立場が、僧侶や信者の宗教行為として表出したところに、不受布施という問題が生じてくる。ようは、不受布施の思想を実践するには、次の行儀を守ることが強制された。

（1）他宗の寺院や神社に参詣しないこと。

（2）他宗の信者から布施を受けないこと。

（3）他宗の僧侶や信者に何物も施さないこと。

このことは中世までのものとはことなり、近世的なものであるともいえる。それは中世においては政治的権力者とある局面では癒着することによって、教団の勢力を発展させていった経緯がある。ところが織田信長・豊臣秀吉・徳川家康らの統一政権が誕生することによって、事情は大きく異なっていった。彼らは、各宗派の勢力を均衡させながら、その支配体系の枠組みに位置づけられていたことから、不受布施派のようにきわめて排他的な立場をとることは容認できるものではなかった。

しかし、非合法化された不受布施派は隠れの組織をもつこととなった。彼らは、不受布施派の信者の家に隠遁するようになり、人目を忍ぶように庵などを構えて、ここを拠点に地下活動に専念してゆく。

彼らは不受布施の信者よりほかからの供養は決して受けなかったので清僧・法中とよばれ、法頭という指導者のもとに行動していた。さらに信者のうちでも熱狂的な信者の一団は、宗門人別帳からもその名を抹殺して帳外として僧侶の活動を援護するものも見られた。

その他大勢の不受布施の信者たちは本音と建前を交差させながらの信仰生活をするものが多かった。表向きには日蓮宗の寺との寺請を結んで檀家としての関係を保ちながら、その実は不受布施の信仰をしっかりと結んでいた。

不受布施派の地下組織は法中、法立、内信の三段階によって構成されていた。一人の法中は数人の法立を従え、その下に信者群を擁して一つの信仰集団を形成し、これらがいくつか集まって地域的な集団が簇生し、法頭の統制に服していた。この法頭の頂点に法灯が君臨し、全国的規模にわたる地下信仰組織を統轄していたのである。このうち不受布施の僧として捕われの身となって八丈島に遠島処分となった僧に対して、信者たちは誰言うとなく「お島様」として崇めたという。

「お島様」という僧たちは、江戸幕府の役人の目を巧みに潜りぬけて、秘密の曼荼羅などを法中や法立に送り、組織の統制や宗教上の指導を行なった。これを受理した法中らはこれらの曼荼羅などを拠り所にして題目講などのシンボルとして信仰対象とし、これが在地における信仰集団の運営の基盤となっていた。

この「お島様」の曼荼羅や書状などが密告などによって、露見することを危惧して不受布施派の信仰地帯では信仰の対象物を各地に運搬するさいにもことのほか気をつかう特別な伝達組織をつくっていたという。

前掲した千葉県香取郡多古町の島集落にも、かつては不受布施の地下組織が存在していた。集落の奥まったところにある正覚寺は、この地方における不受布施派の中心的な寺であるが、明治九年（一八七六）に不受布施派が明治新政府によって公認されるまでは日蓮宗中山法華経寺（千葉県市川市）の末寺で妙光寺と称していた。

島集落の人々は、表向きにはこの妙光寺に寺請をし、内信に不受布施を守っていた。集落のなかには、島後口庵と木戸庵（千葉県内では「寮」と称することが多い）という二の庵が設置され、さらに郡司家には隠れ家となって秘密の部屋などが設けられていた。この隠れ家は昔日そのままに存在していないが、その農家には一般農家には見られない家屋構造となっている。例えば納戸にしつらえられた箪笥は階段状になっており、天井裏に抜けられ、そこには六畳程度の部屋がある。部屋といっても窓もなく、僅かに灯りをとる程度の小窓があり、狭い押し入れがあり、それを囲むように人目につかぬような廊下があった。

不受布施派の僧達は、この「島集落」に変装して訪れ、夜な夜な内信者の家にて読経し説法した。彼らは「お納戸坊主」とよばれ、地下活動の推進者である。しかし秘密裏に潜伏活動をしたが、逆に秘密のうちにしたことが一人の法中が捕われると芋づる方式で検挙されることもあったという。

こうしたことからも「島集落」などに見られたように、信仰対象となる曼荼羅本尊をはじめ、仏具・文書などを破壊から守るための一工夫が随所にみられた。例えばこれも不受布施派地域には独特の建築儀礼なども確認される。それは曼荼羅本尊を竹を割って節を抜きその中に入れ、屋根裏にくくり付けることなどが見られる。また墓の供養についても塔婆を立てることを控えて、塔婆代わりに紙の位牌を土のなかに埋め込んで供養するなど近年まで慣習として継続されていた。いずれにしても千葉県内には日蓮宗の独自の慣習が一九七〇年代ころまで随所に行なわれていたことは注目されるべき事実である。

天津小湊町はいうまでもなく日蓮生誕の地である。その生誕の地が聖地になっていくことは日蓮没後の「日蓮の霊性」のあり方とも関わっていたことも事実である。

日蓮は法華経の信仰を広めるために、度重なる法難にあったことはよく知られているが、これを見事に潜りぬけて日蓮宗の祖と仰がれるようになった。日蓮のこうした逆境にめげなかった霊力にすがって、人々のあらゆる災難から逃れようとする利益信仰が人の心を広く捉えたのである。

このような日蓮宗の信仰を守るべき諸神仏も、実に多くの寺院に安置され信仰されるようになった。近世後期の江戸の寺院を知る貴重な史料である「寺院書上」によると稲荷にはじまって八幡・大黒・弁天・妙見・鬼子母神・三十番神・毘沙門・不動・観音・大日などである。

近世において江戸における日蓮宗の布教拡大を、寺院数からみると、慶長元年（一五九六）から貞享四年（一六八七）にいたるまで、新寺院が百四十九建立されており、これに既存の寺院を加えるとかなりの日蓮宗寺院が江戸市中のなかでも際立った存在であり、これが江戸市中の拡大発展とも連繫したものであった。とくに江戸市中において日蓮宗が飛躍的に展開したのは文化・文政期（一八〇四〜二九）のことである。

江戸において飛躍的に日蓮宗が高まりを見せるのに拍車をかけたのが、地方からの有名な寺院の出開帳によっていることはいうまでもない。江戸で行なわれた日蓮宗寺院の出開帳は、宝永二年（一七〇五）の京都本圀寺の本所報恩寺を拠点とした開帳が最初である。このほか日蓮宗のなかでも身延山久遠寺の出開帳はとくに有名であった。これは嵯峨清涼寺・成田山新勝寺・信濃善光寺などと並んで江戸出開帳の四天王と称されていた。

天津小湊誕生寺の江戸出開帳は、三度行なわれている。最初は享保十年（一七二五）のことで、深川浄心寺にて二月一日から行なわれた。日蓮宗寺院の江戸出開帳のなかでも比較的初期のものである。二回目は宝暦二年（一七五二）牛込原町幸国寺にて、四月十三日から六十日間行われた。三回目は天明七年（一七八七）浅草玉泉寺にて、三月十三日から六十日間行なわれている。

明治になってからも、同七年（一八七四）八月八日から三十日間浅草本蔵寺にて、同三十九年（一九〇六）四月八日から二十二日まで谷中瑞輪寺にて行なわれている。このほか江戸だけでなく、文政二年（一八一九）には京都、大坂への出開帳が行なわれた。その帰路は名古屋により、十月一日から十三日まで法花町の妙蓮寺にて出開帳が行なわれた。安政二年（一八五五）にも京都での出開帳が行なわれた。六月十七日から二十一日までの日程で、寿延寺にて行なわれた。この出開帳で中心になったのは「蘇生願満の祖師」と仰がれた生身の日蓮聖人像と、聖人の御両親像であった。さらに日蓮聖人御真蹟や日蓮聖人所持の数珠、妙法蘇生の御本尊などの霊宝が開帳されている。この誕生寺の開帳は江戸時代における日蓮聖人の霊性化をはかる手段でもあった。その出開帳の最たる場所が江戸市中であったのであり、江戸はもちろん天津小湊周辺でもこれを機に多くの題目講が結成されていった。

江戸時代の仏教は一般に「葬式仏教」であるとされているが、町人の信仰そのものは現世利益的な祈願が支配的であり、霊神・霊仏をまつることによって祈禱の効験を祈る傾向が特徴であった。なかでも日蓮宗は江戸時代中期以降「神格化」された日蓮聖人の霊性に期待するという「祖師」信仰の要素が強い。このあたりのことは江戸における日蓮宗の展開の鍵をにぎっているとの研究報告が教学研究では多いようだが、むしろ「日蓮」の霊性化の問題であるのが、江戸および全国各地で展開している日蓮をめぐる伝説や年中行事、民俗芸能を支えている庶民信仰レベルで「日蓮聖人」をみていくことの必要性もあるだろう。そういう点では天津小湊町の「歌題目」「ひげ題目」をめぐる年中行事や民俗芸能は日蓮聖人の地域的展開を考えるときの最たる民俗事例であろう。

二　常総地方の女人講をめぐって

常総地方において、女人講がきわだった存在であったことはすでに民俗学や宗教学・社会学の諸報告（内野久美子「七里法華と子安講―その習俗と信仰」『日本仏教』四十五号、一九七八年など）によって確認されているが、図Ⅰ・Ⅱを参照していただきたい。

これは一九七三年に千葉県教育委員会が刊行した『千葉県民俗地図』より、年齢集団（中年組・老人組）を掲示したものである。

図Ⅰ・Ⅱから明らかなように千葉県内には女人集団による講（子安講・観音講・ヨサン講・不動講・犬供養・遊山講・三夜講・十五夜講・十九夜講・婦人会・念仏講・オニキ講・大師講・六夜講・十七夜講・二十三夜講・大子安講・女人講・のぶ講・題目講・彼岸講など）が多数散見され、昭和四十年代前半の調査データ―とはいえ、今日もなを女人講による集団化がきわだっていることを確認することができる。

さて、これらの女人たちを主たる構成員とする女人講の人々によって造立された、これまた夥しい数の月待供養塔が千葉県内では確認されている。

図Ⅲは、一九八〇年に千葉県教育委員会より刊行された『千葉県石造文化財調査報告』のうち市町村別月待塔の分布図を掲示したものであるが、千葉市・野田市には三〇〇基以上、我孫子市・八千代市・沼南町（柏市）・印西町（印西市）には五〇基以上の月待塔が確認され、県下全体で確認される月待一一八八基のうち六五パーセント以上が利根川流域の諸村に分布していることが判明する。

図1　年齢集団——中年組

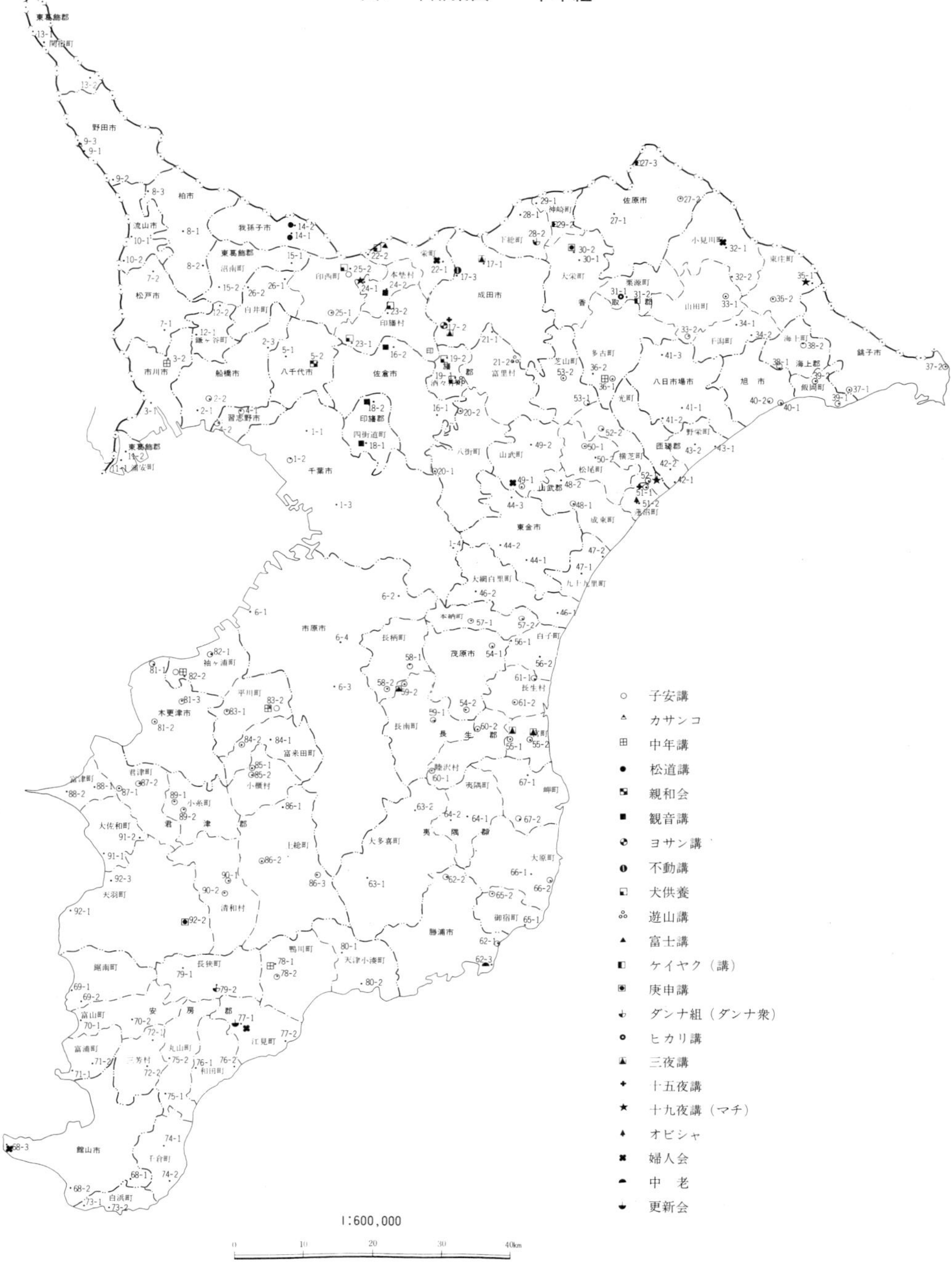

『千葉県民俗地図』より転載

図II　年齢集団——老人組

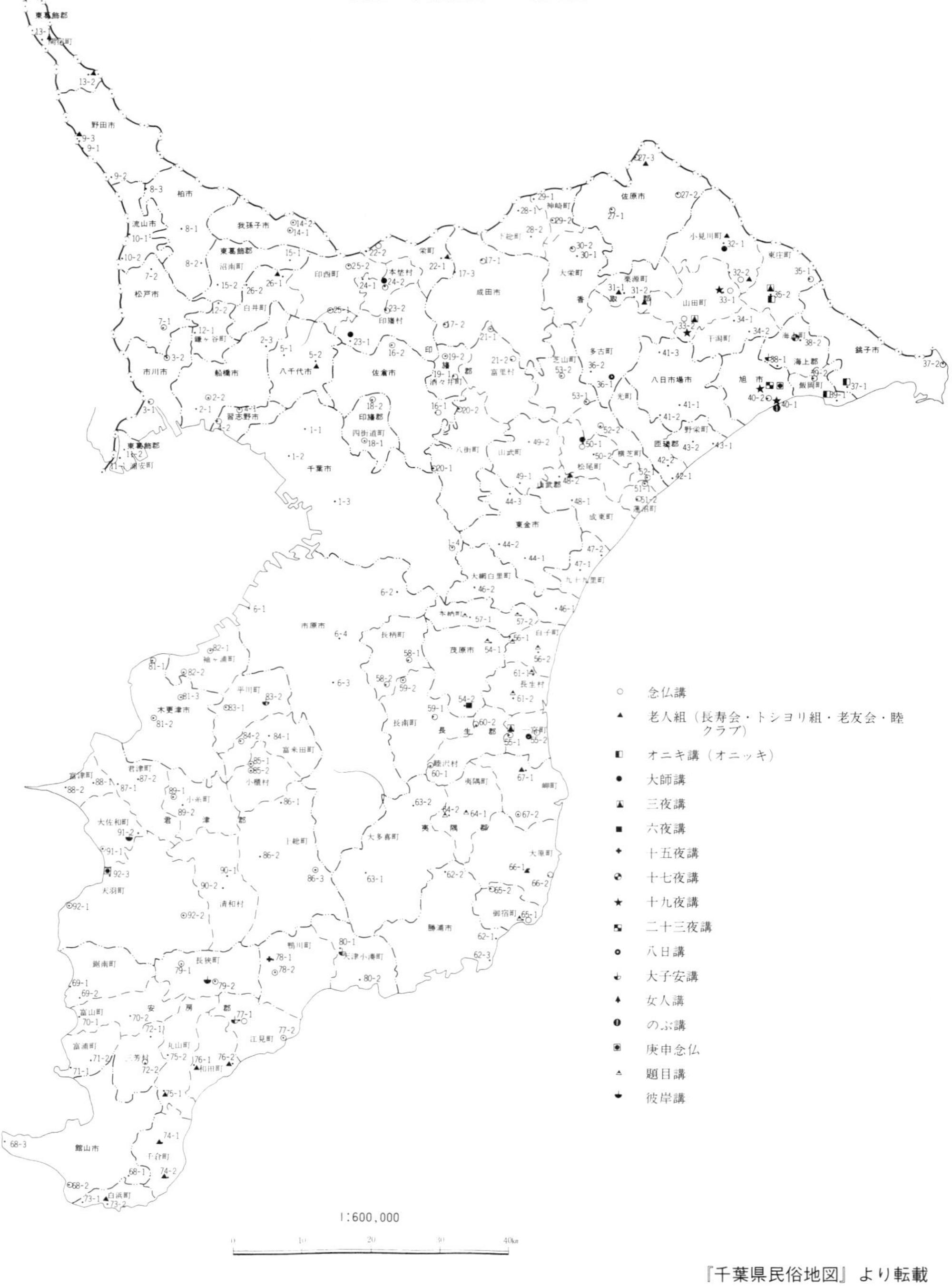

『千葉県民俗地図』より転載

図 III　市町村別月待塔分布図

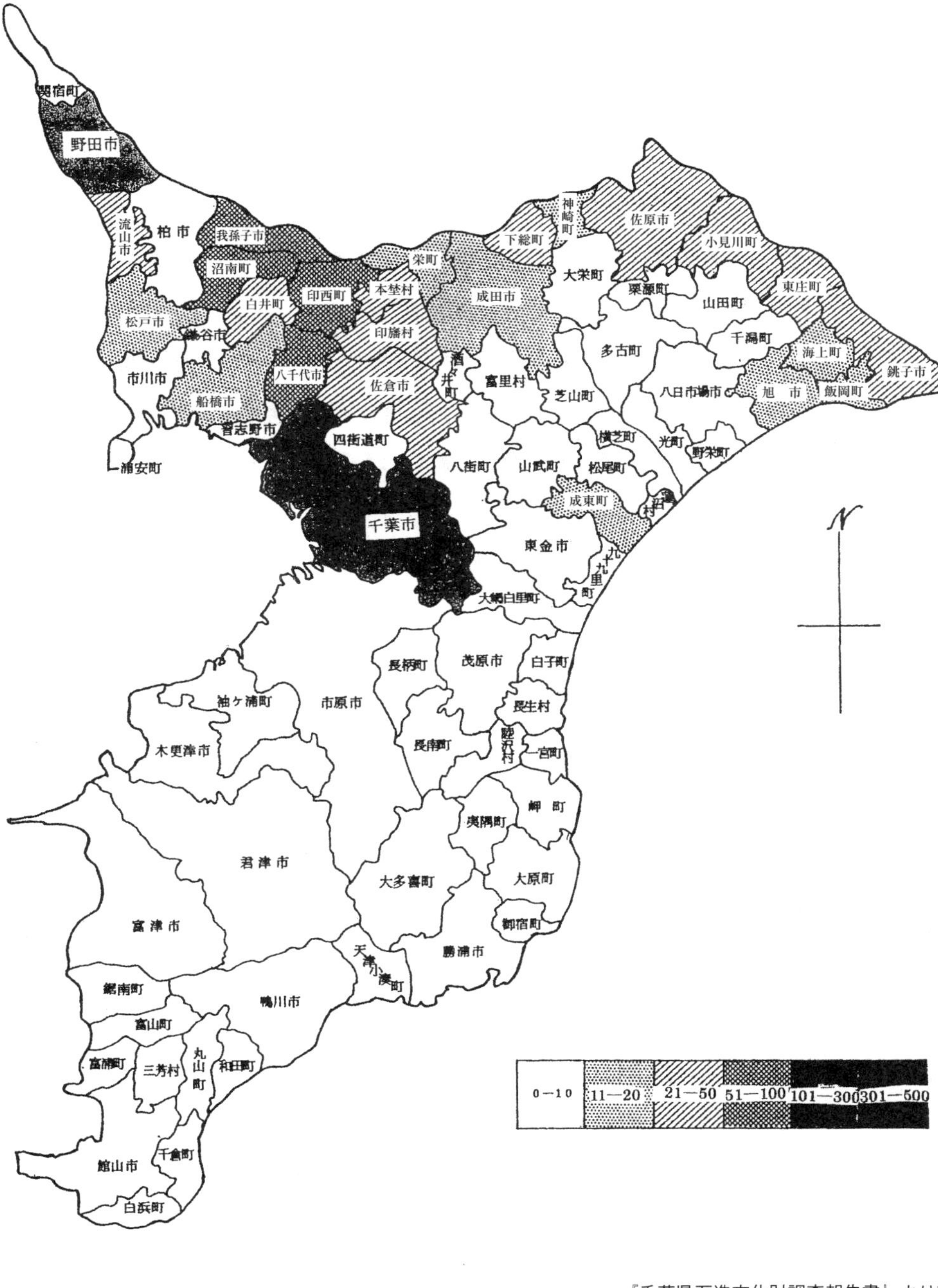

『千葉県石造文化財調査報告書』より転載

この利根川流域の村々に月待塔が異常な分布を示していることは図からも歴然としているが、ただし、これは各市町村の調査員による悉皆調査の限界もあり、この数値をもって千葉県内の分布状況として読み取ることは多少の危険もあるが、それでもなお、利根川流域の村々に分布する月待塔の分布は異様といってよいだろう。

千葉県の調査によると、県下の月待塔の種類は十三夜、十五夜、十六夜、十七夜、十八夜、十九夜、二十夜、二十一夜、二十二夜、二十三夜、二十四夜、二十六夜、二十八夜の十三種である。これは前掲した、千葉県内の女人たちの講集団の多様性とも対応する種類となっている。

ちなみに千葉県内における月待塔の初出は、山武郡成東町本須賀大正寺境内にあるもので萬治二（一六五九）年三月十九日造立の十九夜塔であり、銘文には「奉唱満十九夜念仏二世安穏之所結衆七十五人敬白」とあり、次いで山武郡根崎金剛寺境内には萬治三年（一六六〇）二月十九日造立のもので銘文には「奉唱十九夜念仏結衆百余人現世二世安楽祈所」とある。

銘文には女人講はみえないが、金剛寺の十九夜塔は、光背型で如意輪観音像を刻んでおり、十八世紀以降の女人講の手による月待塔の多くに如意輪観音像が刻まれていることを考えれば萬治二、三年という、十七世紀中葉にはいずれにせよ、女人集団による月待塔が造立され十九夜講の萌芽があったと見て間違いないであろう。

千葉県県教育委員会の報告によれば、月待塔は利根川流域の北部から流入した形跡があり、とくに印旛郡本埜村物木諏訪神社境内には寛文八年（一六六八）十一月十五日に造立された二十三夜塔があり、銘文には「奉廿三夜供養」とある。さらに同境内には寛文九年（一六六九）三月二十日造立の二十夜塔があり、銘文には「為廿日夜念仏供養奉十一面観音像」とあり、この周辺に十七世紀後半の月待塔が多く確認されており、香取郡・東葛飾郡などの利根川流域地方に早く伝播したものであろうとしている。

この十七世紀中葉以降の月待塔の造立および分布状況からも、千葉県内の月待塔全般の傾向は下総地方（利根川流域）に偏在しており、図が示すように市原市には多少の影響が認められるものの、それ以南になると極めて稀少であり、かつ十九世紀以降のものが多く、このことからもいかに利根川流域の村々に女人講による月待塔の造立がきわだっていたかを知ることができる。

さらに、利根川流域の月待塔、なかでも十九夜塔の銘文から女人信仰の研究を推進している榎本正三の報告によると、千葉県教育委員会の調査段階では印西町（印西市）の月待塔は六七基であったが、その後の調査によって二七七基が確認され、報告書では県内四位であったが、町域から考えれば、密度的には印西町が県内最高の分布を示すであろうとしている。

次に日蓮聖人が近世以降において霊性化されていく過程で開帳のもつ意味や、日蓮の遠忌法要が深い関わりをもっていたことはよく知られているが、比較的等閑にされてきたのが語り（語られる）や伝説である。そこで日蓮聖人の近世的展開を考える上での一つの視点として伝承にみられる日蓮像をみておこう。

全国各地に日蓮をめぐる伝承は多いが。とくに日蓮の法難にまつわるものが群をぬいている。文永九年（一二七二）二月、佐渡にて流刑生活の身にあった日蓮は、『開目鈔』を著し、自らの身に降りかかる受難を「日蓮が流罪は今生の小苦なればなげかわしからず、後世には大楽をうくべければ大いに悦ばし」としている。いうなれば日蓮は新しい宗教を興すにあたってそれなりの苦難が伴うのは必定であることを悟っていたようである。

建長五年（一二五三）三十路にはいった日蓮は、法華経が混乱した時世を救済する最高の経典であるとして、伝道活動に奔走することとなる。それは自ずと激しい他宗への非難ともなり、時の為政者にまで非難の鉾をむけ国政批判の行動となっていった。その結果が他宗からの非難の対象ともなり、伝道の過程において度重なる宗教弾圧を受けるも日蓮そのものはむしろ法華経行者のもつ宿命と割り切っての宗教活動を展開していくこととなる。

日蓮の蒙った難を振り返ると、文応元年（一二六〇）鎌倉の草庵が浄土宗の輩によって焼き討ちにされた「松葉谷（まつがや）法難」、弘長元年（一二六一）には幕府に捕らえられ、一年半余りにわたって配流される「伊豆法難」、文永元年（一二六四）には安房にて地頭の東条景信の襲撃を受け、同行した弟子の鏡忍房が殉職し、自らも眉間に傷を負う「小松原法難」、文永八年（一二七一）には再度幕府の忌憚に触れ、漸首の危機に陥った「龍口（たつのくち）法難」と斬首に代わる措置としての二年数ヶ月もの「佐渡流刑」がある。

こうした一連の法難にあっても日蓮はひるむことなく伝道生活に奔走していく。そして佐渡の流刑後、いったん鎌倉に戻ったのち、甲州の身延山に居住し、各地の弟子たちへの伝道を継続し、六十一歳を迎えた弘安五年（一二八二）十月、武蔵国の帰依者である池上宗仲邸にて多くの弟子たちに看取られて生涯を閉じたのである。

日蓮の没後、宗門では宗祖の受難を「四箇大難（しかのだいなん）」と呼び習わして、受難の地が聖地化されかつそこに寺院が建立され、その他は事件に関連した期日には伝道の記念となるような「法難会」が年中行事として執り行なわれることがみられた。

日蓮については今日まで多くの「一代記」などによって紹介され、また数多の寺院の由緒となる伝説が今日も各地に残されている。そこで史実とは明らかに異なっていてもこの伝説が意味をもって今日の寺院や民間に伝わっている伝記や伝説からみてみよう。

日蓮の伝説は近世において多くの作品を見出すことができるが、最初の伝記については中世までさかのぼり、日蓮の没後二〇〇年にして日澄（一四四一～一五一〇）によって著された『日蓮上人註画讃』が、宗教的奇蹟と歴史的事実を組み合わせた宗教者としての日蓮像を紹介している。この作品が基本となってその後の日蓮伝説が作成され、そのなかでも近世後期に小川泰堂の著述による『日蓮大士真実伝』は、一番まとまった一代記として一般に流布されていたといわれている。

日蓮の伝説をめぐって特徴的なのが木・石・清水などに関連して語られるものが多いことである。伝説研究の大筋では、そこに登場する歴史上の高僧などの主人公は、その伝説をより信じやすくするために用いられる歴史化と合理化の反映であるとされている。そのために伝説から歴史上の主人公を取り除いて伝説が説明する対象物に注目してきた。この作業の延長線上で伝説が語る木・石・清水などが神祀りの場であり、それを記憶に止めやすくするために歴史的人物と絡めた話の展開になることが明らかにされている。

これに対して伝説には歴史的に個性をもつ高僧に委ねた、より主人公にふさわしい伝説もある。一例としては弘法大師や行基の伝説に代表されるように、全国に分布する「杖立て伝説」や「弘法清水伝説」がその背景にある。これらの伝説から彼らに託されて遊行する神霊の存在があり、これを待ち望む人々の民衆の心理が反映されているものと思われる。

そこで天津小湊の伝承をベースにしつつ、日蓮の伝説のなかにも弘法大師や行基などと同じように木・石・清水などの由来を説明付けるものであるが、以下いくつかの日蓮伝説をみていこう。

最初に木に対するものとしては、一般的に神の依り代としての信仰で、ひときわ高い木や変形したものが霊木とみなされ、旅の僧が残していった箸や杖が根づいたと語られるものが多い。

日蓮ともゆかりの深い山梨県甲府市金桜神社には日蓮が残したという竹杖が生長したという逆さ竹がある。山梨県身延町の本光寺境内には杖の椿があり、それに因んで山号を妙椿山としている。同町内の上沢寺には「お葉付銀杏」がある。これには法喜という真言宗の僧が饅頭にて日蓮の毒殺を企てたときに、日蓮は自分で食べず、庭の犬に饅頭を与えると犬は狂死してしまう。これを哀れんだ日蓮は自分の杖を地に立てて菩提を弔ったという。後に杖は大木となるが、犬の歯形に似た細い実が葉の中につくのでお葉付銀杏とか毒消し銀杏などといわれている。

新潟県の佐渡にも多くの日蓮伝説がある。畑野本光寺と佐和田実相寺には袈裟懸けの松がある。大田区の洗足池の脇には御松庵という寺がある。身延から池上宗仲邸へ入る直前、休息のため袈裟を脱ぎ松にかけ、池で足を洗った。そこから庵の名がつき、それまでの千束池は洗足池となったという。

また、神奈川県藤沢市の龍口法難に際して袈裟をかけた松が名越にあると『新編鎌倉誌』に紹介されている。千葉県鴨川市の掛松寺にも小松原法難で傷を負った日蓮の袈裟を掛けた松があった。松は後になって切り倒し日蓮像を刻み寺に安置し、そこに二代目の松を植えたという。

これらの日蓮に関わる樹木の伝説をみると、そこには弘法大師の杖立て伝説と共通する要素があることが認められる。なかでも鴨川の掛松寺では、その霊木によって祖師像を作って、受難の祖師・日蓮の霊験が色濃く意識されていることがわかる。

次に清水や井戸に関わる伝説としては、その多くが旅の僧が手にする独鈷や杖で池を突き、自在に水を出したり、枯らしたりするもので、その代表的な伝説を「弘法清水伝説」と呼んでいる。甲州を巡錫の折、ある家にて老婆に水を求めた。すると老婆は谷底から水を汲み日蓮に捧げた。それを感謝し、また憐れんだ日蓮は杉の杖で地を掘ると水が湧き出した。これは身延山下山杉山の姥清水として伝えられ、同じ話は身延町元町の井戸にもみられる。

新潟県佐渡真野町豊田には、日朗腰掛石がある。相模国鎌倉から日蓮の赦免を伝えに来た弟子の日朗はここに至り、師の名を呼ぶがまったく声が出ない。そこで路傍に腰掛け杖を地に突くと清水が出た。この水を飲んで再び師の名を呼ぶと声が響き渡った。そこでこの水を一杯清水と呼ぶようになった。腰掛石と清水湧出が交錯した伝説内容で、師を想う日朗に石や杖が配され、助けの水の湧出をより劇的に印象付けるものとなっている。

千葉県天津小湊町浜荻には、咳の病が流行したとき日蓮が、姥が池の姥神を守護神とし咳止めの護符を書いた経石を池に沈め、咳の病に苦しむ人にこの池の水を与えたところ霊験あらたかにして病は治ったという日蓮の姥神伝説と、浜荻には、小松原法難で眉間の疵を洗ったという疵洗い伝説もある。また小湊地区の日蓮寺には同法難での養生をした岩屋とともに、疵洗井が伝わっている。日蓮の清水にまつわる伝説は、弘法清水伝説とほぼ同内容で語られているが、日蓮の特徴は法難・流罪などという非日常的な宗教体験が語れることがあげられるであろう。

次に食物をめぐる日蓮伝説としては、山梨県身延町の正慶寺に次のような話がある。ある時、土地の老婆より粟飯と焼鰍（やきかじか）のもてなしを受けた日蓮聖人は、粟飯だけ食べ、鰍は口に含んで川辺に立ち水のなかに吹き入れた。すると焼鰍は蘇生して泳ぎだした。鰍の頭には三粒の粟飯がつき、以後捕まえられることもなくなった。その後、寺の近くに鰍が現れたので正慶寺を「粟飯の霊場」と呼ぶようになった。また、同町内の本国寺でも、出された蕎麦の汁に入っていた田螺を日蓮が「尻無田螺（しりなしたにし）」として蘇生させた伝説がある。こうした伝説は、『日本霊異記』にすでに紹介されている行基が与えられた鱠を口に含んで川に放って材料の魚を蘇生させたという伝説と一致し、わが国の宗教的英雄の奇蹟伝説として知られている。伝説のなかで出された粟飯や蕎麦などは晴れの日の食物としてよく知られるところだが、身体に特徴をもつ魚や田螺のいずれも神の使わしめとしての性格をもち、度々神饌物として用いられてきた。

日蓮に関わる食物伝説にはつぎのようなものがある。鎌倉で捕えられ、龍口に送られる日蓮に、一人の老婆より胡麻をまぶした牡丹餅が進ぜられた。感謝した日蓮は、餅を載せていた鍋蓋に題目を書いて返礼とした。その後、龍口では奇蹟が起こり日蓮は命を永らえる。このいわれによって、これを首継の牡丹餅といい、老婆の住まいの跡には常栄寺が建ち、現在では「ぼたもち寺」として親しまれている。鍋蓋はその後に「鍋蓋曼荼羅」として伝えられている。毎年九月十二日には龍口法難会が行われ、日蓮が首をはねられようとした子丑の時刻に、本堂において牡丹餅をまいて参詣人に拾わせる行事が今日も継続されている。

この法難についての伝説は天津小湊町の寺院にも伝わっており、小湊の妙蓮寺と誕生寺では毎年九月十二日、天津の日澄寺では十月十二日に法難会が行なわれ、このとき参詣者へ牡丹餅が配られている。このほか、鎌倉市大町の松葉谷妙法寺では法難時に日蓮が生姜を食して英気を得た故事に因み、法難会に焼生姜が出されている。こうした食物をめぐる伝説は、法難と深く関わりをもち、危機に瀕した日蓮聖人が、これを食することによって英気を養い、受難を克服する結果となっている。ここでの牡丹餅や生姜は本質的には霊前への供物として用いられてきたものが、日蓮の法難とむすびついて語られることによって、苦難を打破するという神秘的なことが信者に提供されていったのである。

これまでの木・石・清水・食物などの日蓮伝説は日蓮の生涯にとっても節目節目に関わった地域性がその背後にあり、その多くは生誕地の天津小湊はもちろん法難や流罪になった伊豆・相模・武蔵・佐渡・身延などが中心となっている。それに対して日蓮そのものの祖師像は自然的なものとは異なり、かつ移動可能ということもあって、日蓮没後には各地で日蓮宗寺院のシンボルとなり、この祖師像が日蓮の呪力を登場させるものとして機能を発揮していくのである。

現在伝わる祖師像縁起は、十八世紀のはじめから、より具体的には日蓮の四百遠忌あたりを境にして、江戸において盛になった日蓮宗寺院の開帳を契機として作成された事例が多い。十九世紀の初頭、文化七年（一八一〇）に江戸の住人、教仙堂によって収集記録された『法華霊場縁起集』（国立公文書館蔵）によれば、記載されている七〇ヶ寺のうち三七カ寺が日蓮宗像の由来と霊験を説き、その大半が治病・火防・厄除などの利益をもたらす内容になっている。

このうち厄除けに関わっては、日蓮が四十二歳で迎えた伊豆流罪の赦免に因んだ「厄除の祖師」は谷中宗林寺などにまつられている。このほかにも厄除けをめぐって様々なものがあるがいずれも日蓮の御利益をめぐるものである。それはいうまでもなく宗祖日蓮の法難・流罪の困難を克服した姿を反映し、かつその霊性を確認するものであった。日蓮の法難をめぐる伝承は、庶民化した様々の伝記本などを通じて、さらには「語りの場」を通して、現世利益をもたらす祖師信仰として「日蓮像」が形成されていったものと思われる。その形成に一役を担った点が天津小湊町の題目講・歌題目・ひげ題目なのである。

（以下は『柳田国男研究論集』第七巻に掲載いたします）

■書評

政治を席捲する民俗

――杉本仁『選挙の民俗誌――日本政治風土の基層』（梟社刊、二〇〇七年四月）

堀内 亨

本書の構成は、「第一章ムラ祭りとしての選挙」、「第二章ムラの選挙装置と民俗」、「第三章ムラの精神風土と金丸信」、「終章政治風土と民俗のゆくえ」、からなっており、山梨県の文化風土から発生した「甲州選挙」の実態を、民俗学の手法で分析、解明した書物である。選挙とムラ祭の類似、親分子分慣行、無尽組織、冠婚葬祭などの生活全般に根ざした習俗を利用しての巧妙な選挙活動、そしてその象徴としての政界のドンと言われた金丸信の実像が描かれているばかりか、そのなかで失われつつある民俗が蘇生するダイナミズムを詳細にかつ実証的に展開しているのである。

選挙は、本来、政治学の対象とする分野であるが、筆者はそこに留まらず選挙運動のなかに民俗事象を析出する方法をとり、昨今の民俗学にはない新しい領域を開拓している。また金丸信を単に利権政治家として描くのではなく、庶民・大衆の保持している民俗（生活様式）を絶えず取り入れた政治家であったゆえに、国政でも盤石な権力を持つことができたと、その源泉をも解き明かしている。それゆえ抜きんでた金丸信（あるいは田中角栄的なもの）へのオマージュとしても読むことができるのである。

ところで、この本の評価・話題は尽きない。新聞各紙の書評は、「甲州選挙に贈収賄や中傷合戦はつきもの。その法的・道義的な判断をいったん保留して示される多義的な解釈は確かに説得的だ」（佐藤卓己、読売新聞二〇〇七年四月八日）、「甲州選挙に象徴される民俗に規定された選挙の行動様式は程度の差はあれ全国各地でも呪縛から逃れられないとの指摘は重い」（日本経済新聞二〇〇七年四月二九日）、「地域最大の祭としての選挙を（略）民俗学的な手法で、細かく分析されていて興味ぶかい」（鎌田慧、東京新聞二〇〇七年四月二九日）と概ね好評であった。またコラム欄で「杉本さんは、戦後、地域の共同体の崩壊が進むなか、人々は選挙で東奔西走することで、ムラ祭りの興奮を取り戻したとみる」（産経新聞二〇〇七年四月二四日）と紹介した記事もある。山梨の地元紙では「甲州選挙の本質直視」（山梨日日新聞、二〇〇七年五月一六日）、「甲州選挙は祭り感覚」（毎日新聞山梨版、二〇〇七年六月一三日）などと取り上げられている。

雑誌での扱いも少なくなく「山梨県の戦後選挙史を、柳田民俗学という万能ナイフで縦横に切り裂いて見せた労作である」（枝川公一、週刊ポスト、二〇〇七年五月一八日）、「論証は説得的であり、提起されている問題は重い」（五十嵐暁郎『論座』二〇〇七年一〇月）と讃えている。また学術雑誌でも「この著作を高く評価したい。民俗学が政治や権力を十分扱えるものだということをこの著作ほど知らしめたものは昨今にはないであろう」（篠原徹、『日本民俗学』二〇〇七年五月）、「巧妙かつ熱意あふれる著者の語り口も含め、名著と言ってよいだろう」（季武嘉也、『日本歴史』二〇〇七年一一月）との評価を下している。また山梨の郷土研究会誌『甲斐』（二〇〇七年八月）では、室井康成が一五頁の長きにわたって書評を丁寧に書き、「民俗の未決の課題」に果敢に挑戦した問題の書であることを民俗学史からも明らかにしている。

筆者は、このように多方面から注目され、話題になった書物を寡聞にして知らない。是非一読を勧めたい。

■書評

宗教としての天皇制を追究

――山下紘一郎『神樹と巫女と天皇――初期柳田国男を読み解く』（梟社刊、二〇〇九年三月）

川島　健二

数多い柳田国男論の中に、出色の一冊が加わった。著者の山下紘一郎は、伝記研究の定礎となる『柳田国男伝』（後藤総一郎監修・柳田国男研究会編著、一九八八年）のリーダー的存在であり、また柳田と明治、大正、昭和の天皇との関わりを克明に追った『柳田国男の皇室観』（一九九〇年）の著者である。本書の表紙には、前著と同じように柳田が大正天皇の大嘗祭に参列した際の古代的な礼服姿の写真が使われているが、前著の単なる続編と捉えることはできない。「宗教としての天皇制」の追究という持続したテーマの中で、前著は「農民」と「天皇（制）」の宗教的な関係の解明に中心があり、本書では「非農耕民」としての「巫女」に照準が合わせられる。主題とする対象の違いが、二冊のそれぞれの存在意義であるが、ここで何よりも注目したいのは、本書の成果が柳田の作品を粘り強く精読することで獲得されたということである。伝記研究か作品研究かという問いは、もとより二者択一的な問いではないであろうが、「細部に宿り給う神」を捉えるための正攻法は、作品を丁寧に読み解くことである。本書は、それを身をもって見事に実践してみせてくれた。

しかし精読というのは簡単ではない。山下は柳田が参照した『延喜式』や『貞観儀式』といった歴史資料をつぶさに当たって、柳田民俗学の草創期の特徴を見せてくれる。たとえば、柳田が神祇関係の式を本格的に討究するのは『石神問答』（一九一〇年）で、その中に『延喜式』を参照している箇所は約二十ヶ所あるという。そして『石神問答』を「民俗からみた天皇（制）について、まとまった考察を示す最初の著述」（七九頁）と興味深い指摘をしている。柳田による天皇の祭祀研究と民間信仰の研究の相関性は山下の特に注目する点で、本書を貫く問題意識である。巫女の存在も、その中からせり出してくる。

副題に「初期柳田国男を読み解く」とあるように、ここであつかわれる柳田の作品は明治、大正期のものである。山下は「序章　大嘗祭と村の秋祭り」を、大正天皇の大嘗祭、大嘗宮の儀に奉仕する柳田の姿を描出することからはじめ、そこで展開された柳田の大嘗祭論がはらむ両義性に目を向けているが、「第二章　民俗学の創成と天皇観の形成」や「第三章　依代・心御柱・標の山と大嘗祭」で検討される『石神問答』や『神樹篇』の諸作品こそ、柳田の大嘗祭観に両義性を与えたものであった。

まことに「豊饒なる混沌」を感じさせる著作群であるが、「第一章　宮廷官僚として――宮内書記官を兼任する」で、柳田がこの頃、明治四十一年から大正三年まで六年以上も宮内書記官を兼任した事実に、山下が注目しているのが目に止まる。法制局参事官時代の柳田が内閣書記官と内閣書記官室記録課長を兼任していたことはよく知られているが、同じ頃宮廷官僚であり、この体験が柳田が宗教としての天皇（制）について考究するにあたって、根底的であったと見る山下にはうなずける。一章には大正二年（一九一三）、柳田が大正天皇に、葉山では十九日間、日光では二十日間、供奉した事実が紹介されているが、これは『柳田国男伝』の年譜にも記されていなかった大きな事実である。宮内書記官という立場であったろうが、柳田の天皇観を考える上で無視し得ぬ体験であったに違いない。山下の伝記的精査が光る部分であった。

さて、本書の核心は、山下も言うように第三章の四「樹下の祭祀・王権の発生――『神樹篇』の世界」であろう。書名の『神樹と巫女と天皇』も、第三章と第四章の「巫女王と天皇」を象徴的に受けている。それをひとことで「この列島の初期的な共同体において、神聖な樹下の祭祀で最初に宗教的な威力、権力をにぎったヨリマシは、柳田によれば巫女ではなかったか。」（あとがき）と山下はいう。そして、山下にこうした着想のきっかけを与えたのが『神樹篇』に収められた「勧請の木」（一九一五年）であった。「勧請の木」は小論ながら中身の濃い作品である。柳田はそれを大礼に奉仕するため京都に出張する直前に書き上げたという。現実の皇室の祭祀に関わりつつ、一方で王権の発生に触れる論考をまとめるという柳田には、やはりただならぬものを感ずる。

「勧請の木」では諏訪大社・上社の「タタイ神事」が取り上げられる。「諏訪において樹下に神を請じ祀る風習があって、これをタタイと呼び、湛と書いてたことで、そのタタイの本の意味も、単に讃歎のタタエではなく、依巫について神意を知らんとした最も古い形式のタタリにある」（柳田）。山下は柳田の論を丁寧にトレースすることで、そこから本書に結実する豊饒なヒントを発見している。

「勧請の木」では、柳田は賀茂上社の「ミアレ神事」にも言及しているが、ミアレオトメの持つ「ミアレ木」も意味深い。諏訪信仰における「御杖」、賀茂祭祀における「ミアレ木」、斎宮を意味する「御杖代」に共通する人工のヨリシロである杖に目を向けて、山下は「まさしく『杖』は、生き神であることを指し示す象徴的なしるしであり、この杖を手にするものこそ、天皇部族においても宗教的な権力をにぎることができたのである」（二〇七頁）と述べる。「天皇部族」という言葉への違和感は残るが、柳田の初期王権論の具体的なイメージとして受け取ることができる。ここからヒメ、ヒコによる二重支配の想定、祭事権を掌握する巫女王と政事権を掌握する大王（天皇）の組み合わせまで、そう遠くはない。

第四章では、巫女王と天皇の権力交替劇が中心となる。はじめに取りあげられるのは天照大神。柳田は大嘗祭に迎える神を天照大神ただ一座と考えながら、その由来については論じたことが一度もない、と山下は言う。そして柳田の思考に限りなく接近しつつ、その解明の手がかりを柳田の八幡神の探究作業に求める。山下の柳田解読の冴えが見事な箇所である。太陽神に仕える巫女「オオヒルメノムチ」がその原像であった。

つぎに山下は巫女王の姿を追って、卑弥呼や神功皇后を取りあげる。柳田は聞得大君や斎宮、斎院に言及することはあっても、これらにはふれていない。山下は柳田の思考の可能性を実践する恰好である。柳田を徹底的に読み込むと何が見えてくるのか。山下の試みは示唆的である。（他でも、四章の（注2）において、柳田が触れなかったタカミムスビノカミ、高木の神について『神樹篇』の応用で考察を進めていて示唆深い。）

権力交替劇で取りあげられるのは、斎宮と猿女君である。霊能をいかんなく発揮していた原「斎宮」としての巫女王が律令制下の斎宮として伊勢に追いやられ、また鎮魂祭と大嘗祭に奉仕し、二つを橋渡しする役目を果たしていた猿女が大正の大礼においては姿を消してしまった、というのが山下の判断である。斎宮の原像や実態をどう考えるか、また大嘗祭における猿女の重要性がどれほどのものか、議論の余地もあろうが、『神樹篇』や『妹の力』において柳田がいかに深く歴史の闇にわけいっているのか、山下が微細に解き明かしてくれたのは大きな功績であろう。

おわりに「終章　閉じられる初期柳田国男の世界」について言えば、大正期の柳田と長い間格闘してきた山下の心情がよくあらわれた章である。猿女や託宣する巫女が消え、家を支える女性の存在が前面に出て初期柳田国男の世界は閉じられたという判断を、私は山下の格闘の区切りと読み換えて受け取りたい。とりあえず何かが閉じられたのなら、何かを見届けたと言うことになる。その「見届けた」という気分を本書の終章に感ずることができる。しかし本当に閉じられたのだろうか。柳田に「二つの民俗学」があったのだろうか。この労作は、まだ閉じることができないように思える。

小山清著『柳田国男八十八年史（全五巻）』（三省堂、二〇〇一年）による
後藤総一郎監修・柳田国男研究会編『柳田国男伝』（三一書房）の著作権侵害・剽窃問題の経過報告

小山清著『柳田国男八十八年史（全五巻）』発刊以来、たびたび後藤総一郎・柳田国男研究会編『柳田国男伝』との類似があるという指摘があり、それを受けて検討した結果、あまりにもひどい剽窃に、わが柳田研究会は愕然としてしまいました。一例を示しておきます。（注：上段は『柳田国男伝』、下段は『柳田国男八十八年史』）

柳田国男研究会編『柳田国男伝』「十二章新しい国学を求めて」p．1024～1025

教科書『日本の社会』

昭和二十六年（一九五一）、実業之日本社版社会科教科書づくりが開始された。この仕事には、民俗学研究所の所員が中心になり、成城学園や西生田小学校で実践されていた社会科授業や、柳田を監修者に、昭和二十三年から進められていた東京書籍版国語教科書編集の経験が注ぎ込まれた。

小山清『柳田国男八十八年史（第五巻）』p．347～348

第三節『日本の社会』

いよいよ昭和二十六年（一九五一）になって、実業之日本社版社会科教科書づくりが開始されたが、この仕事には、民俗学研究所の所員が中心になり、成城学園や西生田小学校で実践されていた社会科授業や、柳田を監修者にして、昭和二十三年から進められていた東京書籍版国語教科書編集の経験が注ぎ込まれた。柳田国男は元来、

柳田は元来、学校教育において教科書を使用することに反対であった。教科書一辺倒の教育が、子どもの自発的な疑問やみずから学ぼうとする気持ちを押さえつけるばかりでなく、教師の授業に対する創意工夫や情熱を削ぐ結果となると考えたからである。

その柳田が、社会科教科書づくりに熱意を燃やすようになったのは、敗戦で日本の教育の「鋳型」がこわされ、教師は自信を喪失し、「社会科については殊に、まるで国情の違った外国の教え方をまね」（「地方自主の教育」『国民の歴史』昭和二三年一二月、定本未収録）するのがせいぜいで、日本の現実や歴史から学ぼうとする姿勢が、教師に希薄であったからである。柳田はこのような状況に抗し、日本民俗学を基底においた教科書をつくることによって、教育とりわけ社会科教育に一つの方向性と方法を示す決意を固めたのである。

柳田は、社会科カリキュラムづくりの研究会の席上でも、「成城の学校のための単元をつくるのではない。日本が一朝にして教育の鋳型をこわされて困っている日本

学校教育において教科書を使用することに反対であったのは、教科書一辺倒の教育が、子供の自発的な疑問や自ら学ぼうとする気持ちを押さえつけるばかりでなく、教師の授業に対する創意工夫や情熱を削ぐ結果ともなると考えたからである。その柳田が、社会科教科書づくりに熱意を燃やすようになったのは、敗戦で日本の教育の「鋳型」がこわされ、教師は自信を喪失し、社会科については、まるで国情の違った外国の教え方を真似るのが精いっぱい、日本の現実や歴史から学ぼうとする姿勢が、不十分であったからである。

の先生たちと児童に少しでも役立つものをつくってやりたいからだ」（『社会科単元の内容』）とたびたび力説したというから、そのころから全国的規模の教科書をつくる意欲をもっていたといえよう。

昭和二十六年（一九五一）は、戦後教育にとっても一つの転換期であった。同年七月、文部省は小中学校の「学習指導要領」を発表した。これは、昭和二十二年の「指導要領」を改訂したものである。そのうち「社会科編」の改訂作業は、昭和二十四年の末ごろからはやばやと着手されていた。

当時の教育界は、社会科を学習活動の中核とするコア・カリキュラム運動の高揚期であった。そのため他教科に比して、社会科への関心と批判には強いものがあったのである。批判は、伝統の喪失、道徳性の希薄、児童の学力低下、地理・歴史の復活、国籍不明、相互依存尊重の順応主義などの観点から、政治的には左右両方の陣営から浴せられていた。

昭和二十六年は、戦後教育にとっても、一つの転換期であり、七月、文部省は小学校・中学校の「学習指導要領」を発表したが、これは、昭和二十二年の「指導要領」を改訂したものであり、そのうち「社会科編」の改訂作業は、昭和二十四年の末ごろから早々と着手されていた。当時の教育界は、社会科を学習活動の中核とするコア・カリキュラム運動の高揚期であり、社会科への関心と批判にはひときわ強いものがあり、伝統の喪失、道徳性の希薄、児童の学力低下、地理・歴史の復活論などの観点から批判が浴せられていた。柳田国男は、社会科カリキュラムづくりの研究会の席上でも、「成城の学校のための単元をつくるのではない。日本が一朝にして教育の鋳型をこわされて困っている日本の先生たちと児童に少しでも役立つものをつくってやりたいからだ。」と力説したと伝えられているが、そのころから全国的規模の教科書作りに意欲を燃やしていたと言えるであろう。

以上の箇所は、柳田が編集した小学校教科書『日本の社会』への論述の箇所である。たんに文節を入れ替え、語尾を変えたのみである。著者・小山清氏は、西日本の教育界を席巻しているといわれている権威ある大学付属高等学校の教員として長く国語教育に携わり、副校長さらには大学教員などを務め、またある出版社の国語教科書の編集にも加わり、その業績等で文部大臣からも表彰されるなどの著名な教育者、学者なのである。その（国語）教育者が、このような剽窃をし、著作権侵害を犯しているのである。それも半ページから一ページ以上にわたる部分が、数十ヶ所以上におよび、さらに二、三行となると数え切れないほどの無断引用となっているのである。ひどすぎる、という以外ない。

そこで発行元の三省堂に問い合わせ、正式に『柳田国男伝』出版元の三一書房を介し、三省堂に「要望書」を郵送した（二〇〇八年八月二十日）。そのなかで「質問事項」として、「①今回のわたしたちが指摘に対して、研究者ならびに文化の牽引役たる出版社として、どのように考えているのか、責任の所在はどこにあると考えるのか明確にご返答願います。②『柳田国男八十八年史』の制作部数、在庫部数、寄贈、献本先リストと部数、保管する公立等図書館のリスト、書評・紹介紙誌と執筆者のリストを提出してください。」と要請した。また「要望」として「この問題は、ひとり小山清氏個人の問題としてではなく、今後の学問研究、出版状況にかかわる重大な問題としてとらえています。また、このまま曖昧に見過ごしていくことは、柳田国男の膨大な学問のなかから、「生活者の学」「自己認識の学」に光をあて、学ぶことを自己変革の中枢に据えて正直に生きることを牽引してきた故後藤総一郎の教えに背くことと思っております。（略）以上のような考えから、基本的には執筆者小山清氏の全面的な謝罪ならびに同書が刊行されたということの事実上の削除を求めるものであります。」と求めたのである。

この「要望書」に対して、三省堂側も、またその相談したという出版協会の弁護士でさえ、小山氏の今回の著書は、弁解のできない悪質な著作権侵害だと認めざるを得ないというものでした。三省堂は、質問①に対しては、「今回のご指摘通り、『柳田国男八十八年史』には明らかな著作権侵害があり、その責任は、著者の小山清並びに発行元である株式会社三省堂双方にあると考えています。（略）」と回答しました。質問②については、制作部数および在庫数の報告が記載され、回収・破棄に努めることを確約。要望②の謝罪の件については、回収破棄処分と、謝罪文を書評などを掲載した新聞や雑誌に掲載することを承認しました。

三省堂はただちに、小山氏に対し本の回収を命じ、その作業に入りました。しかし、小山氏は、ことの重要性を認識せず、「『柳田国男八十八年史』（全五巻）回収お願い」（二〇〇八年九月）の書面には、柳田研究会から「横やり」が入った程度の認識しか示さず、本人自身からは柳田研究会への謝罪すらありませんでした。この文面とは、つぎのようなものであった。

今は詳細は申し述べられませんが、今般、ある筋から、「無断の引用（著作権の侵害）あり」ということを、版元を通じて知らされました。いろいろと検討してみましたところ、遺憾ながらその形跡を認めざるを得ません。（略）先方からは『回収』が強く要求されており、それに従うことにしました。（略）長い時間をかけて、精魂込めて書き上げました著作が、かくなる仕儀と相成りましたのは、無念ですが、捲土重来を期したいと考えております。（以下略）

精魂を込めて書き上げたのは、われわれの研究会も同様です。著名人の引用は名を銘記し、われわれのような民間の研究者の名は出さず、無断引用する、このような知の差別の在り方は「野の学」を創出しようとするわれわれのような研究会への冒瀆以外の何物でもありません。
そこで、わが柳田研究会は、小山氏と三省堂に正式に謝罪と本の回収処置を要請しました。三省堂経由で返ってきた謝罪文は、以下の通りです。

2009年6月

柳田研究会員各位

『柳田国男八十八年史』著者　小山　清
同書発行者　株式会社　三省堂
代表取締役社長　八幡　統厚

〈謝　罪　文〉

『柳田国男八十八年史』（全五巻）を刊行するに当たり、三一書房刊の『柳田国男伝』に対する著作権侵害をおかしてしまったことを、『柳田国男伝』の関係者の皆様に深くお詫び申し上げます。
すでに、販売を中止して可能なかぎり回収をはかり、在庫本を含めて裁断処分といたしました。また、三省堂ホームページ及び「柳田国男研究論集」に〈お詫び〉を掲載させていただきます。

小山清は、研究者としての基本的態度が欠落していたと、深く反省しております。今後は、著作権に対する認識を深め二度と今回のような不始末をおかさぬようにすることを決意しておりますので、お許し下さるようお願いいたします。

発行者三省堂は、第三者の著作権を侵害した著作物を発行した社会的責任を痛感しております。今回の反省にたって今後の出版活動を続けさせていただきますので、お許し下さるようお願いいたします。

わが柳田国男研究会では、知の在り方への抗議を第一義としたので、さまざまな不満は残るものの、承諾することで、今回の剽窃問題の解決とすることにしました。つきましては、ご協力・ご支援下さった関係各位には、この場を借りての御報告とし、また御礼を申し上げる次第です。

柳田国男研究会（文責・杉本仁）

あとがき

柳田国男研究論集第6巻をお届けします。今号の特集のテーマは「日本」です。私たちの一人ひとりが自らの生活世界のあり方を追究することを目途とする民俗学にとって、〈日本〉とは何か。〈日本〉という命題はどのような意義を担っているのか。それを外からのあるいは上からの視線ではなく、民俗学の内側から内在的に捉え突きつめて行くと、そこには、どのような問題が見えてくるのか。こうした問題意識から、会員諸兄姉に広く原稿を募集しましたところ、大きな反響を得て、数多くの力のこもった論考を頂きました。「日本」という主題をめぐって、「百家」とはいえないまでも、それぞれが自らの立ち位置で、誠実に自己の主張を闘わせるささやかながらも意義のある「争鳴」の場となりました。それぞれの論考は、執筆者の方々の日々の研鑽の賜物ですが、その大半は、この二年ほどの本研究会の例会において発表を重ねてきたもので、その意味では、本研究会の研究活動の成果を示すものと自負しています。

八本の特集論文のうち、永池健二「〈日本〉という命題―柳田国男・『一国民俗学』の射程」、田中嘉明「『一国民俗学』成立過程の考察―その問題意識と民族学との相克」、室井康成「『一国民俗学』は罪悪なのか―近年の柳田国男／民俗学批判に対する極私的反駁」の三論は、いずれも特集の問題提起に答えて、「一国民俗学」の再検討を試みたものです。「一国民俗学」の評価については三者三様ですが、その成立の意義を、民俗学成立期の同時代史の中に置いて考察するという基本的態度は共通しています。

巻頭の永池論文は、特集の序論として用意されたもので、誤解にまみれた「一国民俗学」の成立前夜に焦点をあて、偏狭な誤読や曲解から解き放つと共に、一人ひとりの個人の生の現場から、その生の全体像を捉えようと試みることに、柳田の一国民俗学の本義と現代的意義とを見出しています。

田中論文は、これまで着目されることのなかった、昭和十二年の「日本民俗学講習会」での柳田の連続講座の草稿「童神論」に焦点をあて、それに至る柳田の主要論考の叙述をも丹念にたどりながら、「一国民俗学」の成立過程を追究したものです。柳田国男の「一国民俗学」を「国民総体の幸福」を目指す「経世済民」の学としての歴史学への志向と、普遍的な人類史、人類文化の構築をめざす民族学的・人類学的志向との相剋の中に位置付け、その意義と限界とを論じています。田中論文は、著者の若き日の習作を基にしたものですが、本研究会での発表を経て、新たに推敲され、十分に現代的意義に富むものとなっています。

室井論文は、若手の民俗学徒による「一国民俗学」再評価の貴重な試みです。著者は、柳田の民俗学の「政治性」を、時代の脈絡から切り離して一方的に論難する風潮を逆手にとって、柳田の学問の政治的性格を肯定的に強調し、その「一国民俗学」の眼目を、「公民養成」を目的とした「政治教育」の方途として考えていたと主張します。論を急ぎすぎたために、やや短絡的となった印象をまぬがれませんが、これまで見落とされてきた柳田の学問の政治的な一面に光を当てたもので、民俗学にとって「政治」とは「公民」とは何かという内在的な問いかけを通じて、論のさらなる展開を期待したいと思います。

岡部隆志「柳田国男『先祖の話』を読む—戦死者の魂をめぐる日本人の葛藤」、および小野寺節子「音楽としての『君が代』」の二論は、それぞれ『先祖の話』、「君が代」という切り口から「日本」という命題に独自のアプローチを試みたものです。岡部隆志氏は、後述の西海賢二氏と同様に本会の会員ではありませんが、編集子の依頼に応じて共に快く御寄稿頂いたものです。

岡部論文は、今日悪評ばかりが先行する『先祖の話』を太平洋戦争末期という時代に置き直し、柳田の叙述の丁寧で誠実な「読み」を通じて、そこにこめられた柳田の企図の深淵にまで迫るものです。戦死者の「死」の祀りは、否応なく「靖国」に代表されるごとき「国家的な祭祀」と、家々で家族によって営まれる私的な個人的な祭祀との二つに引き裂かれざるを得ませんが、その葛藤の裂け目を、私的な世界側、生活者側から埋めて行く試みこそ、『先祖の話』に託した柳田の本位であったのではないかと鋭く指摘します。静謐かつ明澄な文体に支えられた著者の主張は、戦死者の魂の問題を超えて柳田の民俗学の本質的性格を照射し、同時にその現代的意義をも明示しています。筆者が剔抉した戦死者の魂をめぐる問題は、そのまま、公的な生と私的な生に分裂した二重の「生」を生きざるを得ない近代の私たち自身の存在のあり方の、不幸な陰画にほかならないからです。難解な柳田の著述に向きあう態度の原点を指し示す指標としても、若い民俗学徒の多くにぜひ味読してほしい好論です。

小野寺論文は、「国歌」としての「君が代」の成立過程を、音楽の側から追究したものです。元来、祝言の場における祝い歌の一つであった「君が代」が、明治維新後、明治政府によって幾種もの曲節が付与され、天皇臨席の場や海軍、陸軍の観兵式などの儀礼的な場で繰り返し演奏を重ねられることによって、「国歌」としての性格を獲得していく。著者は、必ずしも「国歌」としての「君が代」に対する自己の立場を明示していませんが、その国歌としての成立の過程をつぶさに追跡することによって、本来一つの楽曲にすぎない「君が代」という歌が、どのようにして人びとの好悪を越えて、「国歌」という「不可侵の存在」として「聖化」され、「物神化」されていったかを如実に描き出しています。（永池）

柳田の作品研究に挑むのは、影山正美・小野浩の両名です。このうち影山論文「稲作民、あるいは日本人としての先住民の発見―続・柳田国男『山の人生』について」は、柳田の民族（史）観を、その学問形成との関連の中から浮かび上がらせようとした、野心的な試みです。とくに、柳田のいわゆる「昭和初期の転換」の理由について、柳田における〝「種族」問題の解決〟という「大発見」、すなわち民族観の確定があったとする仮説は刺激的です。

また、小野論文「〈有史以外の日本〉の探究」は、研究論集の前号に引き続き、柳田と南方熊楠との間に交わされた往復書簡の内容分析を通じて、初期柳田の問題意識の深みに迫ろうとしたものです。

杉本仁「作意された民俗―宮本常一『名倉談義』を読む」は、宮本常一著『忘れられた日本人』に収載された「名倉談義」を事例として、今日の名倉現地調査によって、宮本が重要事項を「作意」した「事実」を明らかにしつつ、科学としての「民俗学」と、フィクションとしての「文学」とのあわいに立ち、常に煩悶してきた宮本民俗学の個性と限界、その可能性を問いつつ、名著とされる『忘れられた日本人』の学史的評価を再提起した実験的な内容となっています。杉本の別稿「寄合民主主義に疑義あり―宮本常一『対馬にて』をめぐって」（柳田国男研究会編『柳田国男・民俗の記述』年報三）をあわせてお読み頂きたいと思います。

伝記研究としては、伊藤純郎氏より「岡田武松と柳田国男」を御寄稿頂きました。柳田と、日本の気象学の泰斗・岡田武松との交流の軌跡を、フィールドワークを含む綿密な追跡調査に基づいて綴ったものです。両者は、柳田が利根川辺で暮らしていた時以来、知己の間柄でした。岡田は、日露戦争のクライマックス、日本海海戦の際、中央気象台予報課長として当日の天気を予報した人物として知られ、その予報文は、東郷平八郎率いる聯合艦隊が打電した「天気清朗ナレド波高シ」の原案になったとも言われています。この伊藤論文は、通説では岡田の結婚を機に疎遠になったと言われていた岡田と柳田の関係が、実は終生継続し、しかも辞官して故郷・布佐に戻った岡田が、柳田の希求した郷土教育の実践者であったという事実を明らかにしています。これは、柳田民俗学の地方的展開の一端を知る上でも、とても興味深い報告です。

論稿の最後を飾るのは、西海賢二氏からの寄稿「日蓮宗の信仰と講集団（上）」です。今回の章立てからするとイレギュラーな形となっていますが、フィールドワークに基づくモノグラフの掲載は、今回の誌面を引き締めてくれました。内容は、副題にある「鴨川市小湊妙蓮寺の歌題目・ひげ題目」にとどまらず、広く千葉県全域を射程に入れた、日蓮宗の地域的展開の実相、あるいは日蓮諸説をめぐるフォークロアの研究です。本稿を西海氏は「調査報告」であると謙遜しておりますが、先行研究の精査に加え、フィールドでの生きた調査を存分に加味した、氏ならではの実証的な論考です。ただし紙幅の関係で、二分割せざるを得なくなり、後半部分は次号掲載になりました。御宥恕下さい。（室井）

本研究会では、会の研究活動活性化のために今年度から別記のように会の運営規則を新たにしました。本会の趣旨に賛同頂ける方々の多数の参会をお待ちしています。今後ともよろしく御賛助・御協力のほどをお願い致します。

柳田国男研究会の組織・運営について

柳田国男研究会では、会の活動の活性化のために二〇〇九年度より、会の組織と運営の体制を次のように一新いたしました。会の趣旨に賛同頂ける会員（同人会員、購読会員）を広く募集しています。ふるって御参会下さい。

一、会員組織

次の二本立てとする。

①同人会員　会費年一〇、〇〇〇円

・会の運営、活動に積極的に関わり、責任を持つ

②購読会員　会費　論集発行時に定価相当額（三、〇〇〇円前後）

・研究論集発行時に一冊購入。

・間口を広くして、若い研究者、学徒、読者の入会参加を容易にする。

・意欲ある人には、会の運営などにも積極的に参画してもらう。

二、運営方法

・会の運営を推進する母体として運営委員を置く。運営委員は、同人会員を中心に五～六人で構成する。

・運営委員はそれぞれ例会、企画、会計、編集などの業務を分担し、協力して会の運営、活動の円滑な推進に努めるものとする。

・二〇〇九年～二〇一〇年度の運営委員と業務分担は、つぎの通りである。

運営委員　荒井庸一・小野寺節子・杉本仁・高橋治・永池健二・室井康成

（例会）室井・杉本

（企画）小野寺・永池

（会計）高橋・荒井

（編集）永池・高橋・杉本

三、主要な活動

①　例会（年五〜六回）

・年間の目標を明確に掲げ、広く発表を公募し、計画的に例会運営を進める。

・作品研究および最新の民俗学や柳田研究の動向を反映した取り組みも積極的に推進する。

・若い研究者、学徒の研究発表を促進する。

②　例会活動を補うものとして、研究発表大会やフィールドワークなどの企画を随時実施する。

③　柳田国男研究論集の公刊。

「特集」によって問題意識を明示した「研究論集」（旧「研究年報」）を定期的に公刊する。梟社（林利幸）の協力の下に二年に一回の刊行を目標とする。

＊本会に入会ご希望の方は、下記事務局宛にご一報下さい。

〒174-0071　東京都板橋区常盤台1-20-9
高橋　治（TEL 03-5994-3312）

【執筆者紹介（掲載順）】

永池　健二（ながいけ・けんじ）
一九四八年生れ。奈良教育大学教授（日本文学・日本歌謡史・柳田国男研究）。
主要論著「史心と平凡―柳田国男の歴史認識と民俗語彙」（『柳田国男・ことばと郷土』岩田書院、一九八八年）。「物語作者の肖像―柳田国男への一視点」（『柳田国男・民俗の記述』岩田書院、二〇〇〇年）。

岡部　隆志（おかべ・たかし）
一九四九年生れ。共立女子短期大学教授（日本文学・民俗学専攻）。
主要論著『言葉の重力―短歌の言葉論』（洋々社、一九九九年）。『中国少数民族歌垣調査全記録１９９８』（大修館書店（共著）、二〇〇〇年）。『古代文学の表象と論理』（武蔵野書院、二〇〇三年）。

小野寺　節子（おのでら・せつこ）
一九五〇年生れ。國學院大學兼任講師（民俗学、芸能・音楽論）。
主要論著「ことば・歌・民謡、そして音楽―柳田国男の民謡論と楽曲記述について」（『柳田国男・ことばと郷土』岩田書院、一九九八年）。「埼玉県上尾市堤崎における祭囃子の機能と楽曲構成」（『民俗音楽研究』二九、二〇〇四年）。「声と音」（『青森県史民俗編資料下北』青森県、二〇〇七年）。

田中　嘉明（たなか・よしあき）
一九五三年生れ。兵庫県川西市立清和台中学校教諭。
主要論著『宝塚の民俗―年中行事・生業を中心として』（兵庫県宝塚市（共著）、一九七七年）。『兵庫県民俗地図』（兵庫県緊急民俗文化財分布報告書、兵庫県（共著）、一九八三年）。『加西市史第六巻民俗』（兵庫県加西市（共著）、二〇〇七年）。

室井　康成（むろい・やすなり）
一九七六年生れ。千葉大学地域観光創造センター特任研究員（民俗学専攻）。
主要論著「『常民』から『公民』へ―〈政治改良論〉としての柳田民俗学」（小池淳一編『民俗学的想像力』せりか書房、二〇〇九年）。「同情と内省の同時代史へ―柳田国男の政治をめぐる『民俗』への眼差し」（『柳田国男・同時代史としての「民俗学」』岩田書院、二〇〇七年）。

影山　正美（かげやま・まさみ）
一九五七年生れ。駿台甲府高等学校教諭。
主要論著「山梨県における粉食文化の一断面―いわゆるウドン正月の事例を中心に」（『山梨県史研究』三号、一九九五年）。「佐渡の鵜鳥・甲斐の鵜―柳田国男における「海」と「山」の問題に寄せて」（『柳田国男・同時代史としての「民俗学」』、岩田書院　二〇〇七年）。

小野　浩（おの・ひろし）
一九三五年生まれ。元山梨大学教育人間科学部教員。
主要論著「柳田国男　その発想の根源を探る」（『ソシオロジスト』六　武蔵大学社会学部　二〇〇四年）。「山人・漂泊民探究—飯倉昭平編『柳田国男・南方熊楠往復書簡集』を読む」（『柳田国男・同時代史としての「民俗学」』岩田書院、二〇〇七年）。

杉本　仁（すぎもと・じん）
一九四七年生まれ。元東京都立高等学校教諭。
主要論著『選挙の民俗誌—日本政治風土の基層』（梟社、二〇〇七年）。『柳田国男伝』（三一書房（共著）、一九八八年）。「宮本常一の陰画としての上野英信」（『季刊東北学』四号、二〇〇五年）。

伊藤　純郎（いとう・じゅんろう）
一九五七年生まれ。筑波大学大学院人文社会科学研究科教授。
主要論著『郷土教育運動の研究』（思文閣出版、一九九八年）。『柳田国男と信州地方史』（刀水書房、二〇〇四年）。『増補　郷土教育運動の研究』（思文閣出版、二〇〇八年）。

西海　賢二（にしがい・けんじ）
一九五一年生まれ。東京家政学院大学人文学部教授（歴史学・民俗学）。
主要論著『近世の遊行聖と木食観正』（吉川弘文館、二〇〇七年）。『江戸の漂泊の聖たち』（吉川弘文館、二〇〇七年）。『近世のアウトローと周縁社会』（臨川書店、二〇〇七年）。

堀内　亨（ほりうち・とおる）
一九六五年生まれ。山梨県史編纂室勤務を経て、山梨県立園芸高校教諭。
主要論著『富士吉田市史　通史編』および『山梨市史　通史編』などで分担執筆。「信仰の対象としての富士山」（『富士山—信仰と芸術の源』小学館、二〇〇九年）。

川島　健二（かわしま・けんじ）
一九五〇年生まれ。群馬県邑楽町文化財保護調査委員（民俗学）。
主要論著「ヤポネシア社会論・序—アイヌ・沖縄・柳田國男」（『情況』、一九九五年）。「血染めの餅のフォークロア」（『群馬文化』No.２４８、一九九六年）。「笑う花袋・怒る柳田—近代日本のある親和的相克劇」（『田山花袋記念館研究紀要』No.13、二〇〇〇年）。

【柳田国男研究会】第六号担当編集委員：永池健二（責任編集者）・杉本　仁・高橋　治・室井康成。

柳田国男《やなぎたくにお》・主題《しゅだい》としての「日本《にほん》」　柳田国男研究《やなぎたくにおけんきゅう》❻

2009年10月15日・第1刷発行

定　価＝3000円＋税
編　者＝柳田国男研究会
発行者＝林 利幸
発行所＝梟　社
〒113－0033　東京都文京区本郷2－6－12－203
振替 00140－1－413348番　電話 03 (3812) 1654　FAX 042 (491) 6568

発　売＝株式会社 新泉社
〒113－0033　東京都文京区本郷2－5－12
振替 00170－4－160936番　電話 03 (3815) 1662　FAX 03 (3815) 1422

製作・久保田 考
印刷／製本・萩原印刷

山深き遠野の里の物語せよ

菊池照雄

四六判上製・二五三頁・マップ付
写真多数
一六八〇円＋税

哀切で衝撃的な幻想譚・怪異譚で名高い『遠野物語』の数々は、そのほとんどが実話であった。山女とはどこの誰か？　山男の実像は？　河童の子を産んだと噂された家は？　山の神話をもち歩いた巫女たちの足跡は？　遠野に生まれ、遠野に育った著者が、聴耳を立て、戸籍を調べ、遠野物語の伝承成立の根源と事実の輪郭を探索する／朝日新聞・読売新聞・河北新報・岩手日報・週刊朝日ほかで絶讃。

遠野物語をゆく

菊池照雄

Ａ五判並製・二六〇頁・写真多数
二〇〇〇円＋税

山の神、天狗、山男、山女、河童、座敷童子、オシラサマ。猿、熊、狐、鳥、花。山と里の生活、四季と祭、信仰と芸能——過ぎこしの時間に埋もれた秘境遠野の自然と人、夢と伝説の山襞をめぐり、永遠の幻想譚ともいうべき『遠野物語』の行間と、そのバックグラウンドをリアルに浮かびあがらせる珠玉の民俗誌。

神と村

仲松弥秀

四六判上製・二八三頁・写真多数

二三三〇円＋税

神々とともに悠久の時間を生きてきた沖縄＝琉球弧の死生観、祖霊＝神の信仰と他界観のありようを明らかにする。方法的には、南島の村落における家の配置から、御嶽や神泉などの拝所、種々の祭祀場所にいたる綿密なフィールドワークによって、地理構造と信仰構造が一体化した古層の村落のいとなみと精神史の変遷の跡を確定して、わが民俗社会の祖型をリアルに描き出す。伊波普猷賞受賞の不朽の名著。

うるまの島の古層

琉球弧の村と民俗

仲松弥秀

四六判上製・三〇二頁・写真多数

二六〇〇円＋税

海の彼方から来訪するニライカナイの神、その神が立ち寄る聖霊地「**立神**」。浜下りや虫流しなどの**渚**をめぐる信仰。**国見の神事**の祖型。南島の各地につたわる**オナリ神**の諸相——こうした珊瑚《うるま》の島の民俗をつぶさにたずね、神の時間から人の時間へと変貌してきた琉球弧＝沖縄の、村と人の暮しと、その精神世界の古層のたたずまいを愛惜をこめて描く。

選挙の民俗誌

杉本　仁

四六判上製・三二〇頁・写真多数
二二〇〇円＋税

選挙は、四年に一度、待ちに待ったムラ祭りの様相を呈する。たとえば、「カネと中傷が飛び交い、建設業者がフル稼働して票をたたき出すことで知られる甲州選挙」（朝日新聞07・1・29）。その選挙をささえる親分子分慣行、同族や無尽などの民俗組織、義理や贈与の習俗――それらは消えゆく遺制にすぎないのか。選挙に生命を吹き込み、利用されつつも、主張する、したたかで哀切な「民俗」の側に立って、わが政治風土の基層に光を当てる。

神樹と巫女と天皇

山下紘一郎

四六判上製・三四九頁
二六〇〇円＋税

大正四年の晩秋、貴族院書記官長であった柳田国男は、大正の大嘗祭に大礼使事務官として奉仕していた。一方、民俗学者として知見と独創を深めてきた彼は、聖なる樹木の下で御杖を手に託宣する巫女こそが、列島の最初の神聖王ではなかったかと考えていた――。フレーザー、折口信夫を媒介にして、我が国の固有信仰と天皇制発生の現場におりたち、封印された柳田の初期天皇制論を読み解く。